Kurt Anglet **Vom Kommen des Reiches Gottes**

Kurt Anglet

Vom Kommen des Reiches Gottes

echter

Bibliografische Information der Deutschen Nationalbibliothek

Die Deutsche Nationalbibliothek verzeichnet diese Publikation in der
Deutschen Nationalbibliografie; detaillierte bibliografische Daten sind
im Internet über <http://dnb.d-nb.de abrufbar.

© 2013 Echter Verlag GmbH
www.echter-verlag.de
Umschlag: Peter Hellmund
Druck und Bindung: CPI – Clausen & Bosse, Leck
ISBN
978-3-429-03572-3 (Print)
978-3-429-04685-9 (PDF)
978-3-429-06084-8 (epub)

Inhalt

Erkenntniskritische Vorrede:
Theologie und Wirklichkeit

Ich habe mich durch Erfahrung
von der Wahrheit des Spruches in der Bibel
überzeugt und ihn zu meinem Leitstern gemacht:
Trachtet am ersten nach Nahrung und Kleidung,
so wird euch das Reich Gottes von selbst zufallen.
G. W. F. Hegel, Brief an Knebel (vom 30.8.1807)

Kommt her, die ihr von meinem Vater gesegnet seid,
nehmt das Reich in Besitz,
das seit der Erschaffung der Welt für euch bestimmt ist.
Mt 25,34

In seiner Heidelberger Antrittsvorlesung vom Herbst 1816 vermerkt Hegel: »Das zuerst verborgene und verschlossene Wesen des Universums hat keine Kraft, die dem Mute des Erkennens Widerstand leisten könnte; es muss sich vor ihm auftun und seinen Reichtum und seine Tiefen ihm vor Augen legen und zum Genusse geben.« – Szenenwechsel: Im Herbst 2011 ging der Nobelpreis für Physik an Saul Perlmutter, Adam Riess und Brian Schmidt, die herausfanden, dass sich das Universum mit wachsender Geschwindigkeit ausdehnt. Das Ergebnis sei eine bahnbrechende Überraschung gewesen, so das Nobelpreiskomitee in seiner Würdigung, insofern die Preisträger dazu beigetragen hätten, ein Universum zu enthüllen, dass in weiten Teilen der Wissenschaft völlig unbekannt gewesen war und bis heute rätselhaft bleibe.
Deutlicher lässt sich der Gegensatz zwischen dem Weltbild der heutigen Physik und einem Denken gar nicht zum Ausdruck bringen, das sich – nur weil es Einsicht in das

Universum nimmt – aufspielt, als würde ihm das Weltall zu Füßen liegen; ja als wäre der Mensch aufgrund seiner »Erkenntnis« dessen Schöpfer. Unter dem Titel der »Wissenschaft« hat das Bewusstsein des Deutschen Idealismus bis in die jüngste Vergangenheit hinein den Zeitgeist bestimmt, der sich über die Schöpfung so erhaben wähnt wie über ihren Schöpfer, so dass sich heutzutage ein jeder, der auch nur an einen Schöpfer zu denken wagt, gar des Verdachts des »Gotteswahns« aussetzt. Folglich bleibt auch für die Rede vom Reiche Gottes, in dem sich dessen Kommen erfüllt und vollendet, nur ein Nicht-Ernstnehmen übrig. Die Ironie, mit der Hegel es angesichts einer am Horizont heraufziehenden Konsumgesellschaft bedenkt, gehört inzwischen zum guten Ton der Medien, sobald religiöse Themen zur Sprache kommen. Anders denn als eine überflüssige Zugabe zu einer Welt, die alle Bedürfnisse zu erfüllen vorgibt und darin ihre eigene Vollendung zelebriert, vermag man sich beim besten Willen nicht ein Reich vorzustellen, das über die Befriedigung unserer Wünsche und Bedürfnisse hinausreicht, zumal wir noch angesichts seines Einbruchs aufgerufen sind, diese hintanzustellen, ja unser Kreuz auf uns zu nehmen.

Ganz anders der Wissenschaftsbegriff der Physik unserer Tage, die um ihre Grenzen weiß; ja die sich selbst zurücknimmt, gerade weil ihre Erkenntnisse die Grenzen unserer Vorstellungskraft sprengen: angefangen bei der Entstehung des Weltalls aus einem winzigen Punkt, weit kleiner als ein Atomkern, bis hin zu seiner rasanten Ausdehnung, obgleich ihr Zeitbegriff dem der christlichen Apokalyptik nähersteht (vgl. 2 Petr 3,8–13) als Hegels Zeitauffassung, die über rein historische Zeiträume nicht hinausreicht und auch in kosmologischer Hinsicht ganz dem Weltbild der mechanistischen Physik ihrer Zeit befangen bleibt. Kaum zufällig hat Hegel in seiner Religionsphilosophie die Eschatologie eliminiert und die messianische Dimension des christlichen Glaubens ausgehöhlt; diesen auf eine säkularisierte Allerweltsreligion reduziert, die weder Erlösung noch Vollendung kennt, sondern über die Selbstzerrissenheit des Menschen und über die Vergangenheit nicht hinausführt. Kaum zufällig auch daher sein Scheitern der Begründung der Religion durch den Systembegriff, weil kein System Schöpfung, Erlösung und Vollendung zu begründen vermag, die in der Offenbarung Gottes ihr einziges Fundament besitzen. Die Vermessenheit, sich über sie zu erheben, sei es im Sinne einer rein naturalistischen, sei es einer rein historischen Auffassung des Menschen, kennzeichnet die Fortschrittsgläubigkeit unserer Epoche, bis hinein in die Theologie, soweit sich deren Vertreter ihrem Geist andienten, um mit unserer Zeit Schritt zu halten.

Doch wie das beschleunigende Tempo eines unablässigen Weltalls dem Gedanken, der damit Schritt zu halten trachtet, den Atem nimmt, so auch der Lauf der Zeit dem menschlichen Geist, der sich anmaßt, in unserer Weltzeit, gar in unserer Gesellschaft so etwas wie einen Zustand der Vollendung erkennen zu wollen. Nicht allzu lange ist es her, dass der amerikanische Zeitdiagnostiker Francis Fukuyama – unter dem Eindruck des Zusammenbruchs des kommunistischen Ostblocks – seinen Bestseller *Das Ende der Geschichte. Wo stehen wir?* [München 1992] schrieb. Heute könnte er jenes »Ende« um ein mögliches Ende der eigenen westlichen Kultur ergänzen. So hat jüngst Niall Ferguson in *Civilization. The West and the Rest* [London 2011; deutsch: *Der Westen und der Rest der Welt. Die Geschichte vom Wettstreit der Kulturen*, Berlin 2011] – für einen Kulturhistoriker recht ungewöhnlich, da sich diese in der Regel mit einer rein immanenten Betrachtung der Geschichte begnügen – seiner Schlussbetrachtung einen kleinen Abschnitt mit einem apokalyptischen Ausblick vorangestellt: »Naht das Ende aller Tage?«

Bemerkenswert daran ist zunächst die Schilderung von *Verfall und Untergang des Römischen Reiches* – so der Titel des monumentalen Werkes von Edward Gibbon, der für seinen Untergang einen historischen Zeitraum von 1400 Jahren, von 180 bis 1590 ansetzt; also eine »Geschichte der langen Dauer« [andere haben gar sein Ende mit dem förmlichen Erlöschen des Römischen Reiches Deutscher Nation unter Napoleon im Jahre 1807 in Zusammenhang gebracht]. Doch Ferguson nimmt den entscheidenden Zeitraum im Zuge der Invasion der Germanenstämme im 5. Jahrhundert in den Blick und vermerkt in Anlehnung an Ward-Perkins: »Am erstaunlichsten an dieser modernen Lesart der Geschichte ist die Geschwindigkeit, mit der das Römische Reich zusammenbrach. In nur fünf Jahrzehnten ging die Einwohnerzahl der Stadt Rom um drei Viertel zurück. Archäologische Zeugnisse aus dem späten 5. Jahrhundert – ärmlichere Wohnungen, primitivere Töpferwaren, weniger Münzen, kleinere Hausrinder – zeigen, dass der zivilisatorische Einfluss Roms im übrigen Westeuropa schnell verschwand. Was ein Historiker das ›Ende der Zivilisation‹ nannte, trat tatsächlich innerhalb einer einzigen Generation ein.« (430) Und genau jene Geschwindigkeit ist es, die dem Lauf der Geschichte eigen ist – ganz im Gegensatz zum historistischen Zeitbewusstsein des 19. Jahrhunderts, über das sich Nietzsche in seinem Aphorismus *Die Tyrannen des Geistes* (= *Menschliches, Allzumenschliches I*, § 261) mokiert: »Das ist das Stürmische und Unheimliche an der griechischen Geschichte. Jetzt zwar bewundert man das Evangelium der Schildkröte. Geschichtlich denken heisst jetzt fast so viel, als ob zu allen Zeiten nach dem Satz Geschichte gemacht worden wäre: ›möglichst wenig in möglichst langer Zeit!‹ Ach, die griechische Geschichte läuft so rasch! Es ist nie wieder so verschwenderisch, so maasslos gelebt worden. Ich kann mich nicht überzeugen, dass die Geschichte der Griechen jenen *natürlichen* Verlauf genommen habe, der an ihr gerühmt wird.« (KGW IV.2, 220) Und hätte Nietzsche, alles andere als ein Apokalyptiker, erst die Geschichte des 20. Jahrhunderts vor Augen gehabt, in dem Reiche, die den Anspruch erhoben, ihr Zeitalter zu überdauern, ja 1000 Jahre zu währen, ganze 12 bzw. 72 Jahre beschieden waren – geradezu biblische Zahlenmaße! Nichts scheint daher naheliegender als eine eschatologische Geschichtsdeutung, weshalb Ferguson in seinen Ausführungen auch auf die sog. Offenbarung des Johannes verweist, doch dabei lediglich auf die Endzeitvorstellungen evangelikaler Christen sowie (pseudo-)christlicher Sekten zu sprechen kommt. Dass die zeitgenössische christliche Theologie außen vor bleibt, erscheint nicht weniger bemerkenswert, vermag freilich aus dem einfachen Grunde nicht zu überraschen, weil es über vereinzelte Bestandsaufnahmen hinaus eine theologische Deutung der Gegenwart nicht gibt, ja seit Generationen nicht einmal sonderlich erstrebenswert erscheint. »Nichts war ihr ferner als Erwartung einer Endzeit, ja auch nur eines Zeitenumschwungs« (GS I.1, 259), vermerkt Benjamin in seinem Trauerspielbuch zur Gegenreformation, während »der Moralismus des Luthertums« immer bestrebt gewesen sei, »die Transzendenz des Glaubenslebens an die Immanenz des täglichen zu binden« (ebd. 263). Erst unter dem Eindruck des Zweiten Weltkriegs hat der Erlanger evangelische Theologe Walter Künneth ein beachtliches Werk vorgelegt: *Der große Abfall. Eine geschichtstheologische Untersuchung der Begegnung zwischen Nationalsozialismus und Christentum* [Hamburg 1947]. Allein der Untertitel grenzt ihren Gegenstand auf deren »Begegnung« ein, während in Anbetracht von Künneths Bestimmung des Nationalsozialismus als eines religiösen Phänomens ebenso das außerkirchliche Geschehen – zumal der Holocaust – auch in theologischer Hinsicht von Interesse gewesen wäre, wo doch im alttesta-

11

mentlichen Buch Daniel dem Propheten bedeutet wird: »Und jetzt bin ich gekommen, um dich verstehen zu lassen, was deinem Volk in den letzten Tagen zustoßen wird. Denn auch diese Vision bezieht sich auf jene fernen Tage.« (Dan 10,14) Es sei jedoch angemerkt, dass sich in einer kleinen Schrift des großen jüdischen Gelehrten Leo Baeck aus dem gleichen Zeitraum mit dem Titel *Der Sinn der Geschichte* [Berlin 1946] ebenfalls kein Hinweis auf den Holocaust findet, obwohl sie von der Auffassung der Geschichte als »rückwärtsgewandte Prophetie« ausgeht.

Bereits in der Vorkriegszeit hat der katholische Theologe Georg Feuerer (1900–1940) ein schon dem Titel nach ekklesiologisch akzentuiertes Werk vorgelegt: *Unsere Kirche im Kommen. Begegnung von Jetztzeit und Endzeit* [Freiburg 1937], das immerhin 1941 posthum eine zweite Auflage erreichte. Obwohl die Arbeit des an multipler Sklerose erkrankten und früh verstorbenen Verfassers über weite Strecken eher den Charakter einer persönlichen religiösen Selbstvergewisserung besitzt denn einer wissenschaftlichen theologischen Abhandlung [er selbst spricht eingangs davon, dass er 1930 einen Grundriss schrieb, »um alles wieder zu verwerfen und Neues zu suchen«], gewährt sie tiefgründige und zuweilen höchst aktuelle Einblicke, etwa in »Das Geheimnis der Kirche«, im Abschnitt 18 des so überschriebenen Kapitels: »Die Kirche und das Böse«; und in dem Schlussabschnitt »Das endzeitliche Geheimnis der Kirche« findet sich folgende Feststellung: »Sie ist ständig umzittert von dem Kommen Gottes, und die Unruhe, die von der Kirche aus durch die Welt geht, ist nur ein letztes Zeichen des Kommens Christi, der Gewalt der Entscheidung für oder gegen ihn, die ständig in der Zeit gefordert wird. Alles ist eingetaucht in den Tod Christi, muß klein werden, muß untergehen vor dem Gericht, vor dem Kommen des herrlichen Christus in der Kirche. Alle Gnadenvermittlungen, alle Feste und Feiern der Kirche möchten ein stummes Zeichen sein für dieses Kommen. Auch die Apostel der Kirche sind nicht bloß Ausgesandte zur Missionierung der Welt, sie sind in erster Linie Vorboten seines Kommens.« (221) Gerät aber sein Kommen aus dem Blick, dann bleibt nicht nur der Missionsauftrag auf der Strecke und das Christentum erschöpft sich in einem allgemeinen »Christsein«. Vielmehr wird verkannt, was Feuerer unter dem Passus »*Christus und die Vollendungsordnung*« vermerkt: »Die Vollendungsordnung steht nicht *neben* der Schöpfungs- und Erlösungsordnung, sondern, tiefer gesehen, ist sie nur die tiefste werdende Schicht all dieser bestehenden Ordnungen. In Christus ist ein werdender Prozeß der Vollendung entgegen.« (41) Von daher wird verständlich, wenn etwa der Apostel Paulus in 1 Kor 10,4 den »lebensspendenden Felsen« der Wüstenwanderung der Israeliten auf Christus hin deutet: »uns zur Warnung wurde es aufgeschrieben, die das Ende der Zeiten erreicht hat.« (1 Kor 10,11) Denn wie es keinen Sinn ergibt, unter Abstraktion von der Schöpfungsordnung von Erlösung zu reden, so könnte von Erlösung ohne unsere Vollendung gar nicht die Rede sein. Wäre Christus nicht nach 1 Kor 15,20 »von den Toten auferweckt worden als der Erste der Entschlafenen«, also seine Auferstehung der Anfang unserer Vollendung, wie Paulus im Anschluss näher ausführt (vgl. 1 Kor 15,21–28), dann wäre die Zeit der Kirche eine leere Übergangszeit; von einem *Kommen* Christi, wie es in der Erwartung seiner Wiederkunft bzw. seines Reiches nahezu alle neutestamentlichen Schriften bezeugen, könnte man gar nicht sprechen.

Noch präziser als Feuerer hat der Theologe Erik Peterson (1890–1960) in seiner Römerbriefauslegung unterschieden, um die Zeit der Kirche als die Zeit der Vollendung hervorzuheben: »Die Hoffnung auf das *Wieder*kommen Christi ist etwas anderes als die Hoffnung auf das *Kommen* Christi. Die Hoffnung der *Propheten* eine andere als die Hoffnung der *Kirche*. Die Hoffnung der Propheten wartet auf die *Erfüllung*, die Hoffnung der Kirche auf die *Vollendung*.« (156) Im strengen Sinne gilt Petersons Unterscheidung freilich nur für die Erwartung eines Johannes des Täufers oder prophetischer Gestalten wie Simeon und Hanna, da die meisten prophetischen Schriften über die messianische Erwartung hinaus zugleich auf die Vollendung der Zeit verweisen [und daher auch in den apokalyptischen Texten des Neuen Testaments zitiert werden], wie auch das Neue Testament bisweilen im Hinblick auf die Wiederkunft Christi von einem *Kommen* spricht [vgl. 1 Thess 5,23; Offb 22,7;12]. Gleichwohl gilt Jesu Wort: »Die Zeit ist erfüllt, das Reich Gottes ist nahe. Kehrt um, und glaubt an das Evangelium.« (Mk 1,15)

Denn mit der *Erfüllung* der Zeit setzt der Prozess der *Vollendung* ein, und zwar unabhängig vom *Wann*, also vom Zeitpunkt der Wiederkunft Christi, der ohnehin außerhalb unseres Ermessens liegt. Zwar ist schon durch seine erste Ankunft das Reich Gottes »nahe«, ja in seinem messianischen Wirken »ist das Reich Gottes zu euch gekommen« (vgl. Mt 12,28); aber seine Nähe, seine Gegenwart ist *Mysterium*, unterliegt dem Geheimnis des Kreuzes, weshalb Christus den Jüngern nach dem Messiasbekenntnis des Petrus verbietet, »mit jemand über ihn zu sprechen« (vgl. Mk 8,30). Bezeichnenderweise folgt nach seinem Verbot die erste Ankündigung von Leiden und Auferstehung, anschließend der Aufruf zur Nachfolge und Selbstverleugnung.

Nur ein einziges Mal wird das Geheimnis gewissermaßen »gelüftet«, wird einigen Jüngern gleichsam wie durch ein Schlüsselloch Ausblick auf den Zustand der Vollendung gewährt: »Amen, ich sage euch: Von denen, die hier stehen, werden einige den Tod nicht erleiden, bis sie gesehen haben, dass das Reich Gottes in Macht gekommen ist.« (Mk 9,1) Oder wie es in der Parallelstelle Mt 16,28 heißt:

»… bis sie den Menschensohn in seiner königlichen Macht kommen sehen.« Gemeint ist die Verklärung Jesu »sechs Tage danach« (Mt 17,1; Mk 9,2), als Jesus Petrus, Johannes und Jakobus beiseitenahm und auf einen hohen Berg, auf den Tabor, führte. Denn nicht nur folgt die Verklärungsszene auf jenes Wort Jesu, auch die Kirchenväter haben es darauf bezogen. Vermutet man dagegen hinter jener Aussage eine »Naherwartung« Jesu, so ergäbe es schon deshalb keinen Sinn, weil Jakobus und Petrus, die Zeugen seiner Auferstehung, das Martyrium erlitten haben. Daher sein Gebot nach dem Abstieg von dem Berg, niemandem etwas »zu erzählen, was sie gesehen hatten, bis der Menschensohn von den Toten auferstanden sei. Dieses Wort beschäftigte sie, und sie fragten einander, was das sei: von den Toten auferstehen.« (Mk 8,9–10)

Denn erst im Lichte der Auferstehung des Menschensohns kann es eine Hoffnung auf Vollendung geben, die sich den Jüngern entzog, solange noch Jesus unter ihnen weilte; nach dem Lukasevangelium gar entbrannte unter ihnen noch im Abendmahlssaal ein Streit, wer unter ihnen der Größte sei (vgl. Lk 22,24–27). Die Teilhabe an der messianischen Herrschaft auf Erden, nicht aber das Kreuz Christi markierte für sie das Ende seines Weges, während das Wort von der Auferstehung ihnen so rätselhaft bleiben musste wie die Endzeitreden Jesu, die seiner Passion vorausgehen. Schon allein daraus wird ersichtlich: Wenn schon den Jüngern Jesu, denen es immerhin gegeben ist, »die Geheimnisse des Reiches Gottes« (vgl. Lk 8,10) bzw. »des Himmelreichs zu erkennen« (vgl. Mt 13,11), ja in Mk 4,11 heißt es gar: »Euch ist das Geheimnis des Reiches Gottes anvertraut« – wenn schon sie *vor* seiner Auferstehung nicht zu erfassen vermögen, was es mit dieser und mit seinem Kommen in Herrlichkeit auf sich hat, dann kann es keinerlei *historische* Bestimmung des Messianischen vorbei an dessen göttlicher Bekundung geben: »Das ist mein geliebter Sohn; auf ihn sollt ihr hören.« (Mk 9,7; vgl. Mt 17,5; Lk 9,35)

Denn es gehört zu den Verirrungen und Verwirrungen einer historistischen Bibelexegese seit dem 19. Jahrhundert, vom Historischen aus zu einer Bestimmung des Messianischen, d. h. des Wesens und Wirkens des Messias und des Kommen seines Reiches, zu gelangen. Dass es sich hierbei ausschließlich um eine Prärogative des Menschensohns, des Messias handelt, hat nicht etwa ein christlicher Theologe, sondern – gewissermaßen vor jedem christologischen Dogma – ein säkularisierter jüdischer Denker zum Ausdruck gebracht. Und zwar leitet Walter Benjamin (1892–1940) sein *Theologisch-politisches Fragment* aus dem Zeitraum 1920/21, also aus dem Erscheinungsjahr von Franz Rosenzweigs *Stern der Erlösung*, mit den Worten ein: »Erst der Messias selbst vollendet alles historische Geschehen, und zwar in dem Sinne, daß er dessen Beziehung auf das Messianische selbst erst erlöst, vollendet, schafft.« (GS II.1, 203) D. h., er vollendet nicht nur »alles historische Geschehen« durch seine Wiederkunft, sondern Er ist es, der »dessen Beziehung auf das Messianische selbst erst erlöst, vollendet, schafft«. Christlich gesprochen, durch sein Kreuz und sein Gnadenwirken ebenso wie durch seine eschatologische Herrschaft über die Mächte der Endzeit. D. h., wir können nicht aus einem *historischen* Blickwinkel das Wesen des Messianischen bestimmen, weil alles Historische das Messianische – christlich betrachtet: die Erfüllung der Zeit – voraussetzt. Andernfalls unterschiede sich der Messias in keiner Weise von einer beliebigen historischen Gestalt. »Darum kann nichts Historisches von sich aus sich auf Messianisches beziehen wollen. Darum ist das Reich Gottes nicht das Telos der historischen Dynamis; es kann nicht zum Ziel gesetzt werden. Historisch gesehen ist es nicht Ziel, sondern Ende.« (Ebd.) *Ende* aber ist es aus christlicher Sicht im Spannungsbogen zwischen Erfüllung und Vollendung der Zeit; zwischen erster und zweiter Ankunft des Menschensohns, in der das Reich Gottes »mit Macht« hereinbricht, wie es im Vaterunser tagtäglich erbeten wird: »Dein Reich komme.«

Genau hier aber liegt ein, wenn nicht der Grund für die derzeitige Krise des Christentums in der westlichen Welt. Dürfte doch selbst unter gläubigen Christen, sooft sie das Vaterunser beten, dessen – immerhin zweite [!] – Bitte kaum wirklich erhofft, *erbeten* sein. Gewiss, welcher ernsthafte Beter möchte schon nicht angesichts des Todes in das Himmelreich kommen. Aber die Bitte: »Dein Reich komme!«, die ja nicht weniger als die Vollendung der Zeit einschließt, möchte man doch lieber nicht gar so wörtlich nehmen, weil sie unserer »Weltverpflichtung« zu widersprechen scheint, obwohl nirgendwo im Neuen Testament wie auch in der kirchlichen Überlieferung die Welt den theologischen *terminus ad quem* abgibt, sondern – das Reich Gottes bzw. das Evangelium vom Reiche Gottes, dessen Erbe Christus denen verheißen hat, die Ihm in den »Geringsten« Ehre erwiesen haben. »Dann wird der König denen auf der rechten Seite sagen: Kommt her, die ihr von meinem Vater gesegnet seid, nehmt das Reich in Besitz, das seit der Erschaffung der Welt für euch bestimmt ist.« (Mt 25,34) Seit der Erschaffung der Welt – spätestens hier, in Jesu großartigem Gleichnis vom Weltgericht, zeichnet sich ab, wie Schöpfung, Erlösung und Vollendung zusammengehören, wie ja schon die Erlösung eine Neuschöpfung bedeutet, die wie die Schöpfung selbst – »denn wir wissen, dass die gesamte Schöpfung bis zum heutigen Tag seufzt und in Geburtswehen liegt« (Röm 8,22) – am Jüngsten Tag zur Vollendung gelangt.

Dass es sich hierbei keineswegs um eine rein interne Glaubensfrage handelt, die dem profanen Zeitgenossen nichts anginge, mag aus den hier wie in den Eingangskapiteln angeführten theologischen Überlegungen des Philosophen

Walter Benjamin hervorgehen, dem wir entscheidende theologische Einsichten in die Moderne verdanken, zumal in den Zeitraum zwischen 1910 und 1940, eine außerordentlich fruchtbare wie äußerst furchtbare Zeit, die im Geschehen der kommenden Kriegsjahre ihre volle Bestätigung finden sollte, obwohl wir in *Messianität und Geschichte* (Akademie Verlag, Berlin 1995) die Aporien seines Geschichtsbegriffs aufgewiesen haben. War doch Benjamin bis in das Projekt über die Pariser Passagen, seine »Urgeschichte der Moderne«, geradezu süchtig der urbanen Welt des 19. und frühen 20. Jahrhunderts, zumal dem Paris eines Baudelaire und Proust, verhaftet. Erst der heraufziehende Krieg hat ihn auf seine frühere »theologische Gedankenmasse« zurückkommen lassen; so in den als sein Vermächtnis bezeichneten Thesen *Zum Begriff der Geschichte* – in »Gedanken«, wie er in einem Brief an Gretel Adorno vom April 1940 vermerkt, »von denen ich sagen kann, daß ich sie an die zwanzig Jahre bei mir verwahrt, ja, verwahrt vor mir selber gehalten habe« (vgl. GS I.3, 1226). Da heißt es zunächst abschließend zu These VI, in jeder Epoche müsse »versucht werden, die Überlieferung von neuem dem Konformismus abzugewinnen, der im Begriff steht, sie zu überwältigen«. Der Konformismus aber ist nichts anderes als der jeweils herrschende Zeitgeist, der sie zu adaptieren, ganz in seinem Sinne zu glätten sucht. Doch nicht allein um eine intellektuelle Auseinandersetzung mit dem Zeitgeist handelt es sich, der seine Gestalt von Epoche zu Epoche wechseln mag – es geht buchstäblich um Leben und Tod. Und zwar nicht um ein Überleben der Überlieferung, ja nicht einmal der Menschen im Sinne ihrer Selbstbehauptung, sondern selbst um die Toten – um »die Hoffnung gegen alle Hoffnung« (vgl. Röm 4,18). Benjamin verlangt sie nun nicht dem Glaubenszeugen, dem Märtyrer, ab, ja nicht einmal dem Theologen, sondern dem Geschichtsschreiber: »Der Messias

18

kommt ja nicht nur als der Erlöser; er kommt als der Überwinder des Antichrist. Nur *dem* Geschichtsschreiber wohnt die Gabe bei, im Vergangenen den Funken der Hoffnung anzufachen, der davon durchdrungen ist: auch die Toten werden vor dem Feind, wenn er siegt, nicht sicher sein. Und dieser Feind hat zu siegen nicht aufgehört.« (GS I.2, 695)

Wenn man bedenkt, dass diese Zeilen erst zu Beginn des Krieges geschrieben wurden, also vor Auschwitz, dann muss dem Letzten, der sich noch ein wenig theologisches Gespür bewahrt hat, dämmern, was es bedeutet: »Der Messias kommt ja nicht nur als der Erlöser; er kommt als der Überwinder des Antichrist.« Eine christliche Theologie, die das verkennt oder verleugnet, verleugnet nicht nur ihre eigene Überlieferung; sie begibt sich vielmehr jeder theologischen Deutung der Wirklichkeit, und zwar nicht allein des Zeitgeschehens, sondern buchstäblich des »Seinsgeschehens«. Denn darum dreht sich das in jenen Jahren entstandene sog. zweite Hauptwerk Heideggers, seine sog. »Kehre«: *Beiträge zur Philosophie (Vom Ereignis)*, das erst posthum 1989, anlässlich seines 100. Geburtstags, erschienen ist. Nicht zuletzt Heidegger gegenüber haben wir uns folgende »Methodenanweisung« aus Benjamins *Passagen-Werk* zu eigen gemacht: »Sich immer wieder klarmachen, wie der Kommentar zu einer Wirklichkeit (…) eine ganz andere Methode verlangt als der zu einem Text. In einem Fall ist Theologie, im andern Philologie die Grundwissenschaft.« (GS V.1, 574) Damit ist weit mehr als nur eine Methode angesprochen. Was der *Wirklichkeits*bezug der Theologie bedeutet, mag das dritte Kapitel dieser Abhandlung zeigen, wo es um Heideggers Deutung des Seinsgeschehens geht, in dem er gegenüber der metaphysischen Geistestradition das Sein als *Möglichkeit* fasst. Und zwar nicht als eine, sondern als *die* Möglichkeit nicht etwa menschlicher Selbstverabsolutierung, sondern Selbstübersteigerung, die in der Verherrlichung des Todes kulminiert: »Der Tod das höchste und äußerste Zeugnis des Seyns«. Nie hat in der Philosophie – über alle weltanschaulichen oder ideologischen Verengungen hinaus – die Macht des Todes eine derartige Affirmation erfahren; ist dem Reich des Antichristen mit dem »Reich des Fragwürdigsten« ein beredteres Denkmal gesetzt worden. Gewiss, jene »Möglichkeit« hat es seit dem Sündenfall gegeben. Aber dass sich einer, der einmal mit einer Arbeit über *Die Kategorien- und Bedeutungslehre des Duns Scotus* (1916) habilitiert worden ist [da dessen Sprachlehre in der betreffenden Arbeit unbearbeitet geblieben sei, trug sich Benjamin damals pikanterweise mit dem Gedanken, sich darüber zu habilitieren …], nicht allein über die Lehre des *Doctor subtilis* der scholastischen Philosophie hinwegsetzt, sondern gleich seinen eigenen »letzten Gott« erfindet, bezeugt den *Abfall* vom Gott der Offenbarung – einen Abfall, der über Heidegger hinaus nicht allein das Denken, sondern buchstäblich das »Seinsgeschehen« des 20. Jahrhunderts weithin bestimmen sollte.

Wenn wir entgegen unserer ursprünglichen Absicht hier noch einmal auf Heidegger rekurrieren, so nicht nur deshalb, weil sich in seinem »Reich des Fragwürdigsten« gewissermaßen das Gegenreich zum Reich Gottes auftut. Ebenso im Hinblick auf Edith Stein, deren *Kreuzesliebe. Einige Gedanken zum Fest des hl. Vaters Johannes vom Kreuz* vom 24. November 1933 [nach der Liturgiereform ist das betreffende Fest auf den 14. Dezember verlegt] eine programmatische Bedeutung für ihr Glaubenszeugnis gewinnen sollte. Die folgende Konstellation erscheint nicht allein in geistesgeschichtlicher Hinsicht bemerkenswert: Martin Heidegger, ehedem Assistent Edmund Husserls, aus einer gut-katholischen Familie stammend, bricht mit dem überlieferten Glauben, um einer Philosophie des Todes und des Untergangs das Wort zu reden. Darin ist er für ganze Generationen von Intellektuellen bestimmend geworden, mochten sie auch sein nationalsozialistisches Engagement missbilligen. Noch kürzlich hat ihm der Komparatist Georges Steiner in seinem Buch *Gedanken dichten* [Berlin 2011] als den modernen Denker geehrt, der Denken und Dichten zusammengebracht habe. – Edith Stein, auch sie vormals Assistentin Husserls, aus einer jüdischen Familie stammend, findet vom Atheismus zum katholischen Glauben. Außergewöhnlich, wie sich bei ihr der Gedanke des Kreuzesmysteriums und das Leben aus dem Kreuzesmysterium bis hin zum Martyrium in Auschwitz deckt; außergewöhnlich auch die Entsprechung der christologischen und der eschatologischen Dimension des christlichen Glaubens in ihrem Leben und Denken. Selbst wenn hier nur einige geistliche Texte zur Sprache kommen, zeichnet sich in ihnen eine Deutung nicht zuletzt der jüngsten Geschichte im Licht der messianischen Offenbarung ab, während Heidegger dem »Spiel des Abgründigen« huldigt, dem sich seine Philosophie verschrieben hat. Man mag in jenem Wort eine poetische Metapher erblicken, obschon es *Die Beiträge zur Philosophie (Vom Ereignis)* enthalten [wo es an entscheidender Stelle steht, wie noch zu zeigen sein wird]. Man kann jedoch auch im Versuch einer Literarisierung alles Sinnes, wie er sich in der westlichen Kultur im Zuge der Verbreitung von Hermeneutik und Kontextualismus seit dem letzten Drittel des 20. Jahrhunderts durchgesetzt hat, in Abwandlung eines Celan-Wortes ein »Metapherngestöber« sehen, das die Einsicht in die Wirklichkeit, in die Wahrheit wie in das Unwesen des Geschehenen, verdunkelt: »Orkane. / Orkane, von je, / Partikelgestöber, das andre, / du / weißts ja, wir / lasens im Buche, war / Meinung.« (*Die Gedichte*, 115) So lautet eine Strophe in *Engführung*, dem wohl bedeutendsten Gedicht zur Shoah. Was sich aber hinter dem Allerweltswort »Meinung« verbirgt, hat bereits im Jahrhundert zuvor Kierke-

gaard in seiner Rede *An einem Grab* zum Ausdruck gebracht: »Man kann eine Meinung haben über ferne Begebenheiten, über einen Naturgegenstand, über die Natur,
über gelehrte Schriften, über einen anderen Menschen, und
so über vieles andere, und wenn man diese Meinung äußert,
kann der Weise entscheiden, ob sie richtig ist oder unrich-
tig. Dagegen bemüht keiner den Meinenden damit, die andere Seite der Wahrheit zu betrachten, ob man nun wirklich
die Meinung hat, ob sie nicht etwas ist, das man bloß her-
sagt. Und doch ist diese andere Seite ebenso wichtig, denn
nicht allein der ist ja geisteskrank, der das Sinnlose sagt,
sondern ebensosehr der, welcher eine richtige Meinung
sagt, wenn diese doch ganz und gar keine Bedeutung für
ihn hat.« (*Religiöse Reden*, 170) Ohne es zu wissen, hat
Kierkegaard die Pathologie dessen beim Namen genannt,
was wir heute *Relativismus* nennen: ein Sichverstecken hinter Meinungen und Metaphern, um nicht für das einmal
Gesagte zur Rechenschaft gezogen werden zu können.
Denken und Dichten, Dichten und Denken – alles gerät zur
poetischen Verflüchtigung der Wahrheit, in der Verleugnung des Logos, wie übrigens Heidegger vor der betreffenden Stelle dem Logos entsagt und »das Sagen in die
Zweideutigkeit der Aussage hineingerissen« werde [wir
kommen darauf unten zurück]. Und so kann einer, nachdem er mit einer kaum zu überbietenden Kälte Tod und
Untergang beschwor, nach dem geschehenen Untergang
zurückrudern, ganz so sei es nun auch wieder nicht *gemeint*
gewesen, und einen *Humanismusbrief* schreiben, um sich
in der ehrenwerten Gesellschaft der großen Denker und
Dichter wiederzufinden; selbst der zeitlebens gebrochene
Celan wird, um dem Jahrhundertphilosophen seine Reve-
renz zu erweisen, zum Todtnauberg pilgern. Darin liegt die
Zweideutigkeit einer Moderne beschlossen, die in Wahrheit
keine Wahrheit kennt.
Es sei mit Nachdruck betont, dass hier von *einer* und nicht

etwa verallgemeinernd von *der* Moderne die Rede ist. Das Problem hat bereits vor einem halben Jahrhundert Alois Grillmeier in seinem Münchener Vortrag *Die Herrlichkeit Gottes auf dem Antlitz Jesu Christi. Zur Bild-Theologie der Väterzeit* (1963) umrissen, der in erweiterter Fassung sein Buch *Mit ihm und in ihm. Christologische Forschungen und Perspektiven* (Freiburg i. Br. 1975) eröffnet, und zwar mit folgender Feststellung: »Ein Gespräch zwischen Künstlern und Theologen kann – über alle persönlichen Kontakte hinaus – in dem Maße zu gegenseitiger Anregung führen, als sich eine feste Brücke zwischen christlicher Kunst und Theologie schlagen läßt. Beiden kommt wohl die Notwendigkeit eines solchen Brückenschlages heute in gesteigerter Dringlichkeit zum Bewußtsein. Der gläubige Künstler fühlt mehr und mehr die Spannung zwischen den modernen Kunstrichtungen und dem religiösen Bildgehalt, den er darstellen soll. Er kann auch mit der ausschließlich zur Herrschaft gekommenen formalästhetischen Betrachtung des Bildes oder Bildwerkes nicht mehr zufrieden sein und muß eine philosophisch und theologisch unterbaute Bildtheorie fordern. Der Theologe aber – um vom Philosophen zu schweigen – muß verlegen gestehen, daß eine moderne Theologie des Bildes noch nicht erarbeitet ist.« Diesem Manko haben wir abgeholfen in *Kreuz und Kairos. Eine eucharistische Grundlegung des Christusdogmas* (Würzburg 2005), zunächst in Anlehnung an Grillmeiers Abhandlung *Der Logos am Kreuz. Zur christologischen Symbolik der älteren Kreuzigungsdarstellung* (München 1956), von der er später einige Kapitel in *Die Herrlichkeit Gottes auf dem Antlitz Jesu Christi* eingebaut hat. Doch sind wir nicht wie Grillmeier von Spätantike und Frühmittelalter ausgegangen, sondern von der Moderne – so im abschließenden Teil »III. Kreuz und Kairos: Drei Annäherungen: 1. Barnett Newman: Fourteen Stations of the Cross. Lema Sabachthani – eine Deklaration; 2. Miloslav Čelakovský: Kreuzesdarstellung (ohne Titel) – Versiegelung Christi; 3. Paul Klee: Das Lamm – die Entsiegelung Christi«. Kein Zufall, dass Newman, ein säkularisierter New Yorker Jude, der nach einer schweren Schaffens- und Gesundheitskrise seinen Kreuzweg malte, den *antinominalistischen* Charakter seiner Kunst betont. Denn dass die moderne Kunst subjektivistisch sei, wie Karl Barth empfand [wir kommen gleich darauf zurück], ist ein Vorurteil. Vielmehr ist die subjektive Reduktion, die *reductio ad hominem*, ein Wesenszug der neuzeitlichen Kunst und Philosophie; man könnte in der ästhetischen Moderne, von eher zweitrangigen Kunstwerken einmal abgesehen, wie auch in der modernen Philosophie – man denke an Wittgenstein – eher eine Umkehrung jener Reduktion im Zuge der sog. anthropologischen Wende der Neuzeit sehen. In diesem Sinne werden wir im Schlusskapitel dieses Buches, ausgehend von einschlägigen Überlegungen Edith Steins zum Begriff des Gehorsams sowie eigenen zur »Herrlichkeit Gottes auf dem Antlitz Jesu Christi« nach 2 Kor 3,4–4,6, zu einer theologischen Bestimmung des Begriffes Reich Gottes zu kommen suchen. Den Schlüssel zu einer theologischen Bildtheorie der Moderne lieferte freilich weniger die Christologie als vielmehr die Eschatologie, die Konstellation von Moderne und Apokalypse, wie sie Benjamin etwa in seinen Aufzeichnungen zum *Passagen-Werk* verzeichnet. Weit mehr als in der Bilderwelt des 19. Jahrhunderts, dem Benjamins Interesse in erster Linie gilt, hat jene Konstellation zwischen beiden Kriegen ihre Bestätigung erfahren und ihren Niederschlag vor allem in den Werken der »drei großen *K*« – Kraus, Kafka und Klee – gefunden, denen wir einen kleinen Exkurs widmen, und zwar nicht, weil ihre Namen in eine Hagiographie gehörten; viel zu widersprüchlich bzw. zu einseitig ihrer Kunst verpflichtet erscheint ihr Leben, als dass von ihm ein besonderes Licht ausginge. Vielmehr fällt das Licht der Offenbarung auf ihr Werk, in dem jedes auf seine Weise die finstersten Abgründe unserer Zeit erhellt; insofern buchstäblich ein Stück *Apokalypsis* (= Enthüllung, Offenbarung) verkörpert. Man könnte jene Namen durchaus um weitere ergänzen. So hat der frühe Chagall in *La caduta dell'angelo* (Der Sturz/Fall des Engels) [Öl auf Leinwand, 1923–1933–1947] mit den entsprechenden Variationen aus den Jahren 1933/34 ein Epochenbild geschaffen. Dann wäre Olivier Messiaen (1908–1992) zu nennen, dessen *Quartett auf das Ende der Zeit* mit dem wunderbaren Schlusssatz 1940 in deutscher Kriegsgefangenschaft entstand; auch spätere Kompositionen wie für Holz- und Blechbläser mit Schlagzeug *Et exspecto resurrectionem mortuorum* (1964). Auch eine zeitgenössische Komponistin wie Sofia Gubaidulina, auf deren Johannes-Passion wir kurz eingehen. Und nicht zuletzt Galina Ustwolskaja (1919–2006), über Messiaen hinaus die einzige Komponistin, der die Vertonung der Apokalypse gelungen ist, so in der *Komposition Nr. 1 »Dona nobis pacem«* (1972), in der *Komposition Nr. 2 »Dies irae«* (1972/73), *Komposition Nr. 3 »Benedictus, qui venit«* (1974/75), *Sinfonie Nr. 2 »wahre, ewige Seligkeit!«* (1979), *Sinfonie Nr. 3 »Jesus Messias, errette uns!«* (1983), einer Anrufung, die in *Sinfonie Nr. 4* (1985/87) wie zuvor mit knappen Worten von Hermann dem Lahmen (Hermannus contractus, 1013–1054) untermauert wird. Schließlich in *Sinfonie Nr. 5 »Amen«* die Vertonung des Vaterunsers.

Verständlich, dass sich einer hedonistisch gestimmten (Post-)Moderne der theologische Gehalt einer Musik nicht erschließt, deren unaufhörliches *procedendo* den Eindruck vermittelt, als ob ein Engelsheer ganze Panzerarmeen niederwalzte. So vermerkt jüngst die Musikwissenschaftlerin Anja Städtler in ihrem Essay *Kunst und Ethik. Spiritualität als Grundlage des Schaffens bei Komponistinnen und Komponisten aus dem Osten Europas* (Sonderbeilage der

NZZ zum Lucerne Festival Sommer 2012 unter dem Thema »Glaube« [9. August 2012], 3) anlässlich der Aussage der Komponistin »Meine Musik ist geistig, aber nicht religiös«, damit bringe sie »zum Ausdruck, dass sie ihre Kunst als individuelle Angelegenheit und individuellen Schöpfungsakt verstanden wissen will, der einen spirituellen Hintergrund hat, aber nicht mit traditionellen, kirchlichen Formen und Ritualen gleichgesetzt werden soll«. Zunächst ist dazu anzumerken, dass jegliche große Musik, auch tiefreligiöse, auf einem »individuellen Schöpfungsakt« beruht, und zwar aus dem rein theologischen Grund, weil jedwedes Charisma einem Einzelnen, also einem Individuum zugeteilt wird, auch wenn das daraus resultierende Wirken der Allgemeinheit dient. [Ein Pianist etwa, der zeitlebens nur für sich spielte, wäre eine ähnlich absurde Figur wie ein Beter, der lediglich für sich betete.] Außerdem lautet das Zitat genau: »*Meine Werke sind zwar nicht religiös im liturgischen Sinne, aber vom religiösen Geist erfüllt, und – wie ich es empfinde – sie würden am besten in einem Kirchenraum erklingen, ohne wissenschaftliche Einführungen und Analysen. Im Konzertsaal, also in ›weltlicher‹ Umgebung klingen sie anders ...*« (*Galina Ustwolskaja*, Musikverlag Hans Sikorski, Hamburg 2006, 7). Allein ein Blick auf die oben genannten Titel zeugt von dem religiösen, ja hochtheologischen Charakter ihrer Musik. Dass sich bei deren Aufführung Galina Ustwolskaja »wissenschaftliche Einführungen und Analysen« verbeten hat, liegt auf der Hand in Anbetracht der massiven Unkenntnis des Liturgischen unter einigen Musikwissenschaftlern: Nicht nur würde ihr *Benedictus* aufgrund seiner Überlänge in keinem Sanctus aufgehen; vielmehr verweist Viktor Suslin in seinem Vorwort auf den Komponisten Boris Tischtschenko, auf dessen Vergleich der »›Dichte‹ ihres Stils mit dem gebündelten Licht des Laserstrahls, der in der Lage ist, Metall zu durchdringen« (vgl. ebd. 6). M. a. W., die Gemeinde wäre bei dem anschließenden eucharistischen Hochgebet, dem Höhepunkt der gesamten Liturgie, so verstört, dass so etwas wie eine innere Sammlung gar nicht zu denken wäre; ganz abgesehen davon, dass nach dem neueren Liturgieverständnis der katholischen Kirche die Gemeinde zu einer *participatio actuosa*, also zu einer aktiven Mitfeier der Liturgie, gehalten ist. Was schließlich die orthodoxe Liturgie betrifft, so beruht deren Gestaltung auf dem Chorgesang, den Ustwolskajas Musik so wenig kennt wie jene die Instrumentalmusik.

Allerdings hat auch die neuere Theologie kaum ein Verhältnis zur Moderne noch zur ureigenen neutestamentlichen Eschatologie gefunden. Bezeichnenderweise blieb in Karl Barths Dogmatik die Eschatologie ungeschrieben. »Sicher sei nur, dass er sie unter den Titel der ›Apokalypsis‹ stellen würde.« Und es klingt wie ein Treppenwitz der Geschichte, wenn Barth anschließend gegenüber seinem letzten Assistenten Eberhard Busch, der nach ihr fragte, bekennt: »Wenn der Hitler nicht dazwischen getreten wäre und ihn so lange in Atem gehalten hätte, dann wäre er vielleicht noch mit der Dogmatik fertig geworden.« (Busch, *Meine Zeit mit Karl Barth*, 444) Dabei hätte jene Zeit nicht nur reichlich Anschauungsunterricht für seine »Apokalypsis« geboten. Vielmehr entsprach sie der Apokalypsis, wie sie in Klees Bilderwelt und in Kafkas Schriften zum Ausdruck gelangt. Nicht nur dass Barth vor Kafkas *Schloss*-Fragment kapituliert (vgl. ebd. 512). »Er verstehe diese moderne Kunst einfach nicht« (ebd. 402). Denn »die modernen Gedichte, die er durchweg nicht mag, die modernen Bilder und Musikstücke, das alles sei anscheinend zu verstehen als ein endloses Sichausbreiten und Sichernstnehmen einer individualistischen Subjektivität.« Wäre dem so, so könnte bereits von ihr im Hinblick auf die Genieästhetik der Vormoderne die Rede sein. Doch um bei der modernen Prosa zu verbleiben – allein hier wird die

individuelle Erfahrungswelt auf das Kommende hin über-
schritten. Kaum zufällig setzt Adalbert Stifters letzte Erzählung *Aus dem bairischen Walde* nach einem langgezo-
genen Spätsommer (»Der October war so sonnig und
warm, wie ich selten einen erlebt hatte«) mit einem ful-
minanten Wintereinbruch ein, so dass »achtzigjährige
Männer sagten, daß sie das nie erlebt hätten«. Und der Er-
zähler scheint über die Jahrhundertschwelle hinwegzu-
schauen, wenn er konstatiert: »Man konnte nur das Toben
anschauen und hatte keine Ahnung, wohin das führen
werde.« (Vgl. *Sämtliche Erzählungen Bd. II*, 1526 ff.) Wo
Stifter endet, da beginnt Kafkas *Schloss*-Fragment mit den
Worten: »Es war spät abends, als K. ankam. Das Dorf lag
in tiefem Schnee. Vom Schloßberg war nichts zu sehen,
Nebel und Finsternis umgaben ihn, auch nicht der
schwächste Lichtschein deutete das große Schloß an.«
Nicht etwa Europas Landkarte sollte Kafkas Landvermes-
ser neu vermessen; das war kurz zuvor in Versailles und
Trianon geschehen. Sondern »das Reich des Fragwürdigsten«, das Reich des Todes, von dem Heideggers Philosophie Zeugnis ablegt: »die verborgene Geschichte der großen Stille«, die sich bald über Europa herabsenken wird.
Von ihr zeugt nicht allein die große Literatur der Moderne, mehr noch die Musik in der »Detonation des Schweigens«, wie es im musikalischen Schaffen Galina Ustwolskajas zum Ausdruck gelangt, und zwar durch einen
doppelten Bruch und die daraus resultierende persönliche
Isolation bestimmt: einmal durch den Bruch mit ihrem
Lehrer Schostakowitsch, dessen Heiratsantrag sie empört
zurückwies; dann durch ein mehrjähriges Schweigen infolge des mysteriösen Todes eines befreundeten Komponisten Anfang der sechziger Jahre. Dass sie danach nicht
einfach ihre frühere, durchaus eigenständige Komposi-
tionsweise fortsetzte oder gar aus einer inneren Trauer
heraus der schwermütigen Musik des von ihr verehrten

Schubert nacheiferte, liegt auf der Hand: Nach der Niederschlagung des Prager Frühlings im Jahre 1968 schien die Sowjetherrschaft nach innen wie außen auf unabsehbare Zeit so gefestigt und die politische Eiszeit im sog. Kalten Krieg auf ihren Höhepunkt gelangt, dass es letzthin nur die Wahl gab zwischen einer resignierenden Unterwerfung bzw. einem melancholischen Rückzug ins eigene Innere oder aber einem Voran, ebenjenem Ton eines unablässigen *procedendo*, den ihre Kompositionen im Geiste der christlichen Apokalyptik in den folgenden Jahren anschlagen werden, um den zerstörerischen Mächten ihrer Zeit den Untergang, den *Dies Irae*, zu verkünden. Dass es sich hierbei nicht um Kirchenmusik im herkömmlichen Sinne handelt, liegt auf der Hand: Keine Glocken können so laut läuten, kein Chor so laut singen und keine Orgelregister gezogen werden, wie jene Cluster auf dem Klavier ertönen, wie jene Pauken- und Posaunenklänge oder Sirenenklänge der Streicher, die das Nahen des Gerichts bzw. das Benedictus dessen, der da kommt, ankündigen. Denn anders als ein fader christlicher Humanismus, der seinen Frieden mit der Welt geschlossen hat, in unseren Tagen glaubt, hat die Apokalypse nur zu fürchten, wer das Gericht zu fürchten hat; nicht umsonst heißt es schon bei dem Propheten Jesaja: »Denn dein Gericht ist ein Licht für die Welt, / die Bewohner der Erde lernen deine Gerechtigkeit kennen.« (Jes 26,9b) Und wie eine Antwort auf die *Komposition Nr. 1 »Dona nobis pacem«* kurz darauf: »Herr, du wirst uns Frieden schenken; denn alles, was wir bisher erreichten, hast du für uns getan.« (Jes 26,12) Daher kennt Ustwolskajas Musik Phasen der Stille wie kaum eine andere; ja alle Kompositionen enden nicht in einem Klangchaos oder münden einer klassischen Sinfonie gleich in ein dramatisches Finale, sondern in ein Schweigen, das der Erwartung des Kommenden Raum gibt; der Erwartung *Dessen*, der das Werk der Erlösung vollendet.

Deshalb begrüßt auch der heilige Johannes in seiner brieflichen Einleitung zur Apokalypse die sieben Gemeinden in der Provinz Asien: »Gnade sei mit euch und Friede von *Ihm, der ist und der war und der kommt*« (Offb 1,4), weil es für Christen keinen anderen Frieden geben kann als von dem kommenden Gott her, mögen sie noch so sehr dazu neigen, mit ihrer Welt, mit ihrer Zeit Frieden zu schließen und das Kommen ihres Gottes in dieser Zeit zu übersehen. Denn mochte es für eine Galina Ustwolskaja noch so aussichtslos erscheinen, in jenen Jahren an der Arbeit an ihren apokalyptisch akzentuierten Kompositionen auf einen politischen oder gesellschaftlichen Wandel zu hoffen; ja trennte einen Karl Kraus, als er 1908 *Apokalypse (Offener Brief an das Publikum)* schrieb, nur wenige Jahre von dem Ersten Weltkrieg – eines sollte sich nicht allein der Christ vor Augen führen, wenn er auf die letzten hundert Jahre zurückblickt, in denen mehr Leid angehäuft worden ist als je zuvor in der Geschichte: Nahezu alle Weltmächte sind seitdem verschwunden oder gewissermaßen auf ihr Normalmaß zurückgestutzt worden: zunächst Preußen und Österreich-Ungarn, später das Britische Empire und die Kolonialmächte, das Italien Mussolinis und das Tausendjährige Reich Hitlers, zuletzt die Sowjetunion; und die noch vor 20 Jahren als »unilaterale« Weltmacht dastehenden Vereinigten Staaten von Amerika versinken im Schuldensumpf, aus dem auch das neue Europa kaum hinausfindet; schließlich dürfte kaum jemand auf die aufstrebende Wirtschaftsmacht China Wetten abschließen, die einmal dort stehen könnte, wo sich das in den achtziger Jahren aufstrebende Japan heute befindet. – Wie sich aber nach dem alttestamentlichen Buch Daniel in des Propheten Auslegung von Nebukadnezzars Traum von den Weltreichen ein kleiner Stein von einem Abhang löst und das große, im Traum geschaute Standbild, den Inbegriff aller Weltreiche, vernichtet, so entfaltet das Reich Gottes, so unscheinbar es wirken mag, seine Kraft durch die Geschichte: »Zur Zeit jener Könige wird aber der Gott des Himmels ein Reich errichten, das in Ewigkeit nicht untergeht; dieses Reich wird er keinem anderen Volk überlassen. Es wird all jene Reiche zermalmen und endgültig vernichten; es selbst aber wird in alle Ewigkeit bestehen. Du hast ja gesehen, dass ohne Zutun von Menschenhand ein Stein vom Berg losbrach und Eisen, Bronze und Ton, Silber und Gold zermalmte. Der große Gott hat den König einst wissen lassen, was dereinst geschehen wird. Der Traum ist sicher und die Deutung ist zuverlässig.« (Dan 2,44 f.) Bis in unsere Zeit hat sie ihre Bestätigung erfahren, mögen sich jene Reiche auch heutzutage mit Stahl vergleichen oder ihr Gewicht mit Dollarnoten oder Derivaten aufzuwiegen suchen, die am Ende nicht einmal das Papier wert sind.

In der Verkennung des Kommens Gottes bzw. des Reiches Gottes liegt die eigentliche Schwäche einer Christenheit, die sich, um zu überdauern, in der Vergangenheit der Protektion historischer Mächte unterstellte, in neuerer Zeit gar Ideologien und Philosophien andiente, selbst wenn deren Repräsentanten – wie etwa Hegel – die Rede vom Reich Gottes lediglich mit Spott bedachten, oder – wie Heidegger – seinen Platz »das Reich des Fragwürdigsten« einnehmen ließen. Es ehrt die Christen der ersten Jahrhunderte, dem widerstanden zu haben. So vermerkt Laktanz, ein christlicher Autor des 4. Jahrhunderts, den noch als Heiden Kaiser Diokletian, der letzte große Christenverfolger, als Lehrer der lateinischen Beredsamkeit in seine neue Hauptstadt Nikomedien berief, in seinem *Abriss der göttlichen Unterweisungen*, die Christen sollten sich mit aller Kraft und Geduld bemühen, Gott die Treue zu halten. »Der Tod darf uns nicht schrecken noch der Schmerz uns beugen; wir müssen die Kraft des Geistes und die Standhaftigkeit unerschütterlich bewahren.« Dieser *Widerstand* ist es, der nicht aus eigener Kraft erfolgt als vielmehr aus der »Kraft des Geistes«, der dessen Wirken in der Geschichte Rechnung trägt, mögen auch die Zeiten dagegensprechen, die Mächte des Untergangs anscheinend triumphieren. *Resistenza* (Résistance, Widerstand) lautet bezeichnenderweise der Titel gleichsam eines Epochengemäldes Chagalls aus den Jahren 1937–1948 (Öl auf Leinwand, Nizza, Musée national), das eine Welt in Auflösung zeigt – doch mittendrin der gekreuzigte Christus als einzigen Fixpunkt. Keine andere Ordnung ist einer Zeit mehr gegeben, die ihre raison d'être in der Auflösung aller Ordnung erblickt, in Erhebung und Fall – und nicht in *Widerstand und Ergebung*, wie das theologische Vermächtnis Dietrich Bonhoeffers überschrieben ist. Ganz in diesem Geiste der Widerstand einer Ustwolskaja, der sich nicht auf sich selbst beruft, sondern in *Sinfonie Nr. 3* im Ausruf: »*Jesus Messias, errette uns!*« gründet.

Der Verkennung des göttlichen bzw. des messianischen Wirkens in der Gegenwart im Zuge einer historistischen Geschichtsauffassung korrespondiert die Verkennung des Diabolischen in der Geschichte im Geiste der Aufklärung, durch deren Reduktion der Religion auf Moral alles, was mit Teufel oder Hölle zusammenhängt, ins Reich der Phantasie verwiesen wird. Schon Hegel befand mit Blick auf eine nominalistische Theologie, selbst die Lehre von der ewigen Seligkeit und der ewigen Verdammnis seien lediglich »Worte, die in sogenannter guter Gesellschaft nicht gebraucht werden dürfen; solche Ausdrücke gelten für – ἄρρητα. Wenn man sie auch nicht leugnet, so wäre man doch geniert, sich darüber zu erklären.« (*Vorlesungen über die Philosophie der Religion*, Bd. 3, 68)

Mehr als phantasielos, geradezu grotesk mutet es daher an, wenn in einem Zeitalter, in dem mehr Menschenleben vernichtet wurden als je zuvor, Theologen »Abschied vom Teufel« (Herbert Haag) nehmen wollen oder über die Existenz der Hölle streiten. Wie real diese ist, mag ein

Blick in das von dem britischen Historiker Antony Beevor
edierte Kriegstagebuch des großen Romanciers Wassili
Grossman belegen, dessen Stalingradroman *Leben und
Schicksal* vom sowjetischen Geheimdienst konfisziert
wurde. Grossman selbst blieb nur deshalb verschont, weil
er als Kriegsberichterstatter der Armeezeitschrift *Roter
Stern* äußerst populär war. Obschon weder Parteimitglied
noch von soldatischer Statur, hat er an vorderster Front
erst den Rückzug, dann den Vormarsch der Roten Armee
begleitet, erlebte auf einem nur drei Kilometer breiten
Landstreifen an der Wolga die Schlacht um Stalingrad mit,
hatte also zahlreiche Menschen leiden und sterben gesehen
und zudem die Ermordung seiner Mutter bei dem Massaker von Babi Jar zu verkraften. Was jedoch Grossman
nach, wohlgemerkt *nach* der Befreiung des KZ Treblinka
zu sehen bekam, ließ ihn nach seinem Bericht für Monate
verstummen. »Und mir scheint«, heißt es am Ende, »das
Herz müsste mir stehen bleiben, zusammengepresst von
solcher Trauer und solchem Leid, die kein Mensch ertragen kann.« (Beevor, *Ein Schriftsteller im Krieg*, 377) Wie
Beevor abschließend anmerkt, sei es »nicht verwunderlich,
dass Grossman dieser Tortur nicht gewachsen war. Als er
im August [1944] nach Moskau zurückkehrte, befiel ihn
eine schwere Nervenkrise.« Denn was er zu Augen bekam
– das *ist* die Hölle, gemäß dem Diktum Kafkas, es gebe
nichts Teuflischeres als das, was ist.
Allein deshalb hat die Theologie in ihrer Methodik der
Wirklichkeit Rechnung zu tragen, statt sich in Interpreta-
tionen, in die Philologie irgendwelcher Lesarten zu flüch-
ten, die oft genug nicht einmal den überlieferten Texten ge-
recht werden, geschweige denn der Offenbarung, die in
der Wirklichkeit statthat und so real ist, wie nur das Kreuz
Christi real ist. Allein von hier aus hat eine Deutung der
Geschichte zu erfolgen, nicht nach unseren Vorgaben und
Maßgaben; allein von hier aus hat nicht allein der Ge-

schichtsschreiber zu gewärtigen: »Der Messias kommt ja nicht nur als der Erlöser; er kommt als der Überwinder des Antichrist.«

Dass sich zu dieser Einsicht Benjamins – von wenigen Ausnahmen einmal abgesehen – die zeitgenössische Theologie kaum durchrang, ist eine Sache; eine andere die, dass schon nach Benjamins Tod der heute herrschende Zeitgeist den Ton angab. Sollte doch in den folgenden Jahrzehnten vollauf seine Bestätigung finden, was Brecht in seinem Arbeitsjournal vom August 1941 vermerkt, nachdem er »die letzte arbeit« Benjamins, von dessen Tod er gerade erfahren hat, in den Händen hält: »günther stern [Günther Anders] gibt sie mir mit der bemerkung, sie sei dunkel und verworren, ich glaube, das Wort ›schon‹ kam darin vor.« Und nach ihrer Lektüre das Resümee: »– kurz, die kleine Arbeit ist klar und entwirrend (trotz aller metaphorik und judaismen), und man denkt mit schrecken daran, wie klein die anzahl derer ist, die bereit sind, so was wenigstens miß-zuverstehen.« (B. Brecht, *Arbeitsjournal. Erster Band 1938 bis 1942*, hrsg, von W. Hecht, Frankfurt am Main 1973, 294) Dabei ist es bis heute geblieben, mag die Benjamin-Literatur auch ins Unabsehbare angewachsen sein. Mehr denn je findet Benjamins Feststellung am Ende der ersten These *Über den Begriff der Geschichte* ihre volle Bestätigung von der Theologie, »die heute bekanntlich klein und häßlich ist und sich ohnehin nicht darf blicken lassen«. (GS I.2, 693) Dem kommt die Theologie insofern entgegen, als sie es aufgegeben hat, die Zeichen der Zeit zu deuten – im Licht der Offenbarung des kommenden Gottes. Eher zieht es einen in die Vergangenheit zurück.

So hat jüngst Rémi Brague, der Inhaber des Münchener Guardini-Lehrstuhls, im Fazit seines Aufsatzes über *Das Scheitern des Atheismus* die Forderung erhoben: »Wir brauchen ein neues Mittelalter. Oder: Wir müssen dem neuzeitlichen Versuch, sich vom Mittelalter loszusagen,

34

den Garaus machen. Wir brauchen ein echtes Mittelalter, auf keinen Fall dagegen das Zerrbild, das die Neuzeit daraus gemacht hat, um sich zu rechtfertigen. Ja, wir brauchen ein Mittelalter, das den Errungenschaften der Neuzeit positiv nachkommt und sie in eine neue Synthese integriert.« (Internationale Katholische Zeitschrift *Communio* 41 [2012], 279–288, hier 287) Gegen jenes Zerrbild ist bereits vor einem Menschenalter der Scheler-Schüler Paul Ludwig Landsberg angegangen in seiner Schrift *Die Welt des Mittelalters und wir. Ein geschichtsphilosophischer Versuch über den Sinn eines Zeitalters* (Verlag von Friedrich Cohen, Bonn 1922); auch täte zumal unserer Zeit eine Rückbesinnung auf den mittelalterlichen Ordo-Begriff durchaus gut.

Nun hat Romano Guardini, ausgehend vom »Daseinsgefühl und Weltbild des Mittelalters« wenige Jahre nach dem Zweiten Weltkrieg ein kleines Buch verfasst unter dem Titel *Das Ende der Neuzeit. Ein Versuch zur Orientierung* (Basel 1950; hier zit. nach der Werkbund-Ausgabe, Würzburg o. J. [1950]). Bemerkenswerterweise dachte Guardini zunächst an eine Studie zu Pascal, der anders als sein Zeitgenosse und Gegner Descartes nicht in seiner Zeit aufging, doch ist daraus ein Epochenbild geworden, das Bild einer im Untergang begriffenen Epoche. Entscheidend ist die Lossage des neuzeitlichen Menschen von der Offenbarung, um sein Dasein auf sich selbst zu begründen, ohne aber solche Werte wie die Freiheit und Einzigartigkeit der menschlichen Person, die sich ihr verdanken, zu verneinen. Auch wenn, ja weil es nach Guardini keine Rückwendung zum Mittelalter im Sinne der Romantik geben kann, müsse der Nicht-Glaubende »aus dem Nebel der Säkularisation heraus«, wie schon Nietzsche den Nicht-Christen gewarnt habe, dieser »habe noch gar nicht erkannt, was es in Wahrheit bedeute, ein solcher zu sein.« (110) Guardini geht dabei weder der Zweideutigkeit des modernen Menschenwesens nach noch der »Dialektik der Aufklärung«; ja nicht einmal – wie zehn Jahre zuvor Benjamin in seinen Aufzeichnungen *Über den Begriff der Geschichte* – von den zurückliegenden Katastrophen. Ausgehend von der Offenbarung, könnte man von einem *Offenbarwerden* des Menschen sprechen. »Wenn wir die eschatologischen Texte der Heiligen Schrift richtig verstehen«, heißt es abschließend, »werden Vertrauen und Tapferkeit überhaupt den Charakter der Endzeit bilden. Was umgebende christliche Kultur und bestätigende Tradition heißt, wird an Kraft verlieren. Das wird zu jener Gefahr des Ärgernisses gehören, von welcher gesagt ist, daß ihr, ›wenn es möglich wäre, auch die Auserwählten erliegen würden‹ (Mt 24,24).« Obgleich die Endzeit, neutestamentlich gesehen, die gesamte Christuszeit umfasst, erkennt Guardini mit dem Ende der Neuzeit eine dramatische Zuspitzung: »Die Einsamkeit im Glauben wird furchtbar sein. Die Liebe wird aus der allgemeinen Welthaltung verschwinden (Mt 24,12). Sie wird nicht mehr verstanden noch gekonnt sein. Um so kostbarer wird sie werden, wenn sie vom Einsamen zum Einsamen geht; Tapferkeit des Herzens aus der Unmittelbarkeit zur Liebe Gottes, wie sie in Christus kund geworden ist. Vielleicht wird man diese Liebe ganz neu erfahren: die Souveränität ihrer Ursprünglichkeit, ihre Unabhängigkeit von der Welt, das Geheimnis ihres letzten Warum. Vielleicht wird die Liebe eine Innigkeit des Einvernehmens gewinnen, die noch nicht war. Etwas von dem, was in den Schlüsselworten für das Verständnis der Vorsehungsbotschaft Jesu liegt: daß um den Menschen, der Gottes Willen über Sein Reich zu seiner ersten Sorge macht, die Dinge sich wandeln (Mt 6,33).« Dabei konnte Guardini schwerlich Edith Steins *Kreuzesliebe* kennen, die damit ernst machte. Denn was Guardini im letzten Abschnitt mit Blick auf die Zukunft zu erkennen glaubt, das ist in Edith Steins Leben sowie im Leben und Sterben vieler anderer

Christen in den Jahren zuvor bereits Wirklichkeit geworden. »Dieser eschatologische Charakter wird sich, scheint
mir, in der kommenden religiösen Haltung anzeigen. Damit soll keine wohlfeile Apokalyptik verkündet werden.
Niemand hat das Recht zu sagen, das Ende komme, wenn
Christus selbst erklärt hat, die Dinge des Endes wisse der
Vater allein (Mt 24,36). Wird also hier von einer Nähe des
Endes gesprochen, so ist das nicht zeithaft, sondern we-
sensmäßig gemeint: daß unsere Existenz in die Nähe der
absoluten Entscheidung und ihrer Konsequenzen gelangt;
der höchsten Möglichkeiten wie der äußersten Gefahren.«
Das freilich gilt für eine christliche Existenz von Anbeginn, nicht zuletzt aber für die zurückliegenden Jahre, die
»das Ende der Neuzeit« markieren. Und wenngleich niemand das Recht habe, zu sagen, das Ende komme, so besitzt seine Erwartung durchaus eine »zeithafte«, also tem-
poräre Bedeutung, insofern im kommenden Gott die
ontologische Ordnung durchbrochen wird, wie auch mit
Blick auf die »Offenbarung [apokalypsis] Jesu Christi«
(Offb 1,1), also auf den Anfang der Apokalypse, Erik Peterson in seiner Auslegung der *Offenbarung des Johannes*
(vgl. 14) auf den »eigenartigen Doppelsinn« hingewiesen
hat; es heiße »eben nicht einfach Enthüllung Jesu Christi in
seiner Zukunft, in seiner Parusie, sondern das heißt zugleich auch Offenbarung, die er seinen Knechten und im
besonderen seinem Knecht Johannes schon jetzt hat zuteil
werden lassen«. Über seine Zeit hinaus gilt die Aktualität
des ihm Offenbarten, wie Johannes selbst bezeugt: »Dieser
hat das Wort Gottes und das Zeugnis Jesu Christi bezeugt:
alles, was er geschaut hat. Selig, wer diese prophetischen
Worte vorliest und wer sie hört und wer sich an das hält,
was geschrieben ist; denn die Zeit ist nahe.« (Offb 1,2 f.)
Dass die Zeit *nahe* ist, folgt also nicht etwa aus menschlicher Spekulation, sondern aus prophetischer Einsicht in
die Aktualität des Messianischen. Ist doch die messianische

Welt »die Welt allseitiger und integraler Aktualität« (vgl. GS I.3, 1235), wie Benjamin in *Neue Thesen K*, im Rahmen seiner Aufzeichnungen *Über den Begriff der Geschichte* notiert. Die Aktualität der messianischen Botschaft vom Kommen des Reiches Gottes bewusstzumachen, wie sie nahezu alle neutestamentlichen Texte bekunden, bildet das zentrale Anliegen der vorliegenden Abhandlung, ganz entgegen den bis in die zeitgenössische Theologie hinein vorherrschenden Zeitauffassungen zumal Hegels und Heideggers, die dem christlichen Begriff der messianischen bzw. eschatologischen Zeit völlig inkompatibel, ja konträr sind, wie nicht zuletzt aus den Lebenszeugnissen und dem Martyrium Edith Steins ersichtlich wird. Ganz im Gegensatz zum Geist ihrer Zeit wie dem Geist unserer Zeit, der zwischen Selbstübersteigerung und Nietzsches »Lust am Selbstuntergang« taumelt, konstatiert sie, dass die Kreuzesnachfolge Christi »eine starke und reine Freudigkeit« gebe, und die es dürften und könnten, »die Bauleute an Gottes Reich«, seien »die echtesten Gotteskinder« (vgl. GT II, 113).

Berlin, den 9. August 2012, dem 70. Todestag Edith Steins.

I. Der Kreuzestod Christi –
der Anfang der Vollendung

Dass es seit längerem keine geschichtstheologische Deutung des Zeitgeschehens gibt, wie sie ein Salvian von Marseille im 5. Jahrhundert in *De gubernatione Dei* vorlegte, ist verständlich, da mit der Christianisierung der Völker Europas seit dem frühen Mittelalter die Geschichte der Kirche – trotz aller Spannungen und Konflikte – mit ihrer (profanen) Geschichte eng verknüpft war. Waren doch etliche Herrscher, wie das Königspaar Heinrich und Kunigunde, wie die Königin Mathilde, wie Stephan I. von Ungarn oder Ludwig IX. von Frankreich Heilige; einige wie Václav von Böhmen oder die skandinavischen Könige Erik und Knut sogar Märtyrer. Noch enger scheint das Band von profaner Herrschaft und Kirche seit dem Zeitalter der Reformation geknüpft, als Fürsten oder Könige zugleich als geistliches Oberhaupt ihrer Landeskirche figurierten. Entsprechend eng auch die Bindung im katholischen Raum, zu denken ist etwa an Reinhold Schneiders literarisches Porträt *Philipp der Zweite. Oder Religion und Macht* [Leipzig 1931]. Erst von der Französischen Revolution an zeichnet sich ein Bruch ab, wenngleich der Prozess der Säkularisierung bis ins 20. Jahrhundert hinein in erster Linie die geistigen und politischen Eliten erfasste, während die Volkskirchen, obschon eher in der Defensive, zumindest im ländlichen Raum weitgehend intakt blieben, ja in einigen Ländern, wie etwa Mexiko, den überlieferten Glauben erfolgreich gegen antichristliche Machthaber verteidigten.

Erst mit dem Ersten Weltkrieg, dem amerikanischen Historiker und Diplomaten George F. Kennan, der 2005 im Alter von 101 Jahren starb, zufolge »die Urkatastrophe des 20. Jahrhunderts«, wird mit der Selbstzerfleischung der christlichen Völker den apokalyptischen Mächten der Moderne Tür und Tor geöffnet. Doch selbst hier noch keine Scheidung, kein radikaler Bruch angesichts der Volksverbundenheit der Kirchen; bezeichnenderweise ist in der eingangs erwähnten geschichtstheologischen Untersuchung Walter Künneths *Der große Abfall* im Untertitel von »der Begegnung [!] zwischen Nationalsozialismus und Christentum« die Rede, obschon es sich in Wahrheit um eine handfeste *Konfrontation* handelte, die etlichen christlichen Glaubenszeugen, wie einem Dietrich Bonhoeffer noch in den letzten Kriegstagen, das Leben kostete. Und auch das eingangs zitierte Werk des katholischen Theologen Georg Feuerer *Unsere Kirche im Kommen* spricht im Untertitel von einer »Begegnung von Jetztzeit und Endzeit«, während doch aus christlicher Sicht Jetztzeit und Endzeit seit Christus sich nicht bloß »begegnen«, sondern einander entsprechen.

Denn keineswegs erst im allgemeinen Zeitgeschehen, im Verlauf der Geschichte, sondern im Christusgeschehen selbst zeichnet sich die Konstellation von messianischer Jetztzeit und eschatologischer Endzeit ab. So nach dem Matthäusevangelium beim Verhör Jesu vor dem Hohen Rat, wo es zunächst angesichts der verschiedenen Anschuldigungen heißt: »Jesus aber schwieg. Darauf sagte der Hohepriester zu ihm: Ich beschwöre dich bei dem lebendigen Gott, sag uns: Bist du der Messias, der Sohn Gottes? Jesus antwortete: Du hast es gesagt. Doch ich erkläre euch: Von *jetzt* an werdet ihr den Menschensohn zur Rechten der Macht sitzen und auf den Wolken des Himmels kommen sehen.« (Mt 26,63 f. – Es überrascht, dass die Parallelstelle Mk 14,62 von den Herausgebern der Einheitsübersetzung nicht angegeben ist; *vice versa* nicht dort auf Mt 26,64 verwiesen ist, sondern jeweils auf Mk 13,26.) In Anlehnung an zwei Schriftworte aus Dan 7,13 und Ps 110,1 bekennt der seinem Todesurteil und seiner Kreuzerhöhung entgegensehende Christus nicht nur seine Messianität, sondern in einem Atemzug seine eschatologische Herrschaft, die mit seinem Todesurteil öffentlich gemacht wird. War sie bislang über seinen Jüngerkreis hinaus weitgehend verschwiegen, lediglich ausnahmsweise im persönlichen Gespräch – ob mit der Samariterin oder mit Martha und Maria, den Schwestern des Lazarus – bekannt, so ist mit dem Eingeständnis seiner Messianität nicht allein sein Todesurteil wegen Gotteslästerung gesprochen: »Da zerriss der Hohepriester sein Gewand und rief: Er hat Gott gelästert! Wozu brauchen wir noch Zeugen? Jetzt habt ihr die Gotteslästerung selbst gehört. Was ist eure Meinung? Sie antworteten: Er ist schuldig.« (Mt 26,65 f.) Was in diesem Zusammenhang leicht übersehen wird, ist der theologisch höchst bedeutsame Sachverhalt, dass *hier*, also »von *jetzt* an«, d. h. im Augenblick seiner äußersten Erniedrigung und Demütigung, seine endzeitliche Herrschaft ihren Anfang nimmt. Heißt es doch nach dem allgemeinen Schuldspruch: »Dann spuckten sie ihm ins Gesicht und schlugen ihn. Andere ohrfeigten ihn und riefen: Messias, du bist doch ein Prophet! Sag uns, wer hat dich geschlagen?« Doch nicht genug, denn anschließend folgt die tiefste aller Demütigungen: die Verleugnung durch Petrus (Mt 26,69–75), des Ersten seiner Jünger, der ihn vordem als Messias bekannt hat (vgl. Mt 16,13–20).

Nirgendwo wird der Zusammenhang von Jesu Messianität und seiner Hoheit als Menschensohn, zwischen seinem Kreuzestod und seiner eschatologischen Herrschaft so manifest wie hier, nach Mt 26,64 bzw. Mk 14,62. Es wird offenkundig, dass diese nicht etwa irgendwann am Ende aller Zeiten einsetzt als vielmehr mit dem Werk unserer Erlösung ihren Anfang nimmt. Theologisch gesprochen: Erlösung und Vollendung, Christologie/Soteriologie und Eschatologie gehören aufs engste zusammen: Das *Kommen* des Menschensohns, das Kommen des Reiches Gottes

vollzieht sich nicht irgendwann *nach* seiner ersten Ankunft, sondern ist *mit* seiner ersten Ankunft gegeben. Mit
ihrer Vollendung im Kreuzestod nimmt die Vollendung
der Zeit ihren Anfang – nicht erst mit der Wiederkunft
Christi.

Daher ist auch im Grunde genommen nicht ganz zutreffend die Rede von einer »eigentümlichen Dialektik der
christlichen Eschatologie, wonach das messianische Reich
zwar schon gekommen ist, aber doch erst in der zweiten
Ankunft Christi seine Vollendung erfahren wird« – so Erik
Peterson, dem wir die Wiederentdeckung der christlichen
Eschatologie verdanken, in seinem Spätwerk *Frühkirche,*
Judentum, Gnosis [Darmstadt 1982, 59; Erstausg.: Freiburg i. Br. 1959]. Gewiss wird das messianische Reich, das
mit Christus schon gekommen ist, bei seiner zweiten Ankunft seine Vollendung erfahren. Nur setzt der *Prozess* der
Vollendung nicht erst bei seinem zweiten Kommen ein,
sondern nimmt seinen Anfang im *Prozess* gegen Jesus
Christus, der vor dem Hohen Rat eingeleitet wird und –
nach der Episode seiner Verspottung und der Verleugnung
durch Petrus – mit der Auslieferung an Pilatus und dessen
richterlichen Schuldspruch endet (vgl. Mt 27,26). Es folgen
die Verspottung durch die (heidnischen) Soldaten sowie
die Kreuzigung und der Tod Jesu – gleichsam das Ende der
ersten Ankunft Jesu *und* der Anfang seiner eschatologischen Herrschaft, die vom Kreuz ihren Ausgang nimmt.
Denn nicht erst am Ende der Zeiten, sondern *vom Kreuz*
Christi aus erscheinen die Mächte dieser Weltzeit als *Ge-*
richtete – vorab der Hohe Rat und das Imperium Romanum, bis heute der Inbegriff aller Weltmacht. Deshalb
kann mit Feuerer nur insofern davon die Rede sein, dass
Unsere Kirche im Kommen ist, weil in Christus bereits das
Reich Gottes gekommen und die Jetztzeit zur Endzeit geworden ist. Und deshalb vollzieht sich das »Kommen der
Kirche« als Vorausbotin des mit Macht kommenden Got-

tesreiches unter dem Zeichen des Kreuzes [was übrigens der frühe Peterson in seiner Auslegung des ersten Korintherbriefes zutreffend beschrieben hat, insofern er die Parusie Christi als Apokalypsis, als Enthüllung, im Gegensatz zu seiner ersten Ankunft fasst, die im Mysterium vor sich ging; vgl. ebd. 397] bzw. des »geschlachteten Lammes«, das im Blutzeugnis der christlichen Märtyrer seine Entsprechung findet (vgl. Offb 12,11: »Denn sie haben ihn [den »Ankläger unserer Brüder« = Satan] besiegt durch das Blut des Lammes / und durch ihr Wort und Zeugnis; / sie hielten ihr Leben nicht fest, / bis hinein in den Tod«). Christi zweite Ankunft bildet gewissermaßen den Schlusspunkt jenes Prozesses, der von seiner Verurteilung ausgeht – nun aber um am Jüngsten Tag seinerseits den Mächten dieses Äons, dieser Weltzeit, das Urteil zu sprechen. *Alle Geschichte nach Christus gleicht daher einem Prozess, dessen Urteil bis zum Jüngsten Tag aussteht.*

Darum ist es kein Zufall, wenn Petrus im Haus des römischen Hauptmanns Kornelius, gleichsam dem Ursprungsort der Heidenmission, seine Rede, in der er Christus als den Gekreuzigten und Auferstandenen bekennt, mit den Worten beschließt: »Und er hat uns geboten, dem Volk zu verkündigen und zu bezeugen: Das ist der von Gott eingesetzte Richter der Lebenden und der Toten. Von ihm bezeugen alle Propheten, dass jeder, der an ihn glaubt, durch seinen Namen die Vergebung der Sünden empfängt.« (Apg 10,42 f.) Es ist bezeichnend, dass hier, also im Hause des römischen Hauptmanns, Christus als »der von Gott eingesetzte Richter der Lebenden und der Toten« proklamiert wird. Denn zuvor – in seinen Reden auf dem Tempelplatz wie vor dem Hohen Rat – hat Petrus Jesus lediglich als Messias bekannt, durch dessen Name Heilungen geschehen und Israel die Sünden vergeben würden. Doch bereits hier, in seiner Rechenschaft vor dem Hohen Rat wegen der Heilung eines Gelähmten, verweist Petrus auf die universale Bedeutung des messianischen Namens Jesu: »Wenn wir heute wegen einer guten Tat an einem kranken Menschen darüber vernommen werden, durch wen er geheilt worden ist, so sollt ihr alle und das ganze Volk Israel wissen: im Namen Jesu Christi, des Nazoräers, den ihr gekreuzigt habt und den Gott von den Toten auferweckt hat. Durch ihn steht dieser Mann gesund vor euch. Er [Jesus] ist *der Stein, der von euch Bauleuten verworfen wurde, der aber zum Eckstein geworden ist.* Und in keinem anderen ist das Heil zu finden. Denn es ist uns Menschen kein anderer Name unter dem Himmel gegeben, durch den wir gerettet werden sollen.« (Apg 4,10–12)

Hier, vor dem Hohen Rat, weist Petrus im Geist der Umkehr auf den messianischen Erlöser, der Heilung und Rettung bringt, hin – nicht auf den Richter und Rächer des Bösen. Deshalb erklärt er zuvor, in seiner Rede auf dem Tempelvorplatz: »Nun, Brüder, ich weiß, ihr habt aus Unwissenheit gehandelt, ebenso wie eure Führer [!]. Gott aber hat auf diese Weise erfüllt, was er durch den Mund aller Propheten im Voraus verkündigt hat: dass sein Messias leiden werde. Also kehrt um, und tut Buße, damit eure Sünden getilgt werden und der Herr Zeiten des Aufatmens kommen lässt und Jesus sendet als den für euch bestimmten Messias. Ihn muss freilich der Himmel aufnehmen bis zu den Zeiten der Wiederherstellung von allem, die Gott von jeher durch den Mund seiner heiligen Propheten verkündet hat.« (Apg 3,17–21) Unter »den Zeiten der Wiederherstellung«, der *Apokatastasis*, ist allerdings keineswegs, wie ein Origenes († 253/254) vermeinte, eine Preisgabe des Gerichtsgedankens zu verstehen; schon im Fortgang seiner Rede verweist Petrus unter Zuspitzung zweier Zitate aus Lev 23,29 sowie Dtn 18,19 auf die Ausmerzung desjenigen aus dem Volke, der nicht auf den messianischen Propheten hört. Mehr noch deutet das Gebet der christlichen Urgemeinde um Furchtlosigkeit nach der

Freilassung des Petrus und Johannes durch den Hohen Rat (vgl. Apg. 4,23–31) auf den universalen Zusammenhang von messianischer Erlösung und dem Gericht über Völker und Herrscher, insofern Gott zunächst als Schöpfer des Kosmos gepriesen wird, um dann den Beginn von Ps 2 zu zitieren: »*Warum toben die Völker, / warum machen die Nationen vergebliche Pläne? Die Könige der Erde stehen auf, / und die Herrscher haben sich verbündet / gegen den Herrn und seinen Gesalbten.* Wahrhaftig, *verbündet* haben sich in dieser Stadt gegen deinen heiligen Knecht Jesus, den du gesalbt hast, Herodes und Pontius Pilatus mit den Heiden und Stämmen Israels, um alles auszuführen, was deine Hand und dein Wille im Voraus bestimmt haben.« M. a. W., es geht hier nicht um irgendeine abstrakte Gerichtsidee oder um einen entsprechenden Gerechtigkeitsgedanken. Vielmehr wird hier – im Bündnis eines Herodes und Pontius Pilatus – genau der geschichtliche Schnittpunkt benannt, in dem Profan- und Heilsgeschichte, die Gewalten des alten und des neuen Äons, aufeinandertreffen, und zwar nicht aufgrund irgendeiner historischen Kontingenz, sondern »um alles auszuführen, was deine Hand und dein Wille im Voraus bestimmt haben«.

Das bedeutet nicht weniger, als dass sowohl die konkrete Machtausübung eines Herodes und eines Pontius Pilatus wie ihr endgültiges Scheitern ganz in der Hand Gottes liegen. Auch wird immer wieder gern auf die Gütergemeinschaft der Urgemeinde als Modell eines authentischen Christentums hingewiesen, von der im darauffolgenden Abschnitt die Rede ist (vgl. Apg 4,32–37). Doch ebenso wichtig, ja vielleicht noch wichtiger ist der Abschluss des vorausgehenden Gebets der Urgemeinde, die fortfährt: »Doch jetzt, Herr, sieh auf ihre Drohungen und gib deinen Knechten die Kraft, mit allem Freimut dein Wort zu verkünden. Streck deine Hand aus, damit Heilungen und Zeichen und Wunder geschehen durch den Namen deines heiligen Knechtes Jesus. Als sie gebetet hatten, bebte der Ort, an dem sie versammelt waren, und alle wurden mit dem Heiligen Geist erfüllt, und sie verkündeten freimütig das Wort Gottes.«

Denn hier ereignet sich gewissermaßen das »zweite Pfingsten« (vgl. Apg 2,1–13), die Geburtsstunde der *Parrhesia*, der »freimütigen Rede«, wie sie bereits die Apostel zuvor auf dem Tempelplatz und vor dem Hohen Rat bewiesen haben. Kündigte sich dort die Macht des Heiligen Geistes in einem Sturm an, unter der Ausbreitung von Feuerzungen, der Gabe, in fremden Sprachen zu reden, so jetzt in einem Beben, das der kleinen Schar der Urgemeinde die Kraft schenkt, den Drohungen der Mächtigen standzuhalten und »mit Freimut« [μετὰ παρρησίας = metà parrhesías] das Wort Gottes zu verkünden.

Mehr als in irgendeinem Manifest politischer Natur oder in einer gutmeinenden ethischen Absichtserklärung liegt in diesem Gebet der Urgemeinde gewissermaßen die pneumatische Sprengkraft des christlichen Glaubens. Und zwar nicht allein in einem historischen Sinne, im Hinblick auf »die Stämme Israels« wie die Völker des Römischen Imperiums. Es ist der gewaltige eschatologische Impetus jenes Geistes, der in der Kraft jenes Bebens ganze Reiche zum Einsturz bringt – eines nach dem anderen. Allein aus diesem Grunde ist eine geschichtstheologische Betrachtung einer jeden Epoche nicht allein von kultur- oder kirchengeschichtlicher Bedeutung. Vielmehr trägt sie dem im Kommen begriffenen Christus Rechnung, wie es auch im Epheser-Hymnus (Eph 1,10) heißt: »Er [Gott] hat beschlossen, die Fülle der Zeiten heraufzuführen [wörtlich: im Blick auf den Heilsplan für die Erfüllung der Zeiten], / in Christus alles zu vereinen, alles, was im Himmel und auf Erden ist.«

Und zwar gilt jener »Heilsplan [griech.: *oikonomia*] für die Erfüllung der Zeiten« bereits für die Zeiten vor Christus wie für Gegenwart und Zukunft. Mit Blick auf das Heilsgeschehen vor Christus hat Irenäus von Lyon in seinem Buch gegen die Irrlehren (*Adversos haeresos*, Lib. 4, Cap. 2,14) Gottes Wirken umschrieben: »Von Anfang an hat Gott den Menschen gebildet im Hinblick auf die Gaben, die er ihm schenken wollte. [–] Die Patriarchen erwählte er um ihres Heiles willen. Im Voraus formte er das ungelehrte Volk, um die Ungelehrigen zu lehren, Gott zu folgen. Im Voraus unterrichtete er die Propheten, um die Menschen daran zu gewöhnen, den Geist Gottes zu tragen und Gemeinschaft mit ihm zu haben. Der selbst niemanden braucht, gewährte denen, die ihn brauchen, seine Gemeinschaft. Denen, die sein Wohlgefallen besaßen, entwarf er wie ein Baumeister den Plan für den Aufbau des Heils.« Erst recht aber gilt dies im Hinblick »auf den Heilsplan für die Erfüllung der Zeiten«: »in Christus alles zu vereinen, alles, was im Himmel und auf Erden ist«. Entscheidend ist also die theozentrische bzw. christozentrische Fundierung christlicher Geschichtsdeutung. M. a. W., es kann keinerlei christliche Geschichtsdeutung auf dem Fundament des Deutschen Idealismus, des Marxismus, der Lebensphilosophie, Nietzsches, Heideggers oder irgendwelcher postmoderner Geschichtskonzeptionen geben, weil alle diese säkularen Geschichtsauffassungen Gott nicht als Lenker der menschlichen Geschichte kennen, geschweige denn in Christus die *anakephaleiosis*, d. h. die »Zusammenfassung« alles Geschehens *in Christus als Haupt* erkennen. Es kennzeichnet all jene Geschichtsauffassungen, dass der Mensch – als Gestalter, ja als Schöpfer seiner Geschichte und seines Geschicks – den Platz Gottes einnimmt, und sei es auch um – wie etwa Cioran – einer ausweglosen Skepsis, der Melancholie einer unauslotbaren Trostlosigkeit zu huldigen.

Gern wird in diesem Zusammenhang auf die Errungenschaften der europäischen Freiheitsgeschichte verwiesen.

Diese mögen unbestritten sein in Anbetracht von Unmündigkeit und Unterdrückung im Zeitalter des Absolutismus. Nur ist der Traum der Vernunft, nach ihren eigenen Gesetzen die Welt zu regieren, auf den Kriegsschauplätzen und in den Todeslagern des 20. Jahrhunderts zum Albtraum geworden. Goyas Capriccio »Der Traum der Vernunft gebiert Ungeheuer« (1797) greift mehr als ein Jahrhundert voraus: Angesprochen, was für ihn das erste Dokument des modernen Antisemitismus sei, antwortete Raul Hilberg, der Nestor der Holocaust-Forschung, es sei ein Brief Hitlers aus dem Jahre 1919, in dem dieser von einem »Antisemitismus der Vernunft« gegenüber dem gefühlsbetonten Antisemitismus der Vergangenheit spricht [vgl. *Geschichte reicht in die Gegenwart. Ein Gespräch mit Raul Hilberg*, in: NZZ Nr. 287 (10.12.2002), 34]. Denn das Monströse, buchstäblich »Ungeheuerliche« der menschlichen Vernunft tritt da zutage, wo der Mensch sich nicht mehr als der *Vernehmende*, also gegenüber Gott als der Gehör und Gehorsam Schenkende, begreift, sondern sich anmaßt, selbst den Platz Gottes in der Geschichte im Geiste seiner Selbstverabsolutierung, ja seiner Selbstübersteigerung einzunehmen. Nichts anderes aber ist seit Goyas Zeiten, seit der Ära Napoleons in der europäischen Geschichte etliche Male geschehen: Allein deshalb kann es keinerlei Substitution des christlichen Gottesbegriffs durch eine säkulare Geschichtskonzeption geben, selbst wo diese sich – wie noch die Kriegsmächte des Ersten Weltkriegs – auf Gott beruft. Das in aller Unmissverständlichkeit zum Ausdruck gebracht zu haben, ist nicht zuletzt das Verdienst von Erik Petersons Abhandlung *Der Monotheismus als politisches Problem* aus dem Jahre 1935, wo – über ihren historischen Gegenstand, die römische Kaiserzeit, hinaus mit einem Seitenhieb gegen Carl Schmitts »politische Theologie« – es abschließend heißt: »Die Lehre von der göttlichen Monarchie mußte am trinitarischen

Dogma und die Interpretation der Pax Augusta an der christlichen Eschatologie scheitern. Damit ist nicht nur theologisch der Monotheismus als politisches Problem erledigt und der christliche Glaube aus der Verkettung mit dem Imperium Romanum befreit worden, sondern auch grundsätzlich der Bruch mit jeder ›politischen Theologie‹ vollzogen, die die christliche Verkündigung zur Rechtfertigung einer politischen Situation missbraucht. Nur auf dem Boden des Judentums oder Heidentums kann es so etwas wie eine ›politische Theologie‹ geben. Doch die christliche Verkündigung von dem dreieinigen Gott steht jenseits von Judentum und Heidentum, gibt es doch das Geheimnis der Dreieinigkeit nur in der Gottheit selber, aber nicht in der Kreatur. Wie denn auch der Friede, den der Christ sucht, von keinem Kaiser gewährt wird, *sondern allein ein Geschenk dessen ist, der ›höher ist als alle Vernunft‹.«* [Hervorh. K. A.]

Wenn aber Gott allein der Schenkende, der Mensch jedoch der Empfangende ist, wie auch aus den oben zitierten Ausführungen des Irenäus von Lyon ersichtlich wird, dann kann es ebenso wenig eine politische Fundierung des Gottesreiches auf dem Boden des Profanen in einer Art Synthese von christlicher Reich-Gottes-Erwartung und politischer Weltverantwortung geben. Es entbehrt nicht der Ironie, dass nicht etwa ein christlicher Traditionalist oder ein politisch Konservativer das in aller Unmissverständlichkeit zum Ausdruck gebracht hat, sondern der später dem Marxismus zugewandte Philosoph Walter Benjamin, und zwar im Anschluss an die eingangs zitierten Aussagen des *Theologisch-politischen Fragments*: »Darum kann die Ordnung des Profanen nicht am Gedanken des Gottesreiches aufgebaut werden, darum hat die Theokratie keinen politischen sondern allein einen religiösen Sinn. Die politische Bedeutung der Theokratie mit aller Intensität geleugnet zu haben ist das größte Verdienst von Blochs ›Geist der

Utopie‹.« (GS II.1, 203) Denn nicht nur hat der Versuch ihrer politischen Fundierung eine Verwirrung der Begriffe zur Folge. Vielmehr nehmen unsere »Optionen«, unsere Ideen und Wunschvorstellungen den Platz ein, der ausschließlich Gott bzw. seinem Gesalbten gebührt. Und wie kein »Gesalbter« im Sinne eines profanen Herrschers dessen Platz behaupten kann, so obliegt das Kommen des Gottesreiches allein Gott und seinem Gesalbten, dem Messias und Menschensohn, durch die Geschichte hindurch – nicht zuletzt durch unsere Zeit hindurch, soweit sie dem dreieinigen Gott den Rücken gekehrt hat, um sich selbst zu inthronisieren. Nicht etwa auf dessen erklärte Feinde bezieht sich das Wort Jesu, sondern auf diejenigen, die unter Berufung auf Gott eine politische Theokratie zu errichten trachten: »Seit den Tagen Johannes' des Täufers bis heute wird dem Himmelreich Gewalt angetan; die Gewalttätigen reißen es an sich.« (Mt 11,12) – Bis heute, d. h. bis auf den heutigen Tag wird dem Himmelreich und denen, die daran bauen, Gewalt angetan.

II. Kleiner Exkurs zu den drei großen K – eine kleine Geschichtstheologie der Moderne

Daher auch unsere Hegel-Kritik in früheren Abhandlungen wie auch die entschiedene Absage an Heidegger, dessen Popularität nicht zuletzt darin gründet, dass seine Philosophie unter vermeintlichem Rückgang auf den Ursprung des Denkens dem Gott Israels und Gott Jesu Christi den Rücken kehrt; bildet doch die Abkehr, die Lossage von Gott geradezu das Siegel eines Zeitalters, das aus sich heraus, aus seinen eigenen Quellen und Methoden seine Evidenz zu schöpfen trachtet. Und selbst wenn ein Heidegger nicht den Richtlinien einer säkularen Wissenschaft folgt, ja sie verachtet und das Sein des Menschen und seiner »Geschichtlichkeit« von jenem Ursprung her zu bestimmen sucht, wie in den *Beiträge(n) zur Philosophie (Vom Ereignis)*, seiner sog. Philosophie der »Kehre« aus den dreißiger Jahren, die erst posthum 1989 anlässlich seines 100. Geburtstags erschien, ist dem vorletzten Kapitel *DER LETZTE GOTT* folgendes Epitheton vorangestellt: »Der ganz Andere gegen / die Gewesenen, zumal gegen / den christlichen.« – Es handelt sich in der Tat um den »Gott dieses Äons, dieser Weltzeit, der das Denken der Ungläubigen verblendet hat« (2 Kor 4,4). Hier, nicht erst im nationalsozialistischen Engagement Heideggers, wird der antichristliche Charakter eines Denkens offenbar, das sich ganz dieser Weltzeit verschrieben hat – einem »Chronos ohne Kairos«; einer Zeit, die keine Gnade, keine Erlösung kennt, sondern folgerichtig – ganz wie in der oben genannten Schrift – in einer Welt des Todes terminiert.

Dass die Moderne keineswegs identisch ist mit den nihilistischen Tendenzen des Zeitalters; ja eine authentische Moderne von Anfang an aus dem Geist des Judentums oder des Christentums gegen seine Todesmächte ankämpft, ist bereits eingangs gesagt worden. Wie ein Fanal auf das folgende Jahrhundert liest sich daher Karl Kraus' *Apokalypse (Offener Brief an das Publikum)* aus dem Jahre 1908 mit dem Bekenntnis: »Es ist meine Religion zu glauben, daß [das] Manometer auf 99 steht. An allen Enden dringen die Gase aus der Welthirnjauche, kein Atemholen bleibt der Kultur und am Ende liegt eine tote Menschheit neben ihren Werken, die zu erfinden ihr so viel Geist gekostet hat, daß ihr keiner mehr übrig blieb, sie zu nützen.« Bedenkt man, dass für Kraus die Luftschifffahrt das Modell für das Tempo des Fortschritts abgibt, so könnte man im digitalen Zeitalter darüber nur müde lächeln, wo doch monatlich eine Summe von 390 Billionen Dollar um den Globus gejagt wird, um seinen Teil am Mehrwert aller erwirtschafteten Gelder abzuschöpfen. Doch die Fehlkalkulationen waren damals nicht geringer, als man meinte, mit Hilfe der Innovationen zumal auf dem Gebiete der Kriegstechnik schneller voranzukommen, um am Ende im Sumpf der Schützengräben steckenzubleiben. Als Kraus seinen Brief 1922 seinem Buch *Untergang der Welt durch schwarze Magie* voranstellte, lachte keiner mehr, der zuvor in seinen Polemiken nicht mehr zu erkennen glaubte als eine Ansammlung satirischer Übertreibungen. Nicht erst hier dringt Kraus auf nicht weniger als auf die Entzauberung der Macht der modernen Medien im Zeichen der »Enthüllung«, der *Apokalypsis*, jener falschen Propheten, die Völkerhass und Krieg schönredeten, um sich nach dem Untergang aus der Verantwortung zu stehlen. Schon vor Kriegsbeginn hat Kraus in seinem Ein-Mann-Feldzug in der *Fackel* gegen ihr Lügengebaren angekämpft, bis hinein in die Mimik des Ausdrucks, die das Groteske der Presseberichte seiner Zeit buchstäblich aufspießt, um es auf die Anklagebank zu bringen, dagegen einen Prozess anzustrengen. Daher Benjamins treffende Charakteristik nicht so sehr in dem großen Kraus-Essay, sondern in dem kleinen Porträt (vgl. GS. II, 624 f.), demzufolge sich in Kraus »der großartigste Durchbruch des halachischen Schriftums mitten durch das Massiv der deutschen Sprache« ereigne. Ja man verstehe »nichts von diesem Mann, solange man nicht erkennt, daß mit Notwendigkeit alles, ausnahmslos Alles, Sprache und Sache, für ihn sich in der Sphäre des Rechts abspielt«. Erst von hier aus wird verständlich, wieso später Theodor Haecker in seinen *Tag- und Nachtbüchern* bekennt, er wolle die *Fackel* nicht geschrieben haben (vgl. ebd. 146). Denn in ihr wird auf dem Boden einer großen überkommenen Kultur einer Welt, einer Zeit der Prozess gemacht, die sich anschickt, ebendiese Kultur abzuschaffen. Bevor ihr Kraus in *Die letzten Tage der Menschheit* auch ein literarisches Denkmal setzte, hat er sie auf dem Feld der Sprache ausfindig zu machen gesucht, der Sprache seiner Zeit, der »grossen Zeit«. So lautet der Eingangsaufsatz zu *Weltgericht*: »IN DIESER GROSSEN ZEIT [–] die ich noch gekannt habe, wie sie so klein war; die wieder klein werden wird, wenn ihr dazu noch Zeit bleibt; und die wir, weil im Bereich organischen Wachstums derlei Verwandlung nicht möglich ist, lieber als eine dicke Zeit und wahrlich auch schwere Zeit ansprechen wollen; in dieser Zeit, in der eben das geschieht, was man sich nicht vorstellen konnte, und in der *geschehen* muß, was man sich nicht mehr *vorstellen* kann, und könnte man es, es geschähe nicht –; in dieser ernsten Zeit, die sich zu Tode gelacht hat vor der Möglichkeit, daß sie ernst genommen werden könnte; von ihrer Tragik überrascht, nach Zerstreuung langt, und sich selbst auf frischer Tat ertappend, nach Worten sucht; in dieser lauten Zeit, die da dröhnt von der schauerlichen Symphonie der Taten, die Berichte hervorbringen, und der Berichte, welche Taten verschulden: in dieser da mögen sie von mir kein einziges Wort erwarten. Keines außer diesem, das eben noch

Schweigen vor der Mißdeutung bewahrt. Zu tief sitzt mir die Ehrfurcht vor der Unabänderlichkeit, vor der Subordination der Sprache vor dem Unglück.«

Das »Schweigen vor der Mißdeutung« bewahren vermag nur einer, dem die falsche Eindeutigkeit der handfesten Parolen ebenso zuwider ist wie die Zweideutigkeit des Wortreichtums in Presse und Literatur, die in jenen Prozess verstrickt sind, und gegen die daher Kraus ankämpft – als ein von Presse und offiziellem Schrifttum Attackierter. Als solcher hat Kraus gegen seine Zeit, gegen die Mächte seiner Zeit gekämpft; wissend, ja in »Ehrfurcht vor der Unabänderlichkeit, vor der Subordination der Sprache vor dem Unglück«, was nicht weniger besagt, als dass *alle Anklage der Klage der Unglücklichen eingedenk sein muss*. Daher das Schweigen vor dem Sprechen, wie es dem Gebet eigentümlich ist, das sich ja nicht in einem leeren Wortschwall ergießen soll; aber nicht weniger eigentümlich auch der Anklage, die sich gegen jene wortreichen Ankläger zur Wehr setzt, die den ungeliebten Zeitgenossen durch Phrasen und Parolen einzuschüchtern, mundtot oder einfach lächerlich zu machen suchten. »Daß dieser Mann, einer der verschwindend wenigen, die eine Anschauung von Freiheit haben, ihr nicht anders dienen kann, denn als oberster Ankläger, das stellt seine gewaltige Dialektik am reinsten dar. Ein Dasein, das, eben hierin, das heißeste Gebet um Erlösung ist, das heute über jüdische Lippen kommt.« Anscheinend ein Selbstwiderspruch, »Dialektik«, insofern als oberster Ankläger im Allgemeinen allein derjenige auftreten kann, der in einem Staatswesen, in einem öffentlichen Raum höchste Autorität besitzt. Weder in diesem noch in jenem besaß Kraus Autorität – einzig aufgrund der Autorität göttlichen Rechts, das höher steht als alle profanen Gesetze, die in Staat und Gesellschaft herrschen, weil jenes Bewusstsein, genauer: Sprachbewusstsein, die Ehrfurcht des Anklägers vor den Klagen der Unglücklichen einschließt. In diesem Sinne war Kraus' Wirken und Schreiben Anklage gegen die Mächte und Kräfte seiner Zeit und Gebet – »das heißeste Gebet um Erlösung, das heute über jüdische Lippen kommt«. Beides war es freilich insoweit, als ihm in all jenen Jahren, selbst in der Kriegszeit, ein Freiraum blieb, um aus einer noch gegenwärtigen großen europäischen Kultur und aus seiner eigenen jüdisch-christlichen Überlieferung zu schöpfen und ein entsprechendes Publikum zu erreichen.

Genau jener Freiraum, der sowohl im Habsburger Reich als auch in den neuen Nationalstaaten Ostmitteleuropas noch bestand, wird den Menschen alsbald genommen, und zwar sowohl in der jungen Sowjetunion wie auch unter der heraufziehenden NS-Diktatur. »Mir fällt zu Hitler nichts ein.« So lautet der erste Satz seines Buches *Die dritte Walpurgisnacht* aus dem Jahre 1933, ursprünglich als Heft der *Fackel* gedacht, die in den folgenden Jahren bis zu Kraus' Tod (1936) kaum noch erscheinen sollte. Von einem Zeitpolemiker werde nach einem populären Missverständnis »Leistung verlangt, die als Stellungnahme bezeichnet wird, und der ja, sooft ein Übel nur einigermaßen seiner Anregbarkeit entgegenkam, auch das getan hat, was man die Stirn bieten nennt. Aber es gibt Übel, vor denen sie nicht bloß aufhört, eine Metapher zu sein, sondern das Gehirn hinter ihr, das doch an solchen Handlungen seinen Anteil hat, sich keines Gedankens mehr fähig dächte. Ich fühle mich wie vor den Kopf geschlagen, und wenn ich, bevor ich es wäre, mich gleichwohl nicht begnügen möchte, so sprachlos zu scheinen, wie ich bin, so gehorche ich dem Zwang, auch über ein Versagen Rechenschaft zu geben, Aufschluß über die Lage, in die mich ein so vollkommener Umsturz im deutschen Sprachbereich versetzt hat, über das persönliche Erschlaffen bei Erweckung einer Nation und Aufrichtung einer Diktatur, die heute alles beherrscht außer der Sprache.« Und auch das sollte sich bald ändern – wir schreiben wohlgemerkt erst das Jahr 1933 –, insofern nicht nur bald ein Publikationsverbot missliebiger Schriften erlassen, sondern die Sprache zu einem Propaganda- und Machtinstrument nationaler Erweckung und diktatorischer Bevormundung herabgewürdigt werden wird. Das *Groteske*, das Kraus süffisant aus den Zeilen bzw. zwischen den Zeilen der österreichischen Kriegs- oder Vorkriegspresse herauslas, um es in aller Öffentlichkeit auf die Anklagebank zu zerren, ist inzwischen fester Bestandteil der Wirklichkeit, des menschlichen Alltags geworden. Anklage wie Gebet werden bald nur noch stumm über die Lippen der Unglücklichen gelangen oder – als Schrei.

Es ist das Verdienst von Kraus' Zeitgenossen Franz Kafka, gegen das Verstummen angeschrieben und zugleich den expressionistischen »Schrei« hinter sich gelassen zu haben. Da wir uns mit Kafka ausgiebig andernorts befasst haben, sei hier nur so viel gesagt: Es leuchtete uns nie die existenzialistische Kafka-Deutung der Nachkriegszeit ein, die in ihm einen düsteren und dunklen Zeitgenossen erblickte. Kafka selbst musste bei der Vorstellung seiner Prosa ein Lachen unterdrücken, und man braucht nicht allein Erzählungen wie *Elf Söhne* oder *Frühes Leid* lesen, um seinen herzhaften Humor zu spüren; selbst sehr ernsthafte Texte wie *Verwandlung* oder *Der Prozess* enthalten Stellen von einer unvergleichlichen Komik. Hier jedoch mag ein Hinweis genügen, um Einblick in die theologische Dimension seines Werkes zu gewinnen, und zwar am Beispiel seines letzten unvollendeten Hauptwerkes, des *Schloss*-Fragments, von dem eingangs bereits anlässlich des Unverständnisses Karl Barths die Rede war.

Man muss jedoch nur einmal dessen Schlussteil, das sog. Olga-Fragment, lesen, um zu begreifen, dass hier nicht nur die Konzeption des Romans, ja jeglichen Romans, jeglicher Literatur gesprengt wird: Denn was Olga, neben Amalia eine der beiden Schwestern der Barnabas'schen Familie, berichtet, vermag dem Leser wie dem Autor gleichermaßen die Sprache zu verschlagen. Ihre Erzählung ist keine bloße Literatur mehr, sondern nimmt *die Wirklichkeit*, das Schicksal von Millionen, keine zehn Jahre nach Kafkas Tod (1924) vorweg: die Ausgrenzung ihrer Familie, ihre schrittweise Entrechtung, schließlich das Warten am Rande der Gesellschaft auf die Deportation, auf den Tod. Und während sich in unseren Tagen so mancher Verfasser von Bestsellern sog. KZ-Romane aufspielt, als wäre er dabei gewesen, finden wir hier die unglaubliche Selbstzurücknahme Kafkas, immerhin des Autors jener Schilderung und des Schöpfers ihrer Figuren, der seinem Protagonisten folgende Worte in den Mund legt: »In der Erzählung Olgas eröffnete sich ihm eine so große, fast unglaubwürdige Welt, daß er es sich nicht versagen konnte, mit seinen kleinen Erlebnissen an sie zu rühren, um sich ebenso von ihrem Dasein als auch von dem eigenen deutlicher zu überzeugen.«

Bedenkt man, dass es Kafka allein durch seinen frühen Tod nicht »vergönnt« war, jene »große, fast unglaubwürdige Welt« am eigenen Leibe zu erfahren, so lässt sich nur ahnen, was es mit jenen »kleinen Erlebnissen« auf sich hat, »um sich ebenso von ihrem Dasein als auch von dem eigenen deutlicher zu überzeugen«. Hier dreht sich nicht nur einer um die eigene Person wie nur allzu oft in der zeitgenössischen Romanliteratur, die sich in der Darstellung irgendwelcher Selbstbefindlichkeiten erschöpft. Vielmehr sieht Kafka nur allzu genau, wohin buchstäblich der Zug der Zeit geht; immerhin haben seine drei Schwestern und andere ihm nahestehende Menschen ihr Leben in Auschwitz verloren. Anstatt um irgendwelche Selbstevidenzen zu ringen, »sich selbst neu zu erfinden« oder wie ähnliche Phrasen lauten mögen, erkennt hier einer sehr genau, dass nicht allein sein Leben auf dem Spiel steht. Und wenn Kafka einmal in einer Tagebuchnotiz »Schreiben als Form des

Gebetes« definiert, dann bedarf es keiner großen Phantasie, um zu erraten, für wen er wohl Fürsprache hält. In keinem anderen literarischen Werk der Moderne finden auf vergleichbare Weise Paraklese und Prophetie zueinander.

Wäre als Dritter der großen K der Maler Paul Klee zu nennen, der ein ungeheueres visionäres Werk geschaffen hat. Allein im letzten Lebensjahr – er starb im Juni 1940 an Sklerodermie – waren es 365 Bilder. Nicht nur in seinen letzten Lebensjahren, als ihm seine Schweizer Heimat zum Exil bzw. Asyl wurde [Klee war deutscher Staatsbürger], sondern weit zuvor weist sein Werk auf die große Katastrophe hin. Doch anders als die Expressionisten, deren Bilder des Krieges sich gleichsam im Ausdruck trostlosen Grauens und Schmerzes vergruben, scheinen selbst die menschlichen Gestalten, die in ihren Gesichtern oder auf ihren Leibern die Stigmata des (nahen) Todes tragen, vom Standpunkt der Erlösung aus auf das ihnen zugefügte Leid herabzublicken – als *Transfigurierte*, als vom Leid Verklärte. Nirgendwo finden sich bei Klee, selbst da nicht, wo aus den Gesichtern Trauer, ja Verzweiflung sprechen, auch nur Anklänge von Hass oder ohnmächtiger Wut, die nach Rache schreit. Bezeichnenderweise trägt eine Bleistiftzeichnung aus dem Jahre 1939, die das Antlitz eines leidgeprüften Menschen zeigt, den Titel: *vergib ihnen!*

Möglich, dass Klee, der vor der Entscheidung stand, statt Maler Musiker zu werden und sich insbesondere von Mozart inspiriert zeigte, von ihm her jene geradezu kosmische Heiterkeit empfangen hat, in die alles Erdenschwere eingetaucht scheint. Zudem weist eine Tagebuchnotiz hinsichtlich seines eigenen künstlerischen Selbstverständnisses auf eine besondere Gottesnähe, die ihm – anders als seinem gefallenen Malerfreund Franz Marc – alles Faustische fremd erscheinen lässt, den Blick auf den Zustand der Erlösung hin ebnete: »*Ich / suche mir bei Gott einen Platz für mich,*

und weñ ich zu Gott / verwandt bin, will ich mir nicht ein-
bilden, dass meine Brüder / nicht auch zu mir verwandt
seien; doch das ist ihre Sache.« Weder das eigene Ego erscheint als absoluter Bezugspunkt, die Subjektivität, das
Genie des Künstlers, noch das, was Klee mit Blick auf
Marcs Malerei den »Erdgedanken« nennt. Vielmehr ist es
die Gottebenbildlichkeit, in welcher die »Verwandtschaft«
zu Gott und unter den Menschen gründet. Zwar kennt
Klees Bilderkosmos zahlreiche Karikaturen, darunter auch
sehr bissige, aber keine, die einen Menschen so verächtlich
erscheinen lässt, dass sie im Betrachter das Gefühl von
Hass oder Abscheu evozierte. Und er kennt auffallend wenige Aktdarstellungen, jedenfalls keine, die eine Frau in
den Augen des Betrachters zum bloßen Lustobjekt ab-
stempelt. Noch in Darstellungen beißender Ironie ist das
Antlitz des Menschen gewahrt: *Das Antlitz auch des Lei-*
bes – lautet bezeichnenderweise der Titel eines Bildnisses
aus dem Jahre 1939; oder aus demselben Jahr: *Gebärde ei-*
nes Antlitzes. Darin berührt sich Klee aufs engste mit Kafka, dessen Porträts von Menschen, selbst wo es sich um
willfährige Handlanger der Schlossherren oder die Henker
im *Prozess* handelt, niemals so verzerrt erscheinen, dass sie
verächtlich wirken. Im Gegenteil: Die physiognomischen
Entstellungen weisen auf charakterliche Deformationen,
die von Versklavung und Selbstversklavung herrühren, wie
sie nicht allein die modernen Diktaturen kennen. Zählt
doch in unserem aufgeklärten Zeitalter das Antlitz eines
Menschen nicht mehr. Reichte es doch unter der NS-Herrschaft aus, Jude zu sein, um sein Todesurteil zu empfangen;
und unter Stalin und unter den anderen kommunistischen
Machthabern genügte es, freier Bauer oder Bürger zu sein,
um sich in einem Arbeitslager wiederzufinden. Und vorab
gerät in der sog. Freien Welt zur Karikatur, wer nicht dem
jeweils herrschenden Schönheitsideal oder dem Selbstbildnis der Zeit genügt. Doch gerade die Stigmata sind es; in-

sofern die Menschen buchstäblich als *Gezeichnete* erscheinen, was in Klees wie in Kafkas Bilderwelt Eingang findet – Ausdruck einer wahren Humanität, die einzig in der Gottebenbildlichkeit des Menschen gründet.

III. Das Reich des Fragwürdigsten und das Reich Gottes

Den apokalyptischen Abgründen ihrer Zeit ins Auge geschaut und darin gleichwohl das Antlitz des Menschen gewahrt zu haben – wahrhaft eine Kunst, die je in ihrer Weise die Werke von Kraus, Kafka und Klee auszeichnet. Kafkas als Jahrhundertroman bezeichnete Schrift *Der Prozess* beginnt mit einem Satz, der als Schlüsselsatz seiner Epoche gelten könnte: »Jemand mußte Josef K. verleumdet haben, denn ohne daß er etwas Böses getan hätte, wurde er eines Morgens verhaftet.« Weniger der Akt der Verleumdung lässt aufhorchen; ihn gibt es seit Menschengedenken. Vielmehr ist es die Anonymität des Täters, der bis zuletzt im Dunkeln bleibt. Oder besser: die *Unfassbarkeit* im doppelten Sinne des Wortes, nämlich die Unfassbarkeit des Geschehens, dass ein Unschuldiger verhaftet wird, während der Täter unerkannt bleibt; und die Unfassbarkeit des Bösen im buchstäblichen Sinne, insofern sich das Böse hinter der Maske des Rechts verbirgt, um dem Unschuldigen den Prozess zu machen, sich selbst aber jeglicher Verantwortung zu entziehen sucht.

Denn wo vom Reich Gottes nur mehr mit einem ironischen Unterton gesprochen, ja wo Gott selbst, der bekanntlich mit sich keinen Spott treiben lässt (vgl. Gal 6,7), zum Gegenstand der Ironie wird, da schwindet auch die Einsicht in seinen Widerpart, in die Macht des Bösen, der umso hemmungsloser, umso unfassbarer zu wirken vermag, je weniger sein Wesen und Wirken erkannt wird. Gewiss, es gibt zahllose psychologische Annäherungen an das Böse; es gibt endlose moralische Verurteilungen und Erklärungen, eine hilfloser als die andere, weil allesamt die metaphysische Dimension dessen verkennen, was Menschen zu einem gnadenlosen Vernichtungswillen bis hin zu ihrer eigenen Selbstzerstörung treibt. »Das Staunen darüber«, vermerkt Benjamin am Schluss seiner These VIII *Über den Begriff der Geschichte*, »daß die Dinge, die wir erleben, im zwanzigsten Jahrhundert ›noch‹ möglich sind, ist *kein* philosophisches. Es steht nicht am Anfang einer Erkenntnis, es sei denn der, daß die Vorstellung von Geschichte, aus der es stammt, nicht zu halten ist.« (GS I.2, 697) Diese Zeilen sind wohlgemerkt zu Beginn des Zweiten Weltkriegs geschrieben, als noch primär militärische Aktionen den Ton angaben.

Obschon Benjamin »das Staunen darüber, daß die Dinge, die wir erleben, im zwanzigsten Jahrhundert ›noch‹ möglich sind«, als kein philosophisches betrachtete, – so sei gleichwohl gesagt, dass es ein nicht ganz unmaßgeblicher Philosoph des 19. Jahrhunderts war, der jene »Vorstellung von Geschichte« sanktionierte. So schließt Nietzsches zweites Buch der *Morgenröthe* mit einem *Ausblick in die Ferne* [= § 148], wo er gegenüber einer moralischen Sichtweise von Mensch und Geschichte »unsere Gegenrechnung« aufmacht, die darin besteht, »dass wir den Menschen den guten Muth zu den als egoistisch verschrieenen Handlungen zurückgeben und den *Werth* derselben wiederherstellen, – *und rauben diesen das böse Gewissen!* Und da diese bisher die weit häufigsten waren und in alle Zukunft es sein werden, so nehmen wir dem ganzen Bilde der Handlungen und des Lebens seinen *bösen Anschein!* Diess ist ein sehr hohes Ergebniss! Wenn der Mensch sich nicht mehr für böse hält, hört er auf, es zu sein!« (KGW V.1, 138) So einfach ist das – wenn es nur so einfach wäre! Wahrhaft keine theologische Sichtweise, sondern – naiv ist kein Ausdruck dafür: wahrhaft eine »jenseits von Gut und Böse«. Erblickte schon das 18. Jahrhundert, das Zeitalter der Aufklärung, im Bösen primär ein moralisch-pädagogisches Problem, so weiß sich Nietzsche dem überlegen. Höchst selbstbewusst vermerkt er in den Nachgelassenen Fragmenten vom Herbst 1887 »*Zur Stärke des 19. Jahrhunderts*« (vgl. KGW VIII.2, 180): »Wir sind *mittelalterlicher* als das 18. Jahrhundert; nicht bloß neugieriger oder reizbarer für Fremdes und Seltenes. Wir haben gegen die *Revolution* revoltirt ...« Und weiter: »Wir haben uns von der *Furcht vor der raison*, dem Gespenst des 18. Jahrhunderts, emancipirt: wir wagen wieder lyrisch, absurd und kindisch zu sein ... mit einem Wort: ›wir sind Musiker‹.« Um zu wissen, welche Hymnen Nietzsche da anstimmt, mögen aus dem Kanon der weiteren Gedanken lediglich die drei folgenden zitiert werden: »– ebensowenig *fürchten* wir uns vor dem *Lächerlichen* und *Absurden*«, das sich nicht lange bitten lassen sollte. Wie auch ein Anderer nicht: »– der *Teufel* findet die Toleranz Gottes zu seinen Gunsten: mehr noch, er hat ein Interesse, als der Verkannte, Verleumdete von Alters her, – wir sind die Ehrenretter des Teufels«. Und das darunter nicht nur ein Rollenspiel als *advocatus diaboli* zu verstehen ist, beweist der nächste Gedanke: »– wir trennen das Große nicht mehr von dem Furchtbaren«.

»*Vielleicht verfrüht.*« – So ist der § 164 aus dem dritten Buch der *Morgenröthe* überschrieben, wonach »die ersten Versuche gemacht werden, sich zu organisiren und damit sich ein *Recht* zu schaffen: während sie bisher, als Verbrecher, Freidenker, Unsittliche, Bösewichte verschrieen, unter dem Banne der Vogelfreiheit und des schlechten Gewissens, verderbt und verderbend, lebten. Diess sollte man im Ganzen und Großen *billig und gut* finden, wenn es auch das kommende Jahrhundert zu einem gefährlichen macht und Jedem das Gewehr um die Schulter hängt: schon damit eine Gegenmacht da ist, die immer daran erinnert, dass es keine allein-moralisch-machende Moral giebt und dass jede ausschließlich sich selber bejahende Sittlichkeit zu viel gute Kraft tödtet und der Menschheit zu theuer zu stehen kommt.« (KGW V. 1, 146 f.) Wie teuer erst Nietzsches »Gegenrechnung« der Menscheit kam, braucht hier nicht eigens vorgerechnet zu werden. »Warum fürchten und hassen wir eine mögliche Rückkehr zur Barbarei?« – So lautet die Eingangsfrage zu § 429: *Die neue Leidenschaft*. Gemeint ist damit »unser *Trieb zur Erkenntnis*«, der gegenwärtig – also im 19. Jahrhundert – so mächtig scheint, dass die Menschheit »den Neid auf das größere Behagen, das im Gefolge der Barbarei kommt, noch nicht überwunden« habe (vgl. ebd. 268 f.). Damit scheinen die Weichen für die Zukunft gestellt: Entweder man huldigt weiterhin dem Pathos der Vernunft und Wissenschaft des Zeitalters der Aufklärung und des Deutschen Idealismus, letzthin der bürgerlichen Epoche, was auf Dauer recht langweilig, nach Nietzsche: »wie die unglückliche Liebe den Liebenden wird«. – Oder aber man scheut nicht das Risiko, durch die Barbarei hindurch endlich jenes Glück zu erlangen, das die »Erkenntnis« offensichtlich vereitelt, geradezu in einer Überspitzung der Schlangenfrage an die Menschen des Paradieses, denen die Verheißung [der Schlange] zuteil wurde: »Gott weiß vielmehr: Sobald ihr davon esst, gehen euch die Augen auf; ihr werdet wie Gott und erkennt Gut und Böse.« (Gen 3,5) Begreift Hegel noch in seiner Religionsphilosophie den Sündenfall gleichsam als die Ursprungsgeschichte der Selbstemanzipation des Menschen, so wähnt sich der Mensch Nietzsches »jenseits von Gut und Böse«, bedarf also keiner Erkenntnis und keines Gottes mehr, ja sieht sich auf der Verliererstraße, wofern er am Ideal der Erkenntnis festhält. Daher seine sophistische Prämisse: »Ja, wir hassen die Barbarei, – wir wollen Alle lieber den Untergang der Menschheit, als den Rückgang der Erkenntniss!« (KGW V.1269) Und angesichts dieser Form des schleichenden »Untergangs« erscheint die Bejahung des realen Untergangs als die einzige echte Alternative, die sich bietet. »Und zuletzt: wenn die Menschheit nicht an einer *Leidenschaft* zu Grunde geht, so wird sie an einer *Schwäche* zu Grunde gehen: was will man lieber? Diess ist die Hauptfrage. Wollen wir für sie ein Ende im Feuer und Licht oder im Sande? –« (ebd.). Und genau das ist die Frage, nun zur »Seinsfrage« stilisiert, die den Heidegger der »Kehre« umtreiben wird [wir kommen darauf zurück] – mit dem kleinen Unterschied, dass Heidegger auf den Ersten Weltkrieg zurückblicken konnte und den Zweiten vor Augen hatte, während Nietzsche noch aus der Langenweile seines Jahrhunderts einen *»Ausblick in die Ferne«* wagte – *»Vielleicht verfrüht«*.

Vielleicht doch nicht verfrüht, mochte der kurzsichtige Nietzsche auch noch nach ihnen Ausschau halten: »wo sind die *Barbaren* des 20. Jahrhunderts?« Man muss nämlich den Vorsatz lesen, um die Frage zu verstehen: »Eine herrschaftliche Rasse kann nur aus furchtbaren und gewaltsamen Anfängen emporwachsen. Problem: wo sind die *Barbaren* des 20. Jahrhunderts?« (KGW VIII.2, 260) Denn jene Anfänge haben hier – bis in die Wortwahl hinein – *vorsätzliche* philosophische Grundlegung erfahren, auf der dann ein Heidegger wie »die *Barbaren* des 20. Jahrhunderts« mit gutem Gewissen aufbauen konnten. Es handelt sich wohlgemerkt um ein nachgelassenes Fragment aus dem Winterhalbjahr 1887/88. Denn kaum ein Jahr später sollten dem blinden Seher die Augen aufgehen. In einer seiner letzten Aufzeichnungen vor seiner geistigen Umnachtung von Dezember 1888 – Anfang Januar 1889 findet sich ein Pamphlet von visionärer Schärfe gegen die kaiserliche Hochrüstung, als ob der Erste Weltkrieg nicht 25 Jahre, sondern 25 Tage bevorstünde: *»Todkrieg dem Hause Hohenzollern«*: »Als der, der ich sein muß, kein Mensch, ein Schicksal will ich ein Ende machen mit diesen verbrecherischen Idioten, die mehr als ein Jahrhundert das große Wort, das größte Wort geführt haben. Seit F[riedrichs] des *Großen* Diebes Tagen, haben sie nichts getan als gelogen und gestohlen; ich habe einen einzigen auszunehmen, den unvergeßlichen Friedrich den Dritten« (...), und endlich »haben wir die *Verlogenheit* und *Unschuld* in der Lüge vor ein welthistorisches Gericht zu bringen« (VIII.3, 457). Ausgerechnet durch den, der sie sein Leben lang propagierte und dessen Wut nun auch trifft: »Ihr Werkzeug, Fürst Bismarck, der Idiot par excellence unter allen Staatsmännern, hat nie eine Handbreit über die Dyn[astie] Hohenzollern hinausgedacht«; am härtesten aber sein Urteil über »den christlichen Husaren von Kaiser, diesen jungen Verbrecher« (vgl. ebd.). Unter »*Letzte Erwägung*« vermerkt Nietzsche: »ich werde nicht zögern, ihn zu verderben, – ich will selbst die Brandfackel in seinem fluchwürdigen Verbrecher-Geist lodern machen« (ebd., 458).

Nichts anderes hat Nietzsche all die Jahre zuvor getan, als er in *Morgenröthe* »das Glück eines starken Wahnes« pries (vgl. V.1, 268). Oder in »Zarathustra's Vorrede« vollmundig bekundet: »Nicht eure Sünde – eure Genügsamkeit schreit gen Himmel, euer Geiz selbst in eurer Sünde schreit gen Himmel! / Wo ist doch der Blitz, der euch mit seiner Zunge lecke? Wo ist der Wahnsinn, mit dem ihr geimpft werden müsstet? / Seht, ich lehre euch den Übermenschen: der ist dieser Blitz, der ist dieser Wahnsinn!« (VI. 1,10) Als nun aber »dieser Blitz« im Hause Hohenzollern eingeschlagen hat, insofern es sich anschickt, mit den von Nietzsche propagierten soldatischen Tugenden ernst zu machen, da lamentiert er in »*Letzte Erwägung*«: »Daß man eine solche Auslese der Kraft und Jugend nachher vor die Kanonen stellt, ist *Wahnsinn*.« (VIII 3, 459)

Der subjektiven Pathologie, dem Wahnsinn des Philosophen, geht mit seiner letzten Einsicht in den allgemeinen Wahnsinn – mag er diesen auch mit dem Hause Hohenzollern personifizieren – zugleich die objektive Pathologie des modernen Atheismus in Gestalt einer chronischen Selbstüberschätzung, ja Selbstübersteigerung des Menschen voraus. »Was gross ist am Menschen«, heißt es in »Zarathustra's Vorrede«, »das ist, dass er eine Brücke und kein Zweck ist: was geliebt werden kann am Menschen, das ist, dass er ein *Übergang* und ein *Untergang* ist.« (KGW VI.1, 10 f.) Denn mehr kann er nicht sein in Anbetracht seiner eigenen Endlichkeit, in die er sich aus einer atheistischen Sicht irgendwie fügen – oder aber deren Grenzen er testen kann, um nicht in dieser seiner Endlichkeit aufzugehen. »Ziel: die Heiligung der mächtigsten furchtbarsten und bestverrufensten Kräfte, im alten Bilde geredet: die Vergöttlichung des Teufels« (KGW VIII.1, 7), so seine Bestimmung nach einem nachgelassenen Fragment von Herbst 1885 – Frühjahr 1886. Mochte nun der Gottesleugner Nietzsche so wenig wie manch anderer aufgeklärte Geist an die Existenz des Teufels glauben – gerade auf dessen Verkennung beruht sein Verhängnis, da er des Zusammenhangs zwischen Selbstvergötzung und dem Grundempfinden der Verlorenheit nicht innewird. Im Gegenteil: »*Vortheil im Verkennenden*« – lautet § 341 von *Morgenröthe*, wo sich unschwer der autobiographische Bezug herauslesen lässt: »Jemand sagte, er habe in der Kindheit eine solche Verachtung gegen die gefallsüchtigen Grillen des melancholischen Temperaments gehabt, dass es ihm bis zur Mitte seines Lebens verborgen geblieben sei, welches Temperament er habe: nämlich eben das melancholische. Er erklärte diess für die beste aller möglichen Unwissenheiten.« (KGW V.1, 238) Ganz fremd war Nietzsche »das melancholische« freilich nicht, wie aus einem an Franz Overbeck gerichteten Briefentwurf vom 20. Juli 1888 hervorgeht, in dem Nietzsche abschließend bemerkt: »Die Schwierigkeit, eine Distraktion zu finden, die stark genug (sei), wird immer größer. Ich bin mitunter auf eine unbeschreibliche (Weise) melancholisch.« (KGB III.5, 364) Doch selbst wenn es sich hierbei um einen Anderen handelte, spürte Nietzsche im Unterschied zu vielen – auch heutigen – Zeitgenossen die theologische Dimension jener

Gefahren, so fremd ihn auch alles Theologische aufstoßen mochte: »– ich begreife es nicht«, heißt es in einem nachgelassenen Fragment aus dem Umkreis des oben zitierten, »wie man Theolog sein kann. Ich möchte nicht gern gering von dieser Art Menschen denken, welche doch nicht nur Erkenntniß-Maschinen sind« (KGW VIII.1, 10). Weit entfernt von dem engstirnigen Atheismus unserer Tage, hat sich Nietzsche immerhin so viel Gespür bewahrt, um zu konstatieren: »– die Unkenntniß des Menschen und das Nicht-Nachdenken macht, daß die individuelle Zurechnung erst spät gemacht wird. Man fühlt sich selber zu unfrei, ungeistig, durch plötzliche Antriebe fortgerissen, als daß man über sich anders denken sollte als in Betreff der Natur: es wirken auch in uns *Dämonen*.« (Ebd., 9)

Dass dies in einem ganz unmetaphorischen Sinne zu verstehen ist, zeigt »*Der Dämon der Macht*«, so der Titel von § 262 der *Morgenröthe:* »Nicht die Nothdurft, nicht die Begierde, – nein, die Liebe zur Macht ist der Dämon der Menschen. Man gebe ihnen Alles, Gesundheit, Nahrung, Wohnung, Unterhaltung, – sie sind und bleiben unglücklich und grillig: denn der Dämon wartet und wartet und will befriedigt sein. Man nehme ihnen Alles und befriedige diesen: so sind sie beinahe glücklich, – so glücklich als eben Menschen und Dämonen sein können. Aber warum sage ich diess noch? Luther hat es schon gesagt, und besser als ich, in den Versen: ›Nehmen sie uns den Leib, Gut, Ehr', Kind und Weib: lass fahren dahin, – das Reich muss uns doch bleiben!‹ Ja! Ja! Das ›Reich‹!« (KGW V.1, 211) Da der Pastorensohn Nietzsche an ihm Anstoß nahm, blieb es dem Messnersohn Heidegger vorbehalten, ihm das »Reich des Fragwürdigsten« entgegenzusetzen. Viel zu sehr erweist sich Nietzsche jenem Dämon verhaftet, um auch nur einen theologischen, geschweige denn einen eschatologischen Gedanken an sich heranzulassen, wie etwa aus einem nachgelassenen Fragment vom Herbst 1887 hervorgeht:

»*Die schauderhaften Mißbräuche mit der* Zukunft: [–] das *Gericht* ist ein christlicher Gedanke, *nicht* ein jüdischer: es ist der Ressentiments-Grundgedanke aller Auftändischen.« (VIII.1, 241) Gleich in doppelter Weise zeigt sich hier, wie schlecht Nietzsche das Neue wie das Alte Testament kennt: Fordert doch der Apostel die Christen zum Gehorsam gegenüber der staatlichen Ordnung auf (vgl. Röm 13,1–7; Tit 3,1) wie auch der Apostel Petrus (vgl. 1 Petr 2,13 f.; 19); ja zu einer geradezu devoten Haltung der Sklaven gegenüber ihren Herren (vgl. 1 Tim 6,1 f.; Tit 2,9 f.; 1 Petr 2,18), die für die heutigen Zeitgenossen nur schwer nachvollziehbar ist. Auch ist der christliche Märtyrer gehalten, keinerlei Ressentiment gegenüber seinen Verfolgern zu hegen; und doch gilt für ihn nicht weniger (vgl. 1 Kor 6,3) als aus jüdisch-alttestamentlicher Sicht des Gerichts nach Ps 149,6–9 für die Gebeugten und Frommen: »Loblieder auf Gott in ihrem Mund, / ein zweischneidiges Schwert in der Hand, / um die Vergeltung zu vollziehn an den Völkern, / an den Nationen das Strafgericht, / um ihre Könige mit Fesseln zu binden, / ihre Fürsten mit eisernen Ketten, / um Gericht über sie zu halten, so wie es geschrieben steht. / Herrlich ist das für all seine Frommen. / Halleluja!« *Diese* Perspektive ist einem Nietzsche, unabhängig von seiner theologischen Bildung oder Unwissenheit, vorab verstellt: Wer es mit dem Dämon der Macht hält, muss am Ende vor den Mächtigen dieser Welt kapitulieren, mag er auch mit ihnen – wie mit den Abkömmlingen und Dienern des Hauses Hohenzollern – hart ins Gericht gehen, um letzthin seiner eigenen Ohnmacht überführt zu werden.

Dass eine positivistische Geschichtsschreibung unserer Zeit indessen nicht einmal an Nietzsches Fragestellung heranreicht, mag aus der Bemerkung eines Historikers hervorgehen, die wir vor einigen Jahren in einer Fachzeitschrift gelesen, ohne leider diese wie auch den Namen ihres

Verfassers notiert zu haben – oder auch nicht. Denn sie lautete, man dürfe den Nationalsozialismus auf keinen Fall dämonisieren – eine Aussage, die an Dummheit nur schwer zu überbieten ist. Denn Dämonischeres ist kaum vorstellbar, insofern nach einem Wort Benjamins aus dem Trauerspielbuch Zweideutigkeit das Stigma der Dämonen sei (vgl. GS I,1, 288). So zeigt eine Zeichnung Klees aus dem sog. Braunen Revolutionsjahr 1933 mit dem bezeichnenden Titel *In der Schwebe* (vgl. Pamela Kort, *Paul Klee 1933*, 143) ein Paar, das offensichtlich von einem Fenstersitz oder von einem Balkon aus dem Treiben unten zuschaut, den Mann mit verschränkten Armen und einem skeptischen Blick, während die Frau, mit geneigtem Haupt, mit einem eher gemischten Gesichtsausdruck dreinschaut, als ob sie aus dem Gebaren vor Augen einen groben Lausbubenstreich herauszulesen suchte, denn als Auftakt zu weit Schlimmeren zu verstehen. Noch deutlicher aber der Ausdruck des Zweideutigen bei Klee, der übrigens mehrere Werke der Erscheinung des Dämonischen gewidmet hat, das Aquarell *Daemonie* aus dem Jahre 1939, in düsteren Blau-Grau-Grün-Tönen gehalten, die blauen Aughöhlen von einer schwarzen Maske umgeben, schwarz wie die Stirnfront; die Gestalt in sich vermummt, blutleer. – Ganz in diesem Sinne hat Walter Künneth in dem eingangs zitierten Werk *Der große Abfall* den anfänglichen Erfolg der Nationalsozialisten im Hinblick auf die evangelische Kirche interpretiert. Nicht allein die Schwerfälligkeit des kirchlichen Apparats zeichne dafür verantwortlich, auch nicht die Aushöhlung zentraler Glaubensinhalte durch eine liberale Theologie, die zu einem Vakuum führte, das dann durch pseudochristliche Inhalte des sog. Positiven Christentums gefüllt wurde. Entscheidend war, dass das NS-Regime anfangs mit einer Tarnung, mit einer Maske operierte. Christentum (welcher Konfession auch immer) und Deutschtum wurden als Eckpfeiler der nationalsozialistischen Bewegung hingestellt. M. a. W., wer sich ihr aus dem Geist des Evangeliums entgegenstellte, stand ihr nicht als angehender Märtyrer gegenüber, sondern sah sich als Volksfeind isoliert. Als solche sind ja u. a. der bereits 1934 in Dachau ermordete katholische Publizist Fritz Nerlich und der 1935 im Straßburger Exil früh verstorbene Kapuzinerpater Ingbert Naab, beide NS-Gegner der ersten Stunde mit großer Öffentlichkeitswirksamkeit, verhöhnt worden. Bemerkenswert, wie Künneth in diesem Zusammenhang den »*Fall des Bischofs von Galen*« darlegt. Während der zuständige westfälische Gauleiter Meyer für dessen Verhaftung plädierte, der Leiter des Reichsringes für nationalsozialistische Propaganda und Volksaufklärung gar die Festnahme des Bischofs in einer Nacht-und-Nebel-Aktion forderte, um ihn sofort zu erhängen, winkte Goebbels mit dem Argument ab, dass solche Aktionen Galen lediglich zum Märtyrer stempelten. Der ganze Kirchenkampf sei wenig erfolgreich gewesen; man hätte besser bis zum Endsieg warten und dann mit einem Schlag das gesamte kirchliche Vermögen einstreichen sollen. Damit wäre ja nicht nur jeglicher Widerstand in den Untergrund verwiesen, sondern seine Feindschaft wider das siegreiche Volk manifest geworden – wenn man so will eine Neuauflage der Dolchstoßlegende, nun freilich gegen »das siegreiche Volk«.

Wie es zum Wesen bzw. Unwesen des Dämonischen gehört, erst am Ende sein wahres Gesicht zu zeigen, so kennzeichnet sein geschichtliches Auftreten die Diffamierung, die Verleumdung des Gegners, der sich wie Christus im Anschluss an eine Dämonenaustreibung [wir kommen darauf gegen Ende dieses Kapitels zurück] selbst dem Vorwurf aussetzt, mit Hilfe der Dämonen zu wirken. Daher müssen nicht nur die wahren Ursachen der Verleumdung im Dunkeln bleiben; selbst die eigentlichen Subjekte des Zerstörungswerkes verharren – wie in Kafkas *Prozess* oder

Schloss – im Hintergrund, gleichsam »unfassbar«. Vielmehr werden alle Institutionen des Rechts in den Dienst genommen und die tagtäglichen Lebensabläufe möglichst nicht angetastet, um dem Unfassbaren, dem Ungeheuerlichen des Geschehens den Anstrich der Normalität zu geben. Daher das höchst missverständliche Wort Hannah Arendts von der Banalität des Bösen, während der Dadaist Kurt Schwitters zutreffender vom »normalen Irrsinn« sprach.

Denn banal ist ja das bzw. der Böse keineswegs. Als banal mag die Beschränkung auf das Alltägliche, jeweils Zeitgemäße gelten, die mit einem gewissen Maß an Selbstbegrenzung der betreffenden Personen einhergeht. Ebendiese Selbstbegrenzung kennt das dämonisch Böse nicht, mag ein Henker auch den guten Familienvater mimen oder ein Massenmörder am Kulturleben teilhaben, oder mag es den Philosophen des Untergangs aus den Niederungen der Universitätslandschaft in die einsam gelegene Schwarzwaldberghütte ziehen. Das eine wie das andere dient lediglich der Tarnung, dient als Maske: Denn unsichtbar, in der Tiefe der Seele, findet sich eine abgründige Trauer, die unablässig nach Rache ruft für das einmal versagte Glück, sich über alles in der Welt, ja selbst über Gott überheben zu dürfen. Und wir haben uns den Seitenhieb gegen Heidegger nicht ganz verkneifen können – nicht weil uns sein NS-Engagement oder seine Biographie jemals sonderlich interessiert hätte, sondern weil in seinem Denken wie in keinem anderen des 20. Jahrhunderts das Dämonische zutage tritt. So etwa, wenn er im Schlusskapitel »Das Seyn« seiner *Beiträge zur Philosophie (Vom Ereignis)* nach seiner Polemik gegen die Verwissenschaftlichung des Denkens, gegen seine »Verweltlichung« und Verchristlichung; schließlich gegen die Geschichte der Metaphysik, die ins Geschichtslose übergehe, bekennt: »Umgekehrt tritt das seinsgeschichtliche Denken des anderen Fragens nun nicht etwa in die Helle des Tages. Es bleibt in der eigenen Tiefe verborgen, aber jetzt nicht mehr, wie seit dem ersten Anfang des abendländischen Denkens während der Geschichte der Metaphysik, in der Verhüllung seiner Verschlossenheit im unerbrochenen Ursprung, *sondern in der Klarheit eines schweren Dunkels der sich selbst wissenden, in der Besinnung erstandenen Tiefe.*« [Hervorh. K. A.] (431) Was es damit auf sich hat, mit jener »Klarheit eines schweren Dunkels der sich selbst wissenden, in der Besinnung entstandenen Tiefe«, wird daran deutlich, dass die Tiefe nicht einfach wie bei einem Mystiker dem Denken vorgegeben ist, als vielmehr, in der Besinnung entstanden, aus dieser hervorgeht. Ferner, dass sie nicht etwa zu einer Erleuchtung, zu einer bestimmten Einsicht führt, sondern »in der eigenen Tiefe verborgen« bleibt, obwohl diese ja nun nicht – wie Heidegger selbst eingesteht – dem Urgrund aller Dinge oder aller Wirklichkeit entspringt, sondern *unserer* Besinnung, die wiederum Ausdruck »eines schweren Dunkels«, also der Verfinsterung, ist.

Man könnte hier angesichts der barock anmutenden Formulierung an das Wesen eines Melancholikers denken, der in seiner Selbstevidenz, der »in der Klarheit eines schweren Dunkels« seiner eigenen Seelentiefe gefangen bleibt. Während dieser aber – wie etwa Kierkegaard – nicht aus seiner Schwermut herausfindet, ist die Tendenz bei Heidegger genau die entgegengesetzte: alles aufs Spiel zu setzen um des einen Möglichen willen. So vermerkt er später, die Metaphysik mache das »Wirkliche« als das Seiende zum Ausgang und zum Ziel der Bestimmung des Seins, um im Gegenzug die eigene Position zu umreißen: »Mögliches, und gar das Mögliche schlechthin, eröffnet sich nur dem Versuch. Der Versuch muß von einem vorgreifenden Willen durchwaltet sein. Der Wille als das Sichübersichhinaussetzen *steht* in einem Übersichhinaussein. Dieser Stand ist die ursprüngliche Einräumung des Zeit-Spiel-Raumes, in dem das Seyn hereinragt: das Da-sein. Es west als Wagnis. Und nur im Wagnis reicht der Mensch in den Bereich der Entscheidung. Und nur im Wagnis vermag er zu wägen.« (475) Damit ist aber der Boden nicht nur jeder Metaphysik, die nach dem Grund der Wirklichkeit fragt, von dem sie das Mögliche zu bestimmen sucht, verlassen; ebenso der Boden jeder Vernunftwirklichkeit im Sinne des Deutschen Idealismus; ja jedweder Ordnung von Recht und Wahrheit, wie Heidegger an früherer Stelle ausführt. »Daß das Sein ist und deshalb kein Seiendes wird, drückt sich am schärfsten darin aus: das Seyn ist Möglichkeit, das nie Vorhandene und doch immer Gewährende und Versagende in der Verweigerung durch die Er-eignung.« Nichts anderes aber ist das Dämonische, ja Diabolische schlechthin: das Sein als reine Möglichkeit, die niemals »Seiendes«, also Wirklichkeit wird, aber gleichwohl den menschlichen Willen gewähren lässt, um ihm letzthin jegliche Erfüllung zu versagen »in der Verweigerung durch die Er-eignung«. M. a. W., gewährt wird dem menschlichen Willen lediglich ein »Zeit-Spiel-Raum« als Versuchsfeld, um jedes »Wagnis«, jedes Risiko einzugehen, um in seinem »Da-sein« über sich hinauszugehen um der einmaligen »Möglichkeit« willen, sich selbst in seinem Dasein, in seiner »Geschichtlichkeit« zu beweisen.

Als bloße Möglichkeit nämlich unterscheidet sich das Sein – mag es Heidegger auch archaisierend als »Seyn« präsentieren – in keiner Weise von einer Täuschung, ja Selbsttäuschung, weil der ihm folgende menschliche Wille so tut, *als ob* er der Welt seinen Willen aufzwänge, während er in Wahrheit vorab sein Scheitern, die Verweigerung seines Wollens durch das »Seyn« einkalkuliert, das sich am Ende als reines Trugbild, als Phantasmagorie erweist. Deshalb muss jede menschliche Logik, ja jede Berufung auf einen Logos versagen, wie Heidegger bereits zuvor durchblicken lässt: »Hier ›denkt‹ daher alle ›Logik‹ zu kurz, weil nicht mehr der λόγος [Logos] als Aussage des Vorstellens des Seins bleiben kann. Aber zugleich wird das Sagen in die Zweideutigkeit der Aussage hineingerissen, und das Denken ›des‹ Seyns wird *wesentlich* schwerer.« Was das konkret bedeutet; was sich hinter der Wortmaske des »Seyns« verbirgt, das verraten die anschließenden Ausführungen: »Das aber bezeugt nur die erste Nähe zur Ferne des Seyns: daß dieses die Verweigerung und das Entsetzen selbst ›ist‹ und als dieses im Ereignis gewahrt werden und daher immer schwer und ein Kampf sein muß, der sich in der äußersten Tiefe als das Spiel des Abgründigen offenbart.« (474)

Hier ist übrigens das erste und einzige Mal [wie wir im Heidegger-Kapitel von *Die letzte Stunde* näher ausgeführt haben] von *Offenbarung* die Rede. Und hier lässt Heidegger die Maske fallen: er selbst spricht von einem Kampf, der »sich in der äußersten Tiefe als das Spiel des Abgründigen offenbart«. Man versteht in diesem Zusammenhang sehr gut die Faszination, die Heideggers Denken auf die Intellektuellen, nicht zuletzt auch auf die Theologen des 20. Jahrhunderts ausübte – nur haben sie allesamt den diabolischen Kern seines Seinsbegriffes verkannt; handelt es sich doch ausdrücklich um »das [nicht: ein] Spiel des [!] Abgründigen«. Mag Heidegger jenen Kampf auch auf dem Felde des Denkens geführt haben, indem er die gesamte Metaphysik, ja Philosophie- und Wissenschaftsgeschichte mit ihrem wie auch immer reduzierten Wahrheitsbegriff auszuhebeln suchte. Andere sind dem »Spiel des Abgründigen« auf dem Felde der Geschichte erlegen, gewissermaßen unter »Einräumung des Zeit-Spiel-Raumes«, der ihnen gewährt wurde. Nur dass hier nicht allein der überkommene Gottesglauben auf der Strecke blieb. Sondern dass Millionen in einem »Seyn«, das »die Verweigerung und das Entsetzen selbst ›ist‹«, an eigener Haut erfahren durften, was es damit auf sich hat; letzthin was es

bedeutet, wenn aus dem »Spiel des Abgründigen« einmal
Ernst wird. Für sie gilt, was nach Heidegger »nicht mora-
lisch-persönlich, sondern immer wieder und nur ›fundamentalontologisch‹ gemeint ist« und doch »zur *Wahrheit*
des Seyns und *nur* in diesem Bezug«: »der Tod das höchste und äußerste Zeugnis des Seyns« (284). Gleichsam die
Frohe Botschaft des 20. Jahrhunderts, des sog. nachmetaphysischen Zeitalters. Deshalb gibt Heidegger bereits im
Vorblick zu erkennen, diese »im Da-sein gegründete Geschichte ist die verborgene Geschichte der großen Stille. In
ihr allein kann noch ein Volk *sein*.« (34) Anders kann sich
die Verheißung des »Abgründigen«, von Heidegger zum
»letzten Gott« stilisiert, nicht erfüllen als im Ausblick auf
einen gigantischen Friedhof: »Wenn uns eine Geschichte,
d. h. ein Stil des Da-seins, noch geschenkt werden soll,
dann *kann* dies nur die *verborgene Geschichte der großen
Stille* sein, in der und als welche die Herrschaft des letzten
Gottes das Seiende eröffnet und gestaltet.« Das *Seiende* –
wohlgemerkt! Denn Seiendes ist für das Denken Heideggers einzig im Hinblick auf seinen Untergang vorstellbar.
Denn was die Herrschaft jenes Gottes zu bewirken vermag, wird später gesagt: »Der Untergang ist die innigste
Nähe zur Verweigerung, in der sich das Ereignis dem Menschen schenkt.« Ein schwacher Trost für jemanden, der
nicht nur gelebt, sondern in diesem seinem Da-sein alles
gewagt hat um der einen »Möglichkeit« willen, die ihm
dann versagt, verweigert wird: nichts anderes als die Gabe
einer trostlosen *Desillusionierung*.
Und in nichts anderem besteht das diabolische »Spiel des
Abgründigen«, das keine Geschichte kennt, die nicht in die
Welt des Todes wiese: »Also muß erst die große Stille über
die Welt für die Erde kommen. Diese Stille entspringt nur
dem Schweigen.« Nicht um im Eingedenken der Toten zugleich der eigenen Vermessenheit, der eigenen Unwahrheit
innezuwerden, »sondern in der Klarheit eines schweren

Dunkels der sich selbst wissenden, in der Besinnung entstandenen Tiefe« (431) die allgemeine wie auch die eigene Todesverfallenheit besiegelt zu sehen: *Das* macht das Wesen eines Denkens aus, dem mit Gott zugleich das Wesen der Wahrheit abhandengekommen ist. Wo es keine Offenbarung gibt, kann es auch keine Wahrheit geben: *Wesen der Wahrheit* (ihr Unwesen), so ist der § 223 überschrieben; und § 228: *Das Wesen der Wahrheit ist die Un-wahrheit.* Und in § 223 *Die Frage nach der Wahrheit* wird dem Leser beschieden, das Fragen nach der Wahrheit sei »hier Anfang und Ende«. Und nachdem schulmeisterlich abgefertigt wird, »der das Wahre geradezu greifen und besitzen will«, lässt Heidegger mit zweideutigem Augenzwinkern durchblicken: »Und wenn es hier einen Ausweg gäbe, dann müßte die Philosophie die Frage nach der Wahrheit in einer anderslautenden, harmlosen scheinbar, verstecken, um jeden Anschein zu vermeiden, als würden hier große Verkündigungen verheißen.« (347) Mehr als Schweigen und Totenstille ist ja schließlich nicht zu erwarten von einer Jahrhundertphilosophie, die sich ganz dem Dämon der Tiefe, der ihr »die Nähe des Ab-grundes (schenkt)«, verschrieben hat.

Denn falsch ist nicht allein Heideggers Alternative, »ob Wahrheit nicht nur das Ziel des technisch-praktischen Erkennens bleibe (ein ›Wert‹ und eine ›Idee‹), sondern zur Gründung des Aufruhrs der Verweigerung werde.« (63) Sie ist nicht allein historisch gesehen falsch, weil beides in den totalitären Ideologien des 20. Jahrhunderts, ja selbst schon auf den Schlachtfeldern des Ersten Weltkriegs koinzidiert. Vielmehr sucht Heidegger darüber hinwegzutäuschen, dass sein Programm zur »Gründung des Aufruhrs der Verweigerung« satanischer Natur ist: der Versuch einer Erhebung des Menschen über Gott; der »Ergötterung«, wie in dem betreffenden Abschnitt *I.26 Philosophie als Wissen* der Versuch der Selbstvergötzung umschrieben ist.

Es handelt sich um »*das* Wissen als *Verwahrung* der Wahrheit des Wahren« (62), das den künftigen Menschen auszeichne und »in die Wächterschaft für das Seyn« erhebe – einer Wahrheit, die keine ist, sondern einer philosophischen Esoterik entspricht, einer satanischen Gnosis, die kaltlächelnd den Untergang von Millionen in Kauf nimmt um eines reinen Trugbildes willen: »Das Seyn aber ist Verwehrung aller ›Ziele‹ und die Versagung jeder Erklärbarkeit.« (477) Ganz in diesem Sinne hat übrigens Benjamin auf den Schlussseiten des Trauerspielbuches das »Wissen« definiert: »Die Bibel führt das Böse unter dem Begriff des Wissens ein.« (I.1, 407) Und zwar weil ihm jeder praktische Bezug ebenso fehle wie die Beziehung auf das Gute, das Gott geschaffen hat: »Gott sah alles an, was er gemacht hatte: Es war sehr gut.« (Gen 1,31) Wissen im Schöpfungsstande wie Wissen im praktischen Sinne seien immer *sekundär*, weil es ein Handeln bzw. ein Schaffen voraussetze. Doch »das Wissen vom Bösen – als Wissen ist es primär. Es erfolgt aus der Kontemplation. Wissen um Gut und Böse ist also Gegensatz zu allem sachlichen Wissen. Bezogen auf die Tiefe des Subjektiven, ist es im Grunde nur Wissen vom Bösen. Es ist ›Geschwätz‹ in dem tiefen Sinne, in welchem Kierkegaard dies Wort gefaßt hat.« (GS I.1, 407) Was bei Benjamin Kontemplation heißt, ist bei Heidegger nichts anderes als die »Klarheit eines schweren Dunkels der sich selbst wissenden, in der Besinnung erstandenen Tiefe«. Es ist der Dämon des Sündenfalls, der dem Menschenwesen einredet, wie Gott zu sein und Gut und Böse zu erkennen (vgl. Gen 3,5); also durch ein *Wissen*, das den Menschen über den Schöpfungsstand erhebt – ganz so hat Heidegger das Seyn als »das Zwischen für Gott und den Menschen« bestimmt (für den »letzten Gott«, versteht sich); als ein ewiges Wechselspiel, das an die Stelle der einmaligen Schöpfung Gottes tritt: »immer das Herüber und Hinüber der unerschöpflichen Bezüge, in deren Lichtung

Welten sich fügen und versinken, Erden sich erschließen und Zerstörung dulden.« (476) Um anschließend zu konstatieren: »Aber auch so oder so vor allem muß das Seyn deutungslos bleiben, das Wagnis gegen das Nichts, das Jenem erst den Ursprung verdankt.«

Wenn aber das Sein, immerhin der Schlüsselbegriff von Heideggers Philosophie, »deutungslos« bleiben muss, dann ist ihr »Wissen« in der Tat grundlos, in einem abgründigen Sinne »Geschwätz« [man beachte die Formulierung »so oder so«!]. Als deutungslos ist das »Seyn« allegorischer Natur, stellt nicht mehr als eine Abstraktion dar, wie Benjamin deren allegorischen Ursprung näher bestimmt hat. »Als der Triumph der Subjektivität und Anbruch einer Willkürherrschaft über Dinge ist Ursprung aller allegorischen Betrachtung jenes Wissen. Im Sündenfall selbst entspringt die Einheit von Schuld und Bedeuten vor dem Baum der ›Erkenntnis‹ als Abstraktion. In Abstraktionen lebt das Allegorische, als Abstraktion, als ein Vermögen des Sprachgeistes selbst, ist es im Sündenfall zu Hause. Denn Gut und Böse stehen unbenennbar, als Namenlose, außerhalb der Namensprache, in welcher der paradiesische Mensch die Dinge benannt hat und die er im Abgrund jener Fragestellung verläßt.« (GS I.1, 407) Und zwar nicht einer bestimmten Fragestellung, die auf eine entsprechende Antwort aus ist, sondern um eine Neubegründung des Seins geht es, die durch ihr Fragen das einzulösen trachtet, was dem Menschen im Stande des Sündenfalls verheißen ist. Nicht weniger als eine »Vorübung«, gewissermaßen als Propädeutik jener »Fragestellung« versteht Heidegger seine *Beiträge zur Philosophie*: »Gesagt wird in der Vorübung ein Fragen, das nicht ein bezwecktes Tun eines Einzelnen und keine beschränkte Berechnung einer Gemeinschaft ist, sondern vor allem das Weiterwinken eines Winkes, der aus dem Fragwürdigsten kommt und diesem zugewiesen bleibt.« (4)

Bevor wir darauf eingehen, was es mit jenem »Wink« auf sich hat, sei bei jenem Fragen verharrt, das bereits hier, in Gestalt einer Vorübung, ein Sagen zu sein beansprucht; schon hier müsse »jenes denkerische Sagen der Philosophie im anderen Anfang versucht werden. Von ihm gilt: Hier wird nicht beschrieben und nicht erklärt, nicht verkündet und nicht gelehrt; hier ist das Sagen nicht im Gegenüber zu dem Sagenden, sondern ist dieses selbst als die Wesung des Seyns.« (4) Insofern aber Heidegger nicht der göttliche Logos ist, dem mit seinem Ursprung, seinem Vater, Wesensgleichheit verbindet; und insofern er kein Prophet sein will, da dieser das »Sagen«, also das Prophetenwort, »im Gegenüber zu dem Sagenden« als seinen Auftrag empfängt, muss er mit der theologischen Überlieferung brechen »aus der Innigkeit des frühestens Zugehörens«: »Die Loslösung von jedem ›persönlichen‹ Gemächte gelingt nur aus der Innigkeit des frühestens Zugehörens. Keine Gründung wird gewährt, die nicht verbürgt wäre in solcher Loslösung.« (4) Und das unter solcher Lossage nicht einfach eine Emanzipation von der eigenen religiösen Überlieferung im neuzeitlichen Sinne gemeint ist, wird im Anschluss deutlich, wenn er bekennt: »Die Zeit der ›Systeme‹ ist vorbei. Die Zeit der Erbauung der Wesensgestalt des Seienden aus der Wahrheit des Seyns ist noch nicht gekommen.« (5) Also müsse die Philosophie »im Übergang zum anderen Anfang« den Entwurf geleistet haben, »d. h. die gründende Eröffnung des Zeit-Spiel-Raumes der Wahrheit des Seyns. Wie ist dieses Einzige zu vollbringen? Hier bleiben wir ohne Vorläuferschaft und ohne Anhalt.« (5) Folglich sieht sich Heidegger in der Rolle des Architekten, der auf keine historischen Modelle zurückgreifen kann und will. »Und vollends steht jede Art von Weltanschauungsscholastik außerhalb der Philosophie, weil sie nur bestehen kann aufgrund der Verleugnung der Fragwürdigkeit des Seyns. In der Würdigung dieses Fragwürdigen hat die Philosophie ihre eigene unableitbare und unverrechenbare Würde. Aus der Wahrung dieser Würde und *als* Wahrungen dieser Würde fallen alle Entscheidungen über ihr Handeln.« So weit, so gut – oder auch nicht. Denn nun kommt der Satz, der genau das bestätigt, was es mit ihrem »Wissen« auf sich hat: »Im Reich des Fragwürdigsten aber kann das Handeln nur ein einziges Fragen sein.« (5) Von daher versteht sich, weshalb nach Benjamins oben zitierter Aussage die Bibel das Böse unter dem Begriff des Wissens einführt – weil das »Wissen« als »nur ein einziges Fragen« nicht über die Schlangenfrage hinausführt; ja im Grunde nichts anderes als ihre Fortführung unter der Maske der Philosophie bedeutet.

Inwieweit Heideggers »Reich des Fragwürdigsten« mit dem Reich des Bösen korrespondiert, das ergibt sich nicht erst aus seiner persönlichen Option für den Nationalsozialismus. Es manifestiert sich im Denken selbst, das auf keinem wahren Wissen gründet – ansonsten brauchte es kein endloses »Fragen«, sondern könnte Lehre oder Deutung sein. Es basiert vielmehr auf einer bloßen Grundstimmung – vergleichbar der abgründigen Trauer des Allegorikers. »Alles wesentliche Denken verlangt, daß seine Gedanken und Sätze jedes Mal neu wie Erz aus der Grundstimmung herausgeschlagen werden. Bleibt die Grundstimmung aus, dann ist alles ein erzwungenes Geklapper von Begriffen und Worthülsen.« (21) Nichts anderes ist ja auch bei der Rhetorik der politischen Propaganda der Fall, doch bleiben wir beim Seinsdenken, das seine Zweideutigkeit offen eingesteht: »Die Grundstimmung des anderen Anfangs kann kaum jemals und gar im Übergang zu ihm durch einen Namen genannt werden. Die Vielnamigkeit aber leugnet nicht die Einfachheit dieser Grundstimmung und zeigt nur in das Unbegreifliche [!] alles Einfachen. Die Grundstimmung heißt uns: das Erschrecken, die Verhaltenheit, die Scheu, die Ahnung, das Erahnen.« (21 f.) Dazu freilich bedarf es keiner Philosophie, die allemal ihre Evidenz aus der Kraft ihres Arguments schöpft. Dass es hier gar nicht um Argumentation, letzthin um eine begriffliche Begründung von Wahrheit geht, verdeutlicht der Nachsatz: »Das Ahnen eröffnet die Weite der Verbergung des Zugewiesenen und vielleicht Verweigerten.« (22) Und inwieweit sich der Mensch Heideggers nicht allein von der »Namengebung« des paradiesischen Menschen entfernt hat, sondern in einer tiefen, unauslotbaren Zweideutigkeit bewegt, beweist die folgende Feststellung: »Jede Nennung der Grundstimmung in einem einzigen Wort legt auf eine Irrmeinung fest. Jedes Wort ist je aus dem Überlieferten genommen. Daß die Grundstimmung des anderen Anfangs vielnamig sein muß, widerstreitet nicht ihrer Einfachheit, bestätigt aber ihren Reichtum und ihre Befremdlichkeit.« (22) Befremdlich erscheint es allemal, wo es doch nicht um irgendeine vage Atmosphäre, sondern um nicht weniger als die Frage »nach der Wahrheit des Seyns« geht, »nach dem Ereignis selbst, dem jede künftige Geschichte entspringt, wenn noch Geschichte sein wird.« (23) Die chronische Mehrdeutigkeit der Grundstimmung lässt vielmehr auf die Zweideutigkeit des Seinsgeschehens schließen, das sich am Ende als etwas ganz Anderes entpuppen kann, als sich das sein Denker vorstellte. Denn zunächst einmal muss die Einfachheit ihrer Bedeutungsvielfalt keineswegs widerstreiten: Wenn je jemand einfach Hass empfindet, kann er wie ein wildes Tier seinen Hass herausbrüllen; er kann sich aber auch geschickt verstellen, um zum gegebenen Zeitpunkt alle Welt seinen Hass spüren zu lassen, ohne dass sich zwischenzeitlich etwas an seiner Grundstimmung geändert hätte. Doch noch mehr aufhorchen lässt Heideggers Bemerkung, dass jedes Wort je aus dem Überlieferten genommen sei, wo doch die »Loslösung« von der Überlieferung die Gründung des »anderen Anfangs« verbürgt, und zwar ausdrücklich »ohne Vorläuferschaft und ohne Anhalt«.

Anstatt gewissermaßen vom Nullpunkt des Denkens auszugehen; von einem Sein, das allem Schaffen und Machen vorausgeht, um diesem ein Ende zu bereiten in einem Ereignis, »dem jede künftige Geschichte entspringt«, soll nun jedes Wort der Umschreibung der Grundstimmung jenes anderen Anfangs dem Überlieferten entnommen sein. Dabei geht es ja nicht um eine poetische Schilderung dessen, was sich nur mehr erahnen ließe. Heidegger selbst setzt sich gegen entsprechende Auffassungen der Stimmung als Schweifendes, Vages, Unklares zur Wehr; wenn behauptet werde: »Wann es hochkommt, darf sie als Verzierung des Denkens geduldet werden.« – »Allein, die Grundstimmung *stimmt* das Da-sein und damit das *Denken* als Entwurf der Wahrheit des Seyns im Wort und im Begriff.« (21) Umso mehr muss außer ihrer Mehrdeutigkeit ihre Herkunft »im Wort und im Begriff« aus dem Überlieferten erstaunen, dem sie nun nicht etwa klärend, deutend, sondern rein parasitär entnommen ist. Man habe nun, bemerkt Erik Peterson in seinem Aufsatz *Existentialismus und protestantische Theologie* aus dem Jahre 1947, »in der Philosophie von Heidegger klar gesehen, zu welchen Konsequenzen die Verwandlung theologischer Begriffe in allgemeine Begriffe führt. Die Idee einer Existenz vor Gott in der Gleichzeitigkeit mit Christus verwandelt sich in eine Theorie der Existenz in der Geschichte und führt zu einer solchen Deformation, daß die Entscheidung für Gott, der in der Zeit Mensch geworden ist, sich in eine Entscheidung für den ›Führer‹, der die Inkarnation seiner Zeit ist, verwandelt. Der Tod des Märtyrers, der Gott offenbar macht – und immer öffnet sich wie bei der Steinigung des Erzmärtyrers Stephanus der Himmel –, wird zu einem Tod, der nur die Begrenztheit der menschlichen Existenz vor dem Nichts enthüllt, der ›Augenblick‹, bei Kierkegaard ein Begriff der christlichen Mystik, entartet zum flüchtigen Engagement einer geschichtlichen oder politischen Ver antwortung.« (*Marginalien zur Theologie*, 55) Weit mehr als um »die Loslösung von jedem ›persönlichen‹ Gemächte« (4) handelt es sich hierbei um den Versuch einer Umdeutung der theologischen Überlieferung, um dem Seinsgeschehen eine *Bedeutung* zu geben, die es gar nicht besitzt. Ganz im Sinne der von Benjamin registrierten »Einheit von Schuld und Bedeuten« stellen Heideggers »Nennungen« der Grundstimmung wie des Denkens nichts weiter als bloße *Abstraktionen* dar, die über die jeweilige Zuweisung hinaus jeglicher geschichtlichen Grundlage entbehren.

Man braucht in diesem Zusammenhang nur einmal selbst Heidegger beim Wort zu nehmen. »Wir Jetzigen haben nur die Pflicht«, beschließt Heidegger den Abschnitt *I.4 Vom Ereignis*, »jenen Denker vorzubereiten durch die weit vorgreifende Gründung einer sicheren Bereitschaft für das Frag-würdigste.« (11) Was darunter im buchstäblichen Sinne zu verstehen ist, hat die Geschichte gezeigt, obschon Heidegger im nächsten Abschnitt *5. Für die Wenigen – Für die Seltenen* einräumt: »Ein Entwurf der Wesung des Seyns als *das Ereignis* muß gewagt werden, *weil* wir den Auftrag unserer Geschichte *nicht* kennen.«

Man muss sich nur einmal den Widersinn dieser Aussage vor Augen führen: Ohne Kenntnis des Auftrags, letzthin ohne Legitimation, ohne jede Vollmacht »muß« [!] ein entsprechender Entwurf »als *das* Ereignis« gewagt werden, was nichts anderes bedeutet als einen Akt *persönlicher Anmaßung*, der Willkür, freilich – was Heidegger nicht abzusprechen ist – mit »einer sicheren Bereitschaft für das Fragwürdigste«, die herrühren mag »aus der Innigkeit des frühesten Zugehörens« (4) zum Fragwürdigen. Man könnte darüber den Kopf schütteln und zur Tagesordnung übergehen, ginge es hier nicht um Heideggers Philosophie [und nicht etwa allein um seine Biographie]. So hat vor Jahren deren Bedeutung, zumal sein »Denken der ›Kehre‹«,

der einstige Heidegger-Schüler Gadamer für seine Hermeneutik hervorgehoben (vgl. das Vorwort zu *Wahrheit und
Methode*, XIV; XXII), und erst jüngst hat, wie eingangs
dargetan, kein Geringerer als der Komparatist George
Steiner in *Gedanken dichten* (Berlin 2011) Heidegger wiederholt ein Denkmal gesetzt als der moderne Denker, der
Denken und Dichten zusammengebracht habe. Was da
»gedichtet« wird bzw. wovon jenes Denken Zeugnis gibt,
das steht dahin. Denn wie der »Wink« des letzten Gottes
in Richtung Untergang weist, so gilt auch für seinen Denker: »Die Nähe zum letzten Gott ist die Verschweigung.«
(12)
Der *Verschweigung* wohnt ein Verschweigen dessen inne,
wem sich Heideggers Philosophie verschworen hat. Daher
ihre Zweideutigkeit, das »Stigma der Dämonen«, die nicht
nur die Einsicht in ihre wahren Absichten vereiteln, sondern alles, was sie aufdecken, was ihr wahres Wesen entlar-
ven könnte, zur *Verschwiegenheit* verurteilen. »Wir leben
in einer so von Dämonen besessenen Zeit«, vermerkt Kafka [vgl. Gustav Janouch, *Gespräche mit Kafka*, 100], »daß
wir das Gute und Gerechte bald nur noch in tiefster Verschwiegenheit wie einen Rechtsbruch werden verwirkli-
chen können. Der Krieg und die Revolution klingen nicht
ab. Im Gegenteil! Durch das Erkalten unserer Gefühle
steigt ihre Glut.« – *Daemonie der Glut*, so ein Bildtitel
Klees aus dem Jahre 1939, eine Dämonie, in der sich die ei-
sige Kälte gegenüber dem Schicksal von unzähligen Menschen, ja die chronische Verweigerung, ihrer auch nur zu
gedenken, und das Feuer eines unterirdischen Hasses miteinander verbinden. Und zwar nicht einmal im Geiste der
politischen Propaganda, an deren Phrasen die fanatisierten
Massen glauben mögen, die ihnen selbst einmal zum Opfer fallen werden, während die »Wenigen«, die »wissen«,
was es damit auf sich hat, nicht so schnell ihren Gefühlen
freien Lauf lassen. Sondern im »Ausgriff in den Zeit-Spiel-

Raum des Seyns« ergreife »jeden, der stark genug geworden, die ersten Entscheidungen durchzudenken, in deren
Bereich *mit dem Zeitalter, dem wir eingeeignet bleiben*
[Hervorh., K. A.], ein wissender Ernst [!] zusammentaugt,
der sich nicht mehr stößt an gut und schlecht, an Verfall
und Rettung der Überlieferung, an Gutmütigkeit und Gewalttat, der nur sieht und faßt, was *ist*, um aus diesem Seienden, darin das Unwesen waltet als ein Wesentliches, in
das Seyn hinauszuhelfen und die Geschichte in ihren eigenwüchsigen Grund zu bringen.« (242 f.)

Das Ergebnis ist dasselbe, mag sich nun der Intellektuelle
durch Haltung – nach Heidegger durch den »Stil der Verhaltenheit« – vom Pöbel, der seinen glühenden Hass he-
rausschreit, abheben, ja seine »Grundstimmung« (31) unterscheidet sich in keiner Weise von der eisigen Kälte der
Wegbereiter des Todes in Politik und Geschichte: »der Tod
das höchste und äußerste Zeugnis des Seyns.« (284; 234)
Und wenn Heidegger hier dem Menschen »eine Entäuße-
rung« abverlangt, »die ist das Gegenteil der Selbstaufgabe«
(28), dann kann man ihm nur beipflichten. Denn das
christliche Verständnis der Selbstentäußerung im Sinne der
Kenosis Christi (vgl. Phil 2,6–11) impliziert die Selbstaufgabe. Bei Heidegger läuft sie auf eine Selbst*übersteigerung*
hinaus: »Sie kann nur aus dem Mut zum Ab-grund vollzogen werden.« (28) Ebendiesen »Mut« haben in der Geschichte die Hitler bewiesen, die keinerlei »Selbstaufgabe«
kannten, sondern bis zum bitteren Ende Millionen in den
Abgrund rissen, ganz »aus dem Mut zum Ab-grund«, den
sie von Anfang an bewiesen haben.

Nicht etwa erst in Heideggers nationalsozialistischem Engagement, sondern *hier* liegt der dämonische, ja satanische
Kern eines Denkens, das Gott hinter sich gelassen hat; das
allen Ernstes »sich nicht mehr stößt an gut und schlecht, an
Verfall und Rettung der Überlieferung, an Gutmütigkeit
und Gewalttat, der nur sieht und faßt, was *ist*.« Und nicht

nur einem Georges Steiner sollte da dämmern, welchem
»Denken und Dichten« er da huldigt; ebenso der eingangs
erwähnte unbekannte Historiker, letzthin der auf die Rekonstruktion des Faktischen sich beschränkende säkulare
Geist des sog. nachmetaphysischen Zeitalters, der von allen theologischen wie metaphysischen Vorgaben abstra-
hiert, um allein *festzustellen*, was da »*ist*«. Genau an ihn
richtet sich die Frage Nietzsches, die er in einem Brief an
Franz Overbeck (vom 23. Februar 1887) formuliert: »Zuletzt geht mein Mißtrauen jetzt bis zur Frage, ob Geschichte überhaupt *möglich* ist? Was will man denn fest-
stellen? – etwas, das im Augenblick des Geschehens selbst
nicht ›feststand?‹ –« (*Briefwechsel*, KGB III.5, 28) Und
zwar nicht allein im Sinne der *Unwiderrufbarkeit* des einmal Geschehenen als vielmehr im Hinblick auf Folgen, die
es zeitigt: sind doch die Bilder der Dämonie, wie sie etwa
Klee in jenen Jahren zeichnet, alles andere als Hirngespins-
te oder Visionen eines sensiblen künstlerischen Geistes; im
Gegenteil, sie liegen gleichsam in der Luft, zeichnen sich
im Augenblick des Geschehens selbst ab. Um ein Beispiel
zu geben: In seiner denkwürdigen Rede *Ein Tag in meinem
Leben* vor dem Deutschen Bundestag anlässlich des Jah-
restages der Befreiung von Auschwitz hat der greise Lite-
raturkritiker Marcel Reich-Ranicki jenen 22. Juli 1942 geschildert, als ihm in seiner Funktion als Sekretär des sog.
Judenrates das Todesurteil für die Warschauer Juden dik-
tiert wurde. Die *Totenstille* im Raum, unterbrochen von
der harschen Stimme des primitiven SS-Führers, der kaum
der deutschen Hochsprache mächtig unter ständigen
Morddrohungen mühsam seinen Text ablas; neben dem
Klappern der alten Schreibmaschine das fortlaufende Klicken der Kameras der umherstehenden SS-Leute, die
gleich Touristen vor Ort diesen »historischen Augenblick«
festzuhalten suchten; und von einem Kofferradio auf einem SS-Lastwagen drangen durch die offenen Fenster »die

aus der Ferne kommende, leise und sanfte Weise von der schönen, blauen Donau«.

Nichts anderes aber ist das Dämonische, das sich hinter der Maske des Alltäglichen, anscheinend Banalen, ja Sentimentalen verbirgt. Denn je alltäglicher es sich nach außen hin gibt; gewissermaßen »sichverbergend« im Zeitlich-Räumlichen, um mit Heidegger zu reden, desto täuschender, desto verderblicher das Unwesen dessen, was sich kurz darauf im Schrecken und Grauen »entbergen« wird, weil es jedwede *Offenbarung* scheuen muss, um seine Gewalt ungehemmt im Dunkeln zu entfalten. Wer darum *Geschichte deuten* will, anstatt es bei der nachträglichen Rekonstruktion der Fakten zu belassen, kommt gar nicht umhin, von jenem Unwesen Rechenschaft abzulegen, um »im Vergangenen den Funken der Hoffnung anzufachen, der davon durchdrungen ist: auch die Toten werden vor dem Feind, wenn er siegt, nicht sicher sein.« Darin unterscheidet sich eine theologische Geschichtsdeutung von bloßer Historie. Sie unterscheidet sich dadurch erst recht von einer säkularen Geschichtsdeutung im Sinne Hegels oder Heideggers, die nicht über die Todesverfallenheit des menschlichen Daseins hinausführt, ja deren Affirmation darstellt. Darum ist es keineswegs allein eine Frage des jeweiligen Standpunkts oder einer subjektiven weltanschaulichen Haltung, Geschichte im Zeichen des Untergangs oder aber im Lichte der Erlösung und Vollendung zu sehen. Daher an dieser Stelle auch nicht die Berufung auf einen christlichen Theologen, sondern die oben zitierte Einsicht Walter Benjamins, eines säkularen Denkers, der anders als ein Heidegger seinen *Begriff der Geschichte* einer, menschlich gesehen, völlig ausweglosen Situation abgerungen hat: »Der Messias kommt ja nicht nur als der Erlöser; er kommt als der Überwinder des Antichrist.«

Denn obschon im Sinne der christlichen Überlieferung Christus zunächst als Erlöser gekommen ist – »Denn Gott hat seinen Sohn nicht in die Welt gesandt, damit er die Welt richtet, sondern damit die Welt durch ihn gerettet wird« (Joh 3,17) –, zieht sein Kommen in die Welt deren Krisis, das »Gericht« nach sich: »Denn mit dem Gericht verhält es sich so: Das Licht kam in die Welt, und die Menschen liebten die Finsternis mehr als das Licht; denn ihre Taten waren böse. Jeder, der Böses tut, hasst das Licht, damit seine Taten nicht aufgedeckt werden. Wer aber die Wahrheit tut, kommt zum Licht, damit offenbar wird, dass seine Taten in Gott vollbracht sind.« (Joh 3,19–21) Nicht von einem *Denken* der Wahrheit ist die Rede, die – wie bei Heidegger – im Zweideutigen verharrt, sondern von einem *Tun*. Entscheidend ist der juridische Tatbestand: Wahrheit im theologischen Sinne ist von der Sphäre des Rechts bzw. der Gerechtigkeit nicht zu trennen, weil hier allein *offenbar* wird, ob die Taten eines Menschen »in Gott vollbracht sind«, d. h., dass sie der Wahrheit entsprechen. Denn ein Mensch mag sich auf moralische Prinzipien berufen, doch zwischen deren allgemeiner Geltung und dem menschlichen Tun können Welten liegen. Und wenn Heidegger Wahrheit in einem praktisch-technischen Sinne, also im Sinne der sog. instrumentellen Vernunft, auf bloße Richtigkeit reduziert, über die sich das »Denken des Seyns« erhaben wähnt, dann hat er die Wahrheit, wie sie der Evangelist Johannes fasst, unterlaufen, weil Wahrheit durch die Abstraktion vom *Tun* der Wahrheit gar nicht denkbar ist: sie bleibt so zweideutig wie jenes Denken, das sich einer blinden Schicksalsmacht, »Seyn« genannt, verschrieben hat, die »sich in der äußersten Tiefe als das Spiel des Abgründigen offenbart.« (474) Und nur hier ist, wie oben dargetan, ein einziges Mal in Heideggers Ausführungen von Offenbarung die Rede: im Hinblick auf den diabolischen Kern des »seinsgeschichtlichen Denkens, das »nun nicht etwa in die Helle des Tages tritt«, sondern nach Heidegger »in der Klarheit eines schweren Dunkels der sich selbst wissenden, in der Besinnung entstandenen Tiefe« (431) verharrt.

Ob nun im Johannesevangelium von der Liebe zur Finsternis die Rede ist oder sich Heidegger rühmt, »die Geschichte in ihren eigenwüchsigen Grund zu bringen« (243), – das seinsgeschichtliche Denken hat teil an der Fatalität der Geschichte, es »kommt nicht zum Licht, damit seine Taten nicht aufgedeckt werden.« (Joh 3,20b) Denn mögen es auch Andere sein, die »die Geschichte in ihren eigenwüchsigen Grund« bringen durch ihr Handeln, durch ihre verwerflichen Taten, so kann sich kein Denken nachträglich davon dispensieren, als hätte es nichts damit zu tun, wo es doch seine erklärte Absicht ist, »die Geschichte in ihren eigenwüchsigen Grund *zu* bringen«. Offensichtlich besitzt es vorab ein Interesse, nicht zum Licht zu kommen; nicht offenbar zu werden, »damit seine Taten nicht aufgedeckt werden«; m. a. W., seine eigene Verstrickung in den Schuldzusammenhang der Geschichte zu verbergen. Der Rückzug auf das Denken ist nichts anderes als ein Täuschungsmanöver, weil Geschichte – im Unterschied zu einem Naturgeschehen wie einem Erdbeben – niemals bloßes »Ereignis« ist [wie Heideggers *Beiträge zur Philosophie* im Untertitel *Vom Ereignis* handeln], sondern jedes Ereignis im geschichtlichen Raum aus Gedanken und Taten resultiert, die in der Geschichte *offenbar werden*. Deshalb ist Offenbarung keineswegs etwas, das irgendwie jenseits oder über der Geschichte schwebt. Vielmehr werden im Kommen des Lichtes in die Welt (vgl. Joh 3,19) die Gedanken und Taten der Menschen offenbar, wie es schon nach der Weissagung des greisen Simeon bei der Darstellung Jesu im Jerusalemer Tempel an Maria, die Mutter Jesu, heißt: »Dieser ist dazu bestimmt, dass in Israel Viele durch ihn zu Fall kommen und Viele aufgerichtet werden, und er wird ein Zeichen sein, dem widersprochen wird. Dadurch sollen die Gedanken vieler Menschen offenbar werden.

Dir selbst aber wird ein Schwert durch die Seele dringen.«
(Lk 2,34 f.) Im Offenbarwerden der messianischen Wahrheit aber werden die Gedanken vieler Menschen offenbar
über die Grenzen Israels hinaus – selbst wenn sie »in der
Klarheit eines schweren Dunkels« verharren, um sich im
Stillen dem Arcanum, dem Geheimnis der Finsternis unter
dem Namen des letzten Gottes anzuvertrauen.

Wenn Offenbarung nach dem Johannesevangelium als
Licht bezeichnet wird, so als ein Offenbarwerden der
Wahrheit, dem auf menschlicher Seite ein *Tun* der Wahrheit korrespondiert, das auf dem Glauben beruht [im Johannesevangelium übrigens ein so zentraler Begriff wie das
Sehen]. Glauben im theologischen Sinne ist weit mehr als
bloßes Bekenntnis oder gar »Weltanschauung«. Und wie
Glauben auch bei Paulus nicht als isolierte Größe, sondern
in der Trias von Glauben, Hoffnung und Liebe auftritt, so
entspricht er nach Johannes dem Tun der Wahrheit, des
Logos, des Wortes, das Fleisch geworden ist und unter uns
gewohnt hat: »und wir haben seine Herrlichkeit gesehen,
die Herrlichkeit des einzigen Sohnes vom Vater, voll Gnade und Wahrheit.« (Joh 1,14) Darum ist Wahrheit weder
eine spekulative Größe im Sinne Hegels, noch kann sie
durch eine seinsgeschichtliche Rückbesinnung auf die vorsokratischen Ursprünge des griechischen Denkens gewon-
nen werden. Immerhin hat Nietzsche, der mit seiner *Geburt der Tragödie* an die Welt tragischen Griechentums
anzuknüpfen suchte, aus psychologischen wie geschichtlichen Gründen die Unmöglichkeit einer derartigen Rück-
bindung des Denkens eingeräumt. »Dagegen beginnt jene
ehrliche Empfindung mit dem Eingeständnisse eines unge-
heuren *Defektes* und einer deshalb nur bedingten Bewunderung. Der Defekt ist selbst größer, als wenn wir uns etwa
vor einem Trümmerhaufen eines Tempels finden und aus
wenigen Säulenresten den Eindruck ganzer Collonaden zu
errathen suchen. Denn wir haben zuletzt gedrucktes Pa-

pier vor Augen, an Stelle der Wirklichkeit jener Tragödie.«
Daher bräuchten wir »analoge, fast griechisch zu nennen-
de Erscheinungen *unserer* Welt« für eine Annäherung an
die Welt des Griechentums; der bessere Teil der Gelehrten
pflegte Goethe zu benutzen, andere nähmen Rafael zu Hilfe. »Ich halte mich an die Erfahrungen, welche ich Richard
Wagner verdanke. Die sogenannte historisch-kritische
Wissenschaft hat gar kein Mittel, so fremden Dingen näher
zu kommen: wir brauchen Brücken, Erfahrungen, Erlebnisse: dann wiederum brauchen wir Menschen, die sie uns
deuten, aussprechen. So glaube ich im Recht zu sein, von
dem Eindrucke auszugehen, den eine Tristanaufführung
im Sommer 1872 auf mich hervorbrachte.« (KGW III
4, 166) Wenn aber ein Denker und Dichter wie Nietzsche
– wo fände sich diese Konstellation im deutschen Sprach-
raum besser vereint als in seiner Person [?!] – auf ein äs-
thetisches Surrogat zurückgreift, um der vorsokratischen
Welt nahezukommen – auf welchen Surrogaten basiert ein
Denken, das Sein und Zeit zu verbinden trachtet; auf welchen Surrogaten der Wahrheit in seiner, in unserer Zeit?
Nicht nur liegt hier ein Bruch mit der apostolischen Überlieferung vor, die die Inkarnation des göttlichen Logos bezeugt, der dazu gekommen ist, für die Wahrheit Zeugnis
abzulegen (vgl. Joh 18,37). Ihre philosophische Überbietung durch ein prä- oder postmetaphysisches Seinsverständnis kann nicht gelingen, weil ihre Umdeutung ins
Theoretische nicht über die Pilatusfrage hinausführt: »Was
ist Wahrheit?« (Joh 18,38) Eine Antwort auf diese Frage
kann es nicht geben, wo menschliches Recht gegen göttliches Recht steht; wo ein menschlicher Richter dem kommenden göttlichen Richter das Urteil spricht. Hier liegt die
Spitze des »Frag-würdigsten«, weil die Frage zur Aus-
flucht wird für ein Tun, genauer: für das Tun der Wahrheit,
das ihre Offenbarung im menschgewordenen Gott dem
Menschen abverlangt. Mochte das Urteil eines Pilatus aus

der Not der Situation geboren sein, die Berufung auf die
»Not der Seinsverlassenheit« (239) oder welcher Not auch
immer dient einzig und allein dazu, sich dem *Tun der
Wahrheit*, das vom »Licht«, von der Offenbarung des
Wortes Gottes nicht ablösbar ist, zu entziehen, um eine eigene Wahrheit, um *seine* Wahrheit an die Stelle der göttlichen zu setzen. Alle totalitären Ideologien des letzten Jahrhunderts haben das getan; der Wahrheitsanspruch der
philosophischen Systeme der Neuzeit geht in diese Richtung. Nirgendwo aber dürfte aber in einer vergleichbaren
Radikalität Wahrheit einem Denken zugeschlagen sein, das
sich durch kein Tun, durch keinen sittlichen Maßstab bestimmt weiß, sondern einzig aus der Eigenmächtigkeit des
Menschen im Zeitgeschehen. So konstatiert Heidegger
nüchtern: »Um den Vollzug dieses Vorbereitenden unserer
Geschichte handelt es sich allein in der Seinsfrage.« (242)
Dafür ist er bereit, selbst auf Inhalte seines ersten Haupt-
werks *Sein und Zeit* zu verzichten. »Alle ›Inhalte‹ und
›Meinungen‹ und ›Wege‹ im Besonderen des ersten Ver-
suchs von ›Sein und Zeit‹ sind zufällig und können verschwinden.« (242) Um aber – wie oben dargelegt – mit der
Überlieferung und mit jedem moralischen Maßstab zu
brechen »und die Geschichte in ihren eigenwüchsigen
Grund zu bringen«, kommt Heidegger gleichwohl wieder
auf *Sein und Zeit* zurück. »›Sein und Zeit‹ ist daher kein
›Ideal‹ und kein ›Programm‹, sondern der sich vorberei-
tende Anfang der Wesung des Seyns selbst, nicht was *wir*
erdenken, sondern was *uns*, gesetzt, daß wir dafür reif geworden, in ein Denken zwingt, das weder eine Lehre gibt
noch ein ›moralisches‹ Handeln veranlaßt, noch die ›Existenz‹ sichert, das vielmehr ›nur‹ die Wahrheit gründet als
den Zeit-Spiel-Raum, in dem das Seiende wieder seiend,
d. h. zur Verwahrung des Seyns werden kann.« (245) In
diesem Sinne aber bedeutet Wahrheit weder eine transzen-
dente noch eine normative Größe: es »muß die Kunst sein,

die in ihr *Werk* die Wahrheit setzt.« (245) Die Wahrheit buchstäblich ein *Machwerk*, wenngleich nicht in einem technischen Sinne, wie etwa die Schöpfung eines Kunstwerks die Beherrschung gewisser Techniken voraussetzt. Auch besitzt ein Kunstwerk – so chaotisch es auch seinem Betrachter anmuten mag – allein der äußeren Form nach bestimmte Maße. Als eine *geschichtliche* Größe aber kennt das Denken der Wahrheit, der Seinswahrheit wohlgemerkt, kein Maß. Oder komme, so fragt Heidegger, dem Menschen – für einen antiken Menschen unvorstellbar – »die Ahnung des Seyns gerade nicht aus dem Seienden, sondern aus dem, was allein noch dem Seyn gleichrangig, weil ihm zugehörig bleibt, aus dem Nichts?« (245) Um endlich, was es damit auf sich hat, auf den Punkt zu bringen: »*Als das Übermaß der reinen Verweigerung. Je reicher das* ›*Nichts*‹, *umso einfacher das Seyn.*« (245) So einfach, wie nach Becketts *Der Namenlose* die Testamentseröffnung unter geborenen Nihilisten ausfällt: »man hat das Testament gesehen, nichts für niemanden.« (511)

Denn letzthin gleicht die Begründung der Wahrheit dem »Spiel des Abgründigen« (474). Man kann nur über die Treuherzigkeit staunen, mit der Heidegger selbst zu verstehen gibt: »Erst aber gilt es, die *Wahrheit* des Seyns zu gründen. Nur dann nehmen wir dem verfänglichen Wort ›Nichts‹ das Nichtige und leihen ihm die Kraft des Hinweises auf die *Ab*-gründigkeit des Seyns.« (244) Und diese Abgründigkeit zeigt sich in der Zweideutigkeit seines Denkens, das sich einerseits »*als das Übermaß der reinen Verweigerung*« zu erkennen gibt; dem aber gleichsam im Gegenzug solcher Verweigerung jedweder Sinn, sei er nun religiöser, metaphysischer, moralischer oder sonstiger Natur, verweigert wird. Das Satanische solcher »*Ab*-gründigkeit« bzw. des »Spiels des Abgründigen« manifestiert sich in der Verführung bzw. in der Versuchung zur »reinen Verweigerung«, die ihrerseits die Verweigerung *jedweder Er-*

füllung oder Vollendung des Menschen und seiner Geschichte nach sich zieht – das *ist* die Wahrheit über ein Denken, das sich unter dem Titel des »Seyn« dem Abgründigen verschrieben hat.

Denn so reich Heideggers philosophische Schriften, zumal seine *Beiträge zur Philosophie* an Wortspielen sind – sie sind alles andere als bloße Wortspielerei oder »Jargon«. [Wir haben etwa *Sein und Zeit* relativ spät gelesen und waren überrascht über dessen Luzidität trotz einiger »Kunstworte«, Wortschöpfungen, wie man sie auch andernorts findet.] Denn die ihr innewohnende Zweideutigkeit wie die des Seinsbegriffs ist darum keine »Methode«. Sie zeugt vielmehr von einem Dasein, das *keine Wahrheit* kennt, es sei denn die »Wahrheit« eines unabänderlichen und absoluten Todes. Darum spricht Heidegger in diesem Zusammenhang ausdrücklich vom *Zeugnis*: »der Tod das höchste und äußerste Zeugnis des Seyns.« (284) Der Tod bildet gewissermaßen das Telos menschlicher Selbstvergottung, d. h. das Ende des »letzten Gottes«, des über sich selbst hinauswachsenden Menschenwesens, das den Tod nicht etwa erleidet, sondern als Krönung seines Daseins empfindet. »Nur im Da-sein wird dem Seyn jene Wahrheit gegründet, in der alles Seiende nur umwillen des Seyns ist, des Seyns, das als Wegspur des letzten Gottes aufleuchtet.« (230) Als »Wegspur« deutet es auf einen Verschwindenden, auf einen im Verschwinden Begriffenen, sich der Offenbarung, ja der Erscheinung Entziehenden, es sei denn es handelt sich um die – so Heidegger – wohl höchste Form der Epiphanie: »Der furchtbarste Jubel muß das Sterben eines Gottes sein. Nur der Mensch [!] hat die Auszeichnung, vor dem Tod zu stehen, weil der Mensch inständig ist im Seyn: Der Tod das höchste Zeugnis des Seyns.« (230)

Man mag das als reinen Nihilismus abtun, als die Verstiegenheit eines philosophischen Einzelgängers. Doch wäre damit nicht die Faszination seiner Philosophie geklärt, die

ja nicht nur in besonderer Weise den nihilistischen In-
stinkten ihrer Epoche schmeichelt, sondern wie keine
zweite Wesen und Sein einer Epoche, die sich der Lossage
von Gott rühmt, deutet, ja zu begründen sucht. So greift
Heidegger dem Nihilismus-Vorwurf vor, wenn er vermerkt: »Das Sein zum Tode wäre nicht in seiner Wesent-
lichkeit getroffen, wenn es nicht den Philosophiegelehrten
Gelegenheit zu faden Spötteleien und den Zeitungsschrei-
bern nicht das Recht zum Besserwissen gäbe.« (285) Sind
doch der Moralismus der Medien, die nach einem Wort
von Leo Kardinal Scheffczyk anderen gern das *Mea culpa*
vorbeten, wie auch der allgegenwärtige Hedonismus und
Relativismus ein Beleg mehr für die nihilistischen Tendenzen des Zeitalters. Gleichwohl ist Heideggers Anliegen
nicht zu übertreffen, selbst wenn er zuweilen ein gewisses
Entgegenkommen zu signalisieren scheint: »Aber nicht jeder braucht dieses Seyn zum Tode zu vollziehen und in
dieser Eigentlichkeit das Selbst des Da-seins zu übernehmen, sondern dieser Vollzug ist nur notwendig im Umkreis der Aufgabe der Grund-legung der Frage nach dem
Seyn, eine Aufgabe, die allerdings nicht auf die Philosophie
beschränkt bleibt.« Nun mag Heidegger hier in erster Linie an Philologen oder Theologen gedacht haben, die sich
nicht lange bitten ließen. Was aber wenn, ja wenn sich jemand im *politischen* Raum angesprochen fühlt, und zwar
nicht, um eine theoretische Grundlegung seines Handelns
zu finden, sondern jenes »Seyn zum Tode« zum Leitfaden
der politischen Praxis zu erheben, um so »die Geschichte
in ihren eigenwüchsigen Grund zu bringen« (243)?!
Denn obschon nach Heideggers oben zitierter eigener
Aussage *Sein und Zeit* kein Ideal oder Programm darstelle,
haben die dortigen Ausführungen wie die der *Beiträge zur
Philosophie (Vom Ereignis)* durchaus eine programmatische Bedeutung, die »nicht auf die Philosophie beschränkt
bleibt«. Wie tief Heideggers Zeitbegriff, seine radikale Fas-

sung der Geschichtlichkeit, der Todesverfallenheit des Menschen, *dem* Zeitverständnis seiner Epoche, einer nihilistischen Moderne ist, entspricht, beweist bereits sein Marburger Vortrag von 1924: *Der Begriff der Zeit* (Tübingen 1989, 26 f.), wo der Satz erläutert wird: »*Die* Zeit ist sinnlos; Zeit ist zeitlich.« – »Wird die Zeit so als Dasein verstanden, dann klärt sich erst recht auf, was die überlieferte Aussage von der Zeit meint, wenn sie sagt: die Zeit ist das rechte principium individuationis. Das versteht man zumeist als nicht umkehrbare Sukzession, als Gegenwartszeit und Naturzeit. Inwiefern aber ist die Zeit als eigentliche das Individuationsprinzip, d. h. das, von wo aus das Dasein in der Jeweiligkeit ist? Im Zukünftigsein des Vorlaufens wird das Dasein, das im Durchschnittlichen ist, es selbst; im Vorlaufen wird es sichtbar als die einzige Diesmaligkeit seines einzigen Schicksals in der Möglichkeit seines einzigen Vorbei.« Dass es sich hierbei nicht etwa um einen militärischen Heroismus im Sinne von Ernst Jüngers *Unter Stahlgewittern* handelt oder um ein legendäres Geschehen, zeigen die weiteren Ausführungen: »Diese Individuation hat das Eigentümliche, daß sie es nicht zu einer Individuation kommen läßt im Sinne der phantastischen Herausbildung von Ausnahmeexistenzen; sie schlägt alles Sich-heraus-nehmen nieder. Sie individuiert so, daß sie alle gleich macht. Im Zusammensein [!] mit dem Tode wird jeder in das Wie gebracht, das jeder gleichmäßig sein kann; in eine Möglichkeit, bezüglich der keiner ausgezeichnet ist; in das Wie, in dem alles Was zerstäubt.« Genau das aber ist die Lektion, die in den Jahren zuvor die Ludendorff und Pétain, wie in den Jahren darauf die Hitler und Stalin begriffen haben, mögen sie auch nicht eine Zeile von Heidegger gelesen haben. Es ist die Lektion des sog. nachmetaphysischen Zeitalters, in der es nicht mehr um die Substanz, um das *Was* geht, sondern einzig um das *Wie* – *wie* sich alles in seine kleinsten Elemente auflösen lässt: um

»das Seyn zum Tode«. Und genau hierin liegt das *Dämonische* eines Denkens, das sich ganz nicht etwa der Zeit verschrieben hat; denn hierbei handelt es sich um eine Schöpfung Gottes, wie ja die Scheidung von Tag und Nacht den ersten Schöpfungstag bezeichnet (vgl. Gen 1,3–5). Vielmehr einer radikalen »Zeitlichkeit«, einem »Zeit-Spiel-Raum«, der dem Menschen zur Vernichtung bzw. zur Selbstvernichtung als »Möglichkeit« seiner Selbstübersteigerung gegeben ist.

Und von solcher Dämonie handelt die Ikonographie Klees – nun nicht, wie noch bei einem Hieronymus Bosch, in Form der illustren Darstellung von Teufelsfratzen, die einer aufgeklärten Welt zur Karikatur geraten. Sondern in den Skizzen einer Normalität, die keinerlei Norm, keinerlei Gesetz mehr kennt, insofern sie selbst zur Fratze, zur Maske des Menschen der *anomìa*, des »Menschen der Gesetzwidrigkeit« (vgl. 2 Thess 2,3) geworden ist. Denn keinerlei Gesetz bestimmt die Welt Heideggers; Recht und Gerechtigkeit erscheinen völlig suspendiert, von Liebe gar nicht zu reden. Was zählt, ist die Fatalität des Geschichtslaufs, die sich allerdings schon deshalb nicht als tragisch bezeichnen lässt, weil der Mensch selbst sie provoziert, anstatt sie nur mehr zu erleiden und zu erdulden; ja weil er sie als einmalige *Möglichkeit* begreift, sich über die Wirklichkeit zu erheben. Wie in Reich-Ranickis Schilderung jenes verhängnisvollen Juli-Tages im Warschauer Ghetto nimmt die Wirklichkeit gespenstische Züge an, dient lediglich als Fassade eines Geschehens, das eben nicht nur im Raum des Möglichen bleiben wird. Bereits im scheinbar Normalen – im Klicken der Kameras, im Klappern der Schreibmaschine oder in den Walzerklängen des Radios – zeichnet sich ab, was durch all diese Dinge *verschwiegen* wird, um vielleicht schon am kommenden Tag, ja in der heraufziehenden Nacht über die Menschen mit voller Wucht hereinzubrechen: »das Seyn zum Tode«.

Deshalb hat Heideggers Seinsbegriff herzlich wenig mit Ontologie im herkömmlichen Sinne zu tun; er selbst apostrophiert ja den Ausdruck »fundamentalontologisch« (vgl. 284), um im folgenden Abschnitt *162. »Das Seyn zum Tode* als Bestimmung des Da-seins zu begreifen und *nur so.« Wessen* Dasein gemeint ist, mithin auf dem Spiel steht, bleibt offen, obwohl er sogleich zu erkennen gibt, hier vollziehe sich »die äußerste Ausmessung der *Zeitlichkeit* und damit das Beziehen des *Raumes* der Wahrheit des Seyns, *die Anzeige des Zeit-Raumes.«* (284) Insofern jene »Wahrheit des Seyns« die des sicheren Todes ist, bedarf es – wie schon nach dem oben zitierten Vortrag *Der Begriff der Zeit* die Aussage »Zeit ist zeitlich« – in der Tat einer exakten Zeitmessung und einer nicht weniger präzisen »Anzeige des Zeit-Raumes«, will man nicht die einmalige »Möglichkeit« leichtfertig aufs Spiel setzen, sei es, um zu einem erfolgreichen Angriff zu blasen, sei es, um überraschend zuzuschlagen, ehe die Ahnungslosen Verdacht schöpfen. Angesichts des »Seyns zum Tode« gibt es so etwas wie ein teuflisches Zeitmaß, wie es etwa in solch hemdsärmeligen Redensarten zum Ausdruck gelangt, man dürfe »nicht lange fackeln«. Teuflisch aber auch in einem ganz unmetaphorischen Sinne, wenn man bedenkt, dass sich im Juli 1942 das Tausendjährige Reich schon auf der Verliererstraße befand, also nur wenig Zeit blieb, um vor dem eigenen Untergang unzähligen Menschen den Untergang zu bereiten.

Denn wie die Theologie – wie oben dargetan – von einer *Heilsökonomie* spricht, die den Zeitraum von Schöpfung, Erlösung und Vollendung einschließt, so kennt auch die »Ontologie« des Todes eine Zeitökonomie: Das »Seyn zum Tode« muss den ihm verbleibenden Zeitraum ausschöpfen, um in der Geschichte Spuren zu hinterlassen; damit am Ende die *Möglichkeit*, auf die Heideggers Philosophie alles setzt, nicht bloße Möglichkeit *bleibt* – nicht nur für die Philosophiegelehrten und Zeitungsschreiber ein Gespött. Jedenfalls haben die Schlächter der jüngeren Geschichte jene »Möglichkeit« in vollem Maße ausgeschöpft, indem sie »*die Anzeige des Zeit-Raumes*« genau beachteten, der ihnen bis zu ihrem eigenen Untergang gewährt war. Wie es ein Heilsgeschehen gibt, das sich in der Zeit vollzieht, so gibt es auch *eine Temporalität des Todes*, die allen, denen keine Zeit bleibt, im Zeugnis des Todes »die äußerste Ausmessung der *Zeitlichkeit*« abverlangt. Es versteht sich, dass es sich hierbei nicht um die Aufgabe eines Philosophen handeln kann – ihm mag es genügen, sich als *Denker*, als *Vordenker der Todesverfallenheit* menschlichen Daseins zu profilieren.

Dabei ist das Dämonische keineswegs allein im öffentlichen – im politischen wie im geschichtlichen – Raum zuhause, sondern nicht weniger im Wesen eines Menschen, und zwar nicht einmal in einem psychisch Kranken. So schildert Kafka in einem Brief vom 16. März 1921 aus dem Sanatorium in Matliary (Hohe Tatra) an seine Schwester Ottla den aus Ungarn stammenden, lungenkranken Medizinstudenten Robert Klopstock – »der unglückliche Mediciner«, der nach seiner Emigration in die USA als Arzt Karriere machen sollte – mit folgenden Worten: »Ein solch dämonisches Schauspiel habe ich in der Nähe noch nicht gesehn. Man weiß nicht, sind es gute oder böse Mächte die da wirken, ungeheuerlich stark sind sie jedenfalls. Im Mittelalter hätte man ihn für besessen gehalten. Dabei ist er ein junger Mensch von 21 Jahren groß breit stark rotbackig – äußerst klug, wahr selbstlos, zartfühlend.« Kafka selbst hat sich kaum ein Jahr später in einem Brief an Klopstock (vom 1. März 1922) als besessen bezeichnet: »Sie müssen eben wissen, daß Sie an einen armen kleinen von allen möglichen bösen Geistern besessenen Menschen schreiben (ein unzweifelhaftes Verdienst der Medizin ist es, daß sie statt des Begriffes der Besessenheit den tröstenden Begriff der Neurasthenie eingeführt hat ...)«. (Vgl. *Kafkas letzter Freund*, 250 f.) Damit ist freilich nicht das Phänomen der Besessenheit aus der Welt geschafft; was Kafka anbelangt, die Obsession des Schreibens bis zuletzt um den Preis seines Lebensglücks, seiner Gesundheit, kurzum: einer Entsagung, die nicht etwa zur Heiligung führen sollte, sondern zu einer abgründigen Einsamkeit. Ähnlich auch Klee, bei dem erst in den letzten Jahren (Hans Suter, Manfred Clemenz) dem Zusammenhang zwischen seiner seltenen Autoimmunerkrankung (systemischer Sklerodermie) und der »Einpanzerung« seiner selbst um seines Werkes willen nachgegangen ist. Seelisches und Körperliches greifen ineinander. Und sosehr man bemüht sein mag, mit Hilfe einer klinischen Terminologie Ursachen und Symptome einer bestimmten Krankheit ausfindig zu machen, so hat bei einem, der sich bis an den Glutkern der *Daemonie der Glut* heranwagte, die Annäherung Spuren hinterlassen.

Kein Wunder, dass jene Annäherung durch einen Menschen entsprechende Reaktionen hervorruft: *Bei den Dämonen* – so ein Bildtitel Klees aus dem Jahre 1933 –, die ihn als »bolschewistischen Ostjuden« verhöhnten; bei heimischen Kritikern, die ihn der Schizophrenie bezichtigten. – Kein Wunder, dass bei dem Gottmenschen Jesus Christus die Reaktionen noch beredter ausfallen. Etwa bei der Heilung des Besessenen von Gerasa, der sich selbst durch Fesseln nicht bändigen ließ. »Jesus fragte ihn: Wie heißt du? Er antwortete Legion. Denn er war von vielen Dämonen besessen. Und die Dämonen baten Jesus, sie nicht zur Hölle zu schicken.« (Lk 8,30 f.) Denn nichts haben die Dämonen mehr zu fürchten, als *erkannt zu werden*: als wahre Höllenmächte, die sich geradezu häuslich sei es in der Enge einer menschlichen Seele, sei es im weiten Raum der Geschichte eingerichtet haben, um ihr Unwesen zu treiben. Und wie eng das Dämonische mit dem Menschenwesen zusammenhängt, ja alle Dämonenaustreibungen nur mehr ein Vorzeichen der Erlösung darstellen, wird aus einer Aussage Jesu ersichtlich, deren Sinn nicht nur seinen Jüngern rätselhaft geblieben sein dürfte. Kaum zufällig erfolgt nämlich nach der Heilung eines besessenen Jungen seine zweite Leidensankündigung: »Alle Leute staunten über das, was Jesus tat; er aber sagte zu seinen Jüngern: Merkt euch genau, was ich euch jetzt sage: Der Menschensohn wird den Menschen ausgeliefert werden. Doch die Jünger verstanden den Sinn seiner Worte nicht; er blieb ihnen verborgen, so dass sie ihn nicht begriffen. Aber sie scheuten sich, Jesus zu fragen, was er damit sagen wollte.« (Lk 9,43b–45)

Offensichtlich hat der Messias, der als Erlöser gekommen ist, die Menschen mehr zu fürchten als die Dämonen, die ja ihn zu fürchten haben. Daher vertraut sich Jesus nicht den Menschen an – nicht aus menschlichem Misstrauen, das von der Unkenntnis des Anderen herrührt, sondern im klaren Bewusstsein dessen, was ihn erwartet. »Während er zum Paschafest in Jerusalem war«, heißt es im Johannesevangelium, »kamen viele zum Glauben an seinen Namen, als sie die Zeichen sahen, die er tat. Jesus aber vertraute sich ihnen nicht an, denn er kannte sie alle und brauchte von keinem ein Zeugnis über den Menschen; denn er wusste, was im Menschen ist.« (Joh 2,23–25) Dessen Zweideutigkeit, »das Stigma der Dämonen«, wirkt um so verhängnisvoller, weil sich der Mensch, selbst wenn er zur tiefsten Klarheit vorgestoßen zu sein vermeint, fremd bleibt. Daher nicht verwunderlich, wenn einer, der sich für einen großen Psychologen und Philologen des Menschenwesens hielt, wenn Friedrich Nietzsche in einer persönlichen Aufzeichnung Ende 1880 bekennt: »Täglich erstaune ich: *ich kenne mich selber nicht*!« (KGW V.1, 655) Daher ist es nicht reine Bosheit, wenn es nach der Austreibung eines Dämons, der stumm war, so dass der Geheilte wieder reden konnte, heißt: »Alle Leute staunten. Einige von ihnen aber sagten: Mit Hilfe von Beelzebul, dem Anführer der Dämonen, treibt er die Dämonen aus. Andere wollten ihn auf die Probe stellen und forderten von ihm ein Zeichen vom Himmel.« (Lk 11,14b–16) Nicht die Dämonenaustreibung ist »Zeichen« genug; nicht das Wunder, einem Menschen zur Sprache zu verhelfen. Nicht der Verdacht, dass menschliche Täuschung oder Betrug im Spiel sein könnten, sondern schlimmer: dass sich hinter der wunderbaren Heilung eine satanische Macht verbergen könnte, ist der Stein des Anstoßes, Grund der Verleumdung. Selbst der Messias scheint nicht von der Zweideutigkeit des Menschenwesens ausgenommen, dass sogar eine gute Tat lediglich als List erscheint. Die Evidenz des Guten scheint nicht größer als die unmittelbare Wirkung einer Heilung, wie sie der Geheilte verspürt und die Zuschauer bestaunen. Immerhin fragen nach dem Johannesevangelium diejenigen, die noch zuvor die wunderbare Speisung der Volksmenge am See von Tiberias miterlebt hatten und Jesus in die Synagoge von Kafarnaum nachgeeilt waren, nach seiner Rede über das Himmelsbrot: »Welches Zeichen tust du, damit wir es sehen und dir glauben? Was tust du?« (Joh 6,30)

Denn die eigentliche Macht des Dämonischen, die sich viel mächtiger erweist als in der Besessenheit eines Kranken, die von einem organischen Defekt herrühren mag, ist das Misstrauen dem Wirken Gottes gegenüber – ein Misstrauen, das an jeder Form von Heilung und Erlösung zweifeln lässt und schließlich dem Erlöser das Leben kosten wird: »Denn er wusste, was im Menschen ist.« Das gilt für den Gottesleugner Nietzsche, der sich täglich eingestehen muss, sich selber nicht zu kennen, ebenso wie für den Gottesverächter Heidegger, der sich »in der Klarheit eines schweren Dunkels der sich selbst wissenden, in der Besinnung entstandenen Tiefe« dem Reich des Fragwürdigsten verschrieben hat. Das gilt für die Zeitgenossen Jesu, nach

Mt 12,24 Pharisäer, die ihn mit dem Anführer der Dämonen im Bunde wähnen. Dagegen die Antwort Jesu: »Wenn also der Satan den Satan austreibt, dann liegt der Satan mit sich selbst im Streit. Wie kann sein Reich dann Bestand haben? Und wenn ich die Dämonen durch Beelzebul austreibe, durch wen treiben denn eure Anhänger sie aus? Sie selbst also sprechen euch das Urteil.« (Mt 12,26 f. par.) Denn anders als die Menschen, die in sich gespalten sein mögen: ob Völker, Nationen, Religionen, ja selbst einzelne Personen, ist es der Satan nicht, weil sein Dasein gleichsam in seinem Zerstörungswerk besteht, dessen höchster Triumph sich in der Selbstzerstörung eines Menschen manifestiert. Und da dessen Rettung das Ziel der messianischen Sendung und des messianischen Wirkens darstellt, kann Christus folgern: »Wenn ich aber die Dämonen durch den Geist Gottes [nach Lk 11,20: durch den Finger Gottes] austreibe, dann ist das Reich Gottes schon zu euch gekommen.« (Mt 12,28)

Diese Feststellung klingt geradezu ungeheuerlich, wo doch Christus selbst seine Jünger im Vaterunser beten lehrt: »Dein Reich komme.« (Mt 6,10) Doch das Reich Gottes ist schon gekommen, ist messianische Gegenwart, wenn Christus »durch den Geist Gottes« die Dämonen austreibt. D. h., wie nach Mt 10,5–42 die von ihm ausgesandten Jünger eine Art messianische Vorhut bilden, so ist mit dem ersten Kommen Christi »das Reich schon zu euch gekommen«, ist gewissermaßen der Rahmen für die Herrschaft Gottes abgesteckt, die nach Mt 26,64 mit seiner Proklamation »Von jetzt an werdet ihr den Menschensohn zur Rechten der Macht sitzen und auf den Wolken des Himmels kommen sehen« im Angesicht seines Kreuzestodes über die Grenzen Israels hinaus einsetzt. Daher auch das oben zitierte Wort aus dem Johannesevangelium in der Stunde der Entscheidung: »Jetzt wird Gericht gehalten über diese Welt; jetzt wird der Herrscher dieser Welt hinausgeworfen werden. Und ich, wenn ich über die Erde erhöht bin, werde alle zu mir ziehen.« (Joh 12,31 f.)

Erst von hier aus, vom Kreuz Christi aus öffnet sich das Reich Gottes in seiner universalen Perspektive, das aber schon bei seinem ersten Kommen, in seinem messianischen Wirken, *gekommen ist*, seinen Anfang nimmt. Deshalb scheiden sich an seiner Person die Geister; deshalb geht es dabei um mehr als nur um seine Person: »Wer nicht für mich ist, ist gegen mich; wer nicht mit mir sammelt, der zerstreut.« (Mt 12,30) Denn der *Logos* ist dem Wortsinn nach der »Sammler«, wozu der Menschensohn ja gekommen ist. Und doch geht es nicht bloß um den Menschensohn als Person, so als würde Er, der sich den Menschen, dem Kreuzestod ausgeliefert hat, vor der Kritik an seiner Person zurückscheuen. Nein, es geht hier um den Geist seiner Sendung, seines messianischen Wirkens. »Darum sage ich euch: Jede Sünde und jede Lästerung wird dem Menschen vergeben werden, aber die Lästerung gegen den Geist wird nicht vergeben. Auch dem, der etwas gegen den Menschensohn sagt, wird vergeben werden; wer aber etwas gegen den Heiligen Geist sagt, dem wird nicht vergeben, weder in dieser noch in der zukünftigen Welt.« (Mt 12,31 f.) Daran mag deutlich werden, inwiefern das messianische Wirken im Zuge des ersten Kommens Christi und seine Wiederkunft zusammengehören, weil mit seinem ersten Kommen offenbar wird, wessen Geistes Kind ein Mensch ist. Daher der anschließende Vergleich: »Entweder der Baum ist gut – dann sind auch seine Früchte gut. Oder: der Baum ist schlecht – dann sind auch seine Früchte schlecht. An den Früchten also erkennt man den Baum. Ihr Schlangenbrut, wie könnt ihr Gutes reden, wenn ihr böse seid? Denn wovon das Herz voll ist, davon spricht der Mund. Ein guter Mensch bringt Gutes hervor, weil er Gutes in sich hat, und ein böser Mensch bringt Böses hervor, weil er Böses in sich hat.« (Mt 12,33–35) Damit ist kein moralisches Urteil über einen Menschen gefällt, zumal ja der Menschensohn gekommen ist, die Sünder zu berufen, zur Umkehr aufzurufen. Vielmehr spricht sich ein jeder selbst das Urteil in dem, was er sagt. Nicht allein für die Zeitgenossen Jesu, mehr noch für die heutige Zeit gilt: »Ich sage euch: Über jedes unnütze Wort, das die Menschen reden, werden sie am Tage des Gerichts Rechenschaft ablegen müssen; denn aufgrund deiner Worte wirst du freigesprochen, und aufgrund deiner Worte wirst du verurteilt werden.« (Mt 12,36 f.) *Das* ist buchstäblich die Richtschnur, die das erste und das zweite Kommen des Menschensohnes, die Jetztzeit und Endzeit, messianische Zeit und eschatologische Zeit miteinander verbindet. Hier gibt es keinerlei irgendwie obwaltende Dialektik; hier ist für keinerlei Zweideutigkeit Raum: Daher müssen die Dämonen bereits beim ersten Kommen des Menschensohnes weichen, bevor die Menschen, die ihnen, den Mächten der Vorwelt, huldigen, bei seinem zweiten Kommen über ihr Reden und Tun Rechenschaft ablegen müssen.

IV. Kreuzesnachfolge nach Christus: messianische und eschatologische Zeit

Es entbehrt nicht der Ironie, dass sich in einer – nach Kafkas Worten – so von Dämonen besessenen Zeit zumal eine liberale Theologie im Zuge ihrer Selbstsäkularisierung der Einsicht in das Wesen bzw. Unwesen des Dämonischen beraubte, nachdem – wie oben gesehen – selbst noch Nietzsche dessen innewurde. Kein christlicher Theologe, vielmehr der junge Scholem hat in seinen Tagebüchern jener Jahre eine Deutung gegeben, und zwar setzt ausgerechnet der Eintrag vom 28. Juni 1918, der mit einem harten Urteil über den Freund Walter Benjamin endet [den er wie auch seiner Frau wegen ihrer Lebensführung und zuletzt sich selbst der Verlogenheit bezichtigt] mit den Worten ein: »Um meine Nächte steht die Zukunft als der Schoß der Geburt. Was für mich die Nächte sind, ist vielleicht nur im Gedichte auszusprechen, dessen ich nicht würdig bin. Aber das Leben meiner eigenen Wirklichkeit führe ich in der namenlosen Nacht. Ich beginne zu verstehen, was Träumenden die Nacht bedeutet. Und doch ist dies der große Abgrund: denn die Zeit der Nacht ist nicht die messianische Zeit. In der Nacht sind wir Dämonen. Messianische Zeit – das ist die Mitte der Zeit, die wir ersehnen. Die Dunkelheit der Nacht verwandelt uns noch, und kennte das Dämonische die Offenbarung – es würde sie nachts vollbringen. Gott aber offenbarte sich am Tage. Darum sind wir in der Nacht Dämonen: weil der Strahl der Offenbarung nur den Tag erneut hat. Wer war noch niemals wehrlos in der Nacht? Die Landschaft versagt den Schutz; und wer die Liebe nur aus Sehnsucht kennt, ist preisgegeben, dem Dämon, der in der Dunkelheit uns zu Dämonen wandelt.« (*Tagebücher 1917–1923*, 260) Bekannt ist Schillers Wort: »Nacht muss es sein, wenn Wallensteins Sterne strahlen.« Der Glanz der Macht ist der Abglanz der Finsternis, deren Mächte sich des Menschen bemächtigen, wo er der Dunkelheit ausgesetzt ist, nicht zuletzt in solchen Träumen, die ihn nicht mehr loslassen, um sich in seinen Tagträumen zum Wahn zu verdichten.

Doch bevor die Geschichte zum Schauplatz der Finsternis wird, vollzieht sich die Verfinsterung des menschlichen Geistes in einsamen Nächten. »Tagebücher werden in Nächten geschrieben. Das macht sie dämonisch. Es gilt in seinem Tagebuch die Nacht zu streichen, zu bekämpfen und zu verschweigen. Wir wollen Historie sehen lernen und beschreiben unsere eigene in den Nächten?« (261) Die »Historie« freilich ist keine andere als die der Umnachtung der eigenen Seele, die sich der Nacht um sich herum so hoffnungslos ausgeliefert fühlt wie nur die Sinne, die sie nicht zu durchdringen vermögen. »Es ist ein Uhr. Das letzte Licht im Dorf ist soeben erloschen. Wind und Regen.« So beginnt eine Aufzeichnung in Georges Bernanos' *Tagebuch eines Landpfarrers*, das 1933 herauskam, also zu einer Zeit, als Frankreich die anteilmäßig höchste Zahl von Priester- und Ordensberufungen in der Welt aufwies; zwischen 1936 und 1938 erreichte das Buch bei Hegner in Leipzig drei Auflagen – um nach einer Pause fortzufahren: »Dieselbe Einsamkeit, dasselbe Schweigen. Dabei diesmal keine Hoffnung, das Hindernis bezwingen zu können oder es zu beseitigen. Zudem: es ist gar kein Hindernis da. Nichts. Gott! Ich atme die Nacht ein, ich sauge sie in mich, durch eine unbegreifliche, unvorstellbare Bresche dringt die Nacht in mich ein. Ich selbst bin Nacht.« (127 f.) Es handelt sich genau um den Gemütszustand der Trockenheit, wie ihn der heilige Johannes vom Kreuz in *Die Dunkle Nacht* beschreibt – Trockenheit, die sich etwa von Lauheit insofern unterscheidet, als dem Lauen alles Geistliche gleichgültig ist, während der an Trockenheit, an seiner inneren Leere Leidende wie die Kinder Israels, die auf ihrer Wüstenwanderung (vgl. ebd. 64) von Fleisch und Zwiebeln träumen, der himmlischen Nahrung überdrüssig sind, keinerlei Geschmack an den geistlichen Gütern empfindet. Mehr noch, Bernanos' Landpfarrer empfindet am Ende gar nichts mehr: »Was gäbe ich nicht darum, wenn ich litte! Aber selbst der Schmerz versagt mir. Selbst der ganz gewöhnliche, der niedrigste Schmerz, meine Magenschmerzen. Ich fühle mich entsetzlich wohl.« So »wohl«, dass selbst die Furcht vor dem Tode schwindet: »Ich habe keine Furcht vor dem Tode. Er ist mir ganz genau so gleichgültig wie das Leben, so sehr, daß es sich gar nicht ausdrücken läßt.« (128) Und dieser namenlose Schmerz ist es, der alle Schmerzen in einem organischen oder seelischen Sinne in den Schatten stellt, weil sie auf eine Lösung, auf ein Ende gerichtet sind – und sei es nur auf eine Lösung in Tränen, im Weinen, das, sei es auch insgeheim, auf ein tröstendes Wort, auf eine beruhigende Geste aus ist.

Genau darauf ist nun aber Bernanos' Landpfarrer nicht aus, der zuvor ausruft: »Wenn ich dahin gelangte, nicht mehr zu lieben!« Dem folgt eine Szene, die seinem Ausruf zu widersprechen scheint: »Ich streckte mich neben meinem Bett mit dem Gesicht zur Erde am Boden aus. Ach nein, ich bin nicht kindlich unbefangen genug, um an die Wirksamkeit solch eines Mittels zu glauben. Ich wollte nur wirklich die Gebärde der völligen Hinnahme, des gänzlichen Verzichtes vollführen. Ich lag am Rande des Leeren, des Nichts, wie ein Bettler, ein Betrunkener, wie ein Toter, und erwartete, daß man mich aufhöbe.« Sein Verhalten erinnert an ein trotziges Kind, das gleichsam in einem letzten Versuch in einem Anflug von Selbstmitleid die Aufmerksamkeit seiner Umgebung auf sich zu lenken sucht. Doch selbst hiervon ist der so »Leidende« weit entfernt: »Von der ersten Sekunde an, noch bevor meine Lippen den Boden berührt hatten, schämte ich mich wegen dieser Lüge.

Denn ich erwartete nichts.« (128) Ebendas ist der Punkt, an dem die eigene Hoffnungslosigkeit in Selbstverhärtung umschlägt, wenn nicht bereits längst umgeschlagen ist, da allein der Gedanke an Rettung als ein durchsichtiges (Selbst-)Täuschungsmanöver, als ein Akt der Simulation erscheint.

Es handelt sich genau um den Punkt der Ausweglosigkeit, den *point of no return*, von dem aus keine Umkehr mehr möglich scheint. Johannes vom Kreuz hat ihn im ersten Abschnitt von Kapitel 10 in *Die dunkle Nacht* beschrieben: »Während der Zeit der Trockenheiten dieser Nacht im Sinnenbereich, in der Gott die erwähnte Veränderung vollzieht, leiden die geistlich strebenden Menschen sehr. Er führt den Menschen vom Leben im Sinnenbereich weg zum Leben im Geist, das ist von der Meditation zur Kontemplation, wo der Mensch (...) mit seinen eigenen Seelenvermögen nicht mehr zu wirken oder über die göttlichen Dinge Gedankengänge zu entwickeln vermag. Weh tun den geistlich strebenden Menschen nicht so sehr die Trockenheiten, die sie erleiden, als vielmehr ihre Befürchtung, den Weg zu verlieren. Sie denken, daß alles geistliche Gut für sie zu Ende ist und daß Gott sie verlassen hat, denn an nichts Gutem finden sie Stütze und Geschmack. So plagen sie sich ab und bemühen sich, wie sie es gewohnt waren, an irgendeinem Gegenstand zum Nachdenken eine Stütze und ein wenig Wohlgeschmack für ihre Seelenvermögen zu finden, da sie meinen, daß nichts geschieht, wenn sie dieses nicht tun und sich nicht am Werk erleben.« (68) Derlei Selbstfixierung des Denkens ist nicht allein für Bernanos' Landpfarrer typisch, der in seinen nächtlichen »Gedankengängen« keine Ruhe findet. [So eine Notiz, S. 108: »Eine furchtbare Nacht. Sowie ich die Augen schloß, befiel mich die Trauer. Ich finde unglücklicherweise kein anderes Wort, womit dieser ganze unbeschreibliche Schwächeanfall zu beschreiben wäre, ein wahrer Bluterguß der

Seele. Ich wachte plötzlich auf, mit einem lauten Schrei im Ohr – aber ist denn das noch das richtige Wort dafür? Offenbar doch nicht.«] Denn es gibt eine Art Taubheit der Seele, ein Sich-nichts-sagen-lassen-Wollen der Menschen, weil sie alles aus sich heraus, aus dem eigenen Geist buchstäblich zu erdenken trachten, anstatt die einmal verspürte Seelenruhe zu bewahren. »Allerdings tun sie dies nicht, ohne in ihrer Seele große Unlust und großes inneres Widerstreben zu empfinden, da ihr das Verweilen in dieser Ruhe und Untätigkeit, ohne mit den Seelenvermögen zu wirken, gefiel. Dadurch verderben sie sich das eine und ziehen keinen Nutzen aus dem anderen; denn durch das Suchen nach dem Geist verlieren sie den Geist der Gelassenheit und des Friedens, den sie hatten. So gleichen sie einem Menschen, der vom Getanen abläßt, um es noch einmal zu tun, oder einem, der aus einer Stadt herausgeht, um wieder in sie hineinzugehen, oder auch einem, der Beute macht, sie dann aber liegen läßt, um wieder auf die Jagd zu gehen. In diesem Fall ist das umsonst, denn wer auf die erstgenannte Weise vorgeht, wird, wie gesagt, nichts mehr finden.« (68 f.) Der Wahn, in seinem Geist all das einholen zu können, was von Anfang an gewesen ist, eine Art *Wiederholungszwang* der Schöpfung, des Seins lässt ihn zuletzt leer ausgehen sowie die Seele veröden. »Mir kommt es so vor«, vermerkt Bernanos' Landpfarrer, »als hätte ich den ganzen Weg in umgekehrter Richtung wieder zurückgelegt, den ich gegangen bin, seit Gott mich aus dem Nichts zog. Ich war im Anfang nur dieses Fünklein, dieses Staubkorn in der Glut der göttlichen Liebe. Und wiederum bin ich nichts als dies glühende Staubkorn in der unergründlichen Nacht. Aber es glimmt fast nicht mehr, es neigt sich zum Erlöschen.« (128 f.) Die Nacht, die es umgibt, ist längst keine Metapher mehr für das Erkalten der Liebe sowie die Verfinsterung des Geistes. »Nur die Kälte der Kühnheit des Denkens und die Nacht der Irre des Fragens leihen dem Feuer des Seyns die Glut.« Das ist die Konsequenz, die, wie oben dargetan, ein Heidegger gezogen hat, dessen »seinsgeschichtliche[s] Denken des anderen Fragens nun nicht etwa in die Helle des Tages« führt, »sondern in der Klarheit eines schweren Dunkels der sich selbst wissenden, in der Besinnung entstandenen Tiefe« (vgl. Heidegger 430 f.) verharrt.

Anders als der Mensch des Barockzeitalters empfindet der Mensch einer gottfernen Moderne kein Entsetzen vor dem Gedanken an den Tod; im Gegenteil, die Kälte seines Denkens wie seines Fühlens zeugt von einem tiefen Einvernehmen mit der Welt des Todes. Gleichwohl trifft auf ihn noch mehr als auf das barocke Lebensgefühl Benjamins Beobachtung zu: »Trauer ist die Gesinnung, in der das Gefühl die entleerte Welt maskenhaft neubelebt, um ein rätselhaftes Genügen an ihrem Anblick zu haben.« (GS I.1, 318) Das Maskenhafte ist nichts anderes als eine Umschreibung für das Dämonische, das seine abgründige Trauer durch jenes Genügen zu kaschieren trachtet. Es handelt sich gewissermaßen um die Lust des Unlustigen; eines Menschenwesens, das weder Humor noch Heiterkeit kennt, weder Tränen des Mitleids noch das Lächeln des Liebenden, sondern einzig die Kälte des Schaulustigen, der darum weiß, dass es der Welt vor seinen Augen nicht besser ergehen wird als ihm selbst, dem Ungeliebten. Was ihn in den Augen Gottes richtet, ist er selbst: dass er gleichsam sehenden Auges sein Unglück herbeisehnt, wie er sich sehenden Auges am Unglück der Welt ergötzt. Daher sein Verweilen »in der Klarheit eines schweren Dunkels«, das ihn sehen, zusehen lässt, ohne selbst gesehen zu werden; unter dem Schutz der Nacht vermag er zu denken und zu reden wie ein Unbeteiligter. Daher Scholems treffende Einsicht: »Die Nacht ist die Zeit des Dämonischen wie das Fahle der Dämmerung die Zeit des Gespenstischen. Das Schweigen der Nacht ist zweideutige Sprache. Daß wir uns alle in den *Nächten* erneuen müssen, ist die tiefste Quelle der Macht, die das Dämonische in unserem Leben hat. Nur der Blinde erneut sich am Tage, und nur der Blinde sieht die messianische Zeit. Warum heißt die messianische Zeit im Hebräischen ›die *Tage* des Messias‹? Darum auch reden die Propheten vom Licht des Mondes und der Sonne, weil es dämonisch ist.« (260 f.) Die Frage nach der messianischen Zeit lässt Scholem unbeantwortet wie auch offenbleibt, wer der Blinde ist.

Spätestens hier zeichnen sich die Grenzen einer typologischen Betrachtungsweise von Offenbarung und Geschichte ab, so überzeugend Scholems Ausführungen in phänomenologischer Hinsicht wirken. Denn der Blinde ist zunächst der blinde Seher Bileam, der sein Gesicht der Wüste zuwendet und Israel segnet, anstatt es zu verfluchen (vgl. Num 24); ja dessen Weissagung in einer messianischen Vision gipfelt: »Spruch Bileams, des Sohnes Beors, / Spruch des Mannes mit geschlossenem Auge, / Spruch dessen, der Gottes Worte hört, / der die Gedanken des Höchsten kennt, / der eine Vision des Allmächtigen sieht, / der daliegt mit entschleierten Augen: / Ich sehe ihn, aber nicht jetzt, / ich erblicke ihn, aber nicht in der Nähe: / Ein Stern geht in Jakob auf, / ein Zepter erhebt sich in Israel.« (Num 24,15–17a) Auch wenn sich im Folgenden die Weissagung seiner Herrschaft auf die Zerschlagung der Feinde Israels bezieht, so hat sie der große Märtyrerbischof Ignatius von Antiochien [† nach 107) in seinem Brief an die Epheser [Eph 19] über die Grenzen Israels hinaus auf Christus, auf die messianische Herrschaft über die Mächte dieses Äons, dieser Weltzeit bezogen: »1. Und verborgen blieb dem Fürsten dieser Weltzeit die Jungfräulichkeit der Maria und ihre Niederkunft, gleicherweise auch der Tod des Herrn; drei laut rufende Geheimnisse, die in dem Schweigen Gottes vollbracht wurden. 2. Wie wurden sie nun den Äonen offenbar? Ein Stern erstrahlte am Himmel heller als alle

Sterne, und sein Licht war unaussprechlich, und seine Neuheit erregte Befremden. Alle übrigen Sterne aber zusammen mit Sonne und Mond umgaben den Stern im Chor; er aber übertraf mit seinem Licht sie alle und Unruhe herrschte, woher die neue, ihnen ungleichartige Erscheinung wäre. 3. Von da an wurde alle Zauberei aufgelöst, und jede Fessel der Schlechtigkeit verschwand; die Unwissenheit wurde zerstört, die alte Herrschaft ging zugrunde. Gott offenbarte sich als Mensch zu einem neuen ewigen Leben. Seinen Anfang nahm, was bei Gott zur Vollendung gelangt war. Von da an war alles zugleich in Bewegung, weil die Vernichtung des Todes betrieben wurde.« Nicht allein um die Vernichtung der Feinde Israels – der Moabiter, Amalekiter, Keniter, Assyrer – geht es, sondern um »die Vernichtung des Todes«: mit der messianischen Herrschaft setzt die endzeitliche Vollendung ein.

Dass sie nun ihren Ausgang in der Nacht nimmt, ist ebenso bezeichnend wie die Harmonie, die zwischen dem aufgehenden messianischen Stern und den Lichtern des Kosmos, der Schöpfung Gottes, waltet, obschon kein natürliches Licht dem Glanz des Sterns gleichkommt. Ob es sich dabei um den Stern von Bethlehem, dem die drei Weisen aus dem Morgenland folgen, handelt oder aber, was hier näher liegt, um die Geburt des Erlösers – um seine Menschwerdung, nicht um seine »Weltwerdung«, also um seine Offenbarung vor den Augen der Völker –, erscheint insofern sekundär, weil es wie bei seinem Tod um »drei laut rufende Geheimnisse, die in dem Schweigen Gottes vollbracht wurden«, geht. Denn verwandelt wurde zunächst einmal die Nacht, die Zeit der Dämonen, die durch den Stern, durch die Geburt des Messias erleuchtet wurde. Daher ist Scholems oben zitierte Auffassung im Hinblick auf die Offenbarung unzutreffend: »und kennte das Dämonische die Offenbarung – es würde sie nachts vollbringen. Gott aber offenbart sich am Tage.« Denn »der Tag des

114

Herrn« ist der Jüngste Tag. Und so muss auch Scholem im Hinblick auf Ps 134,1 [»Die im Hause des Herrn stehen zur nächtlichen Stunde«] konzedieren: »Der Jude aber überwindet die Nacht zweifach: indem er sie zur Zeit der Klage macht / und zur Zeit des Thorastudiums wie den Tag.« (261) Abgesehen davon, dass es sich bei Ps 134 um kein Thorastudium handelt, sondern um einen nächtlichen Lobpreis des Herrn im Tempel, so heißt es auch in Ps 139,11 f.: »Würde ich sagen: ›Finsternis soll mich bedecken, / statt Licht soll Nacht mich umgeben‹, auch die Finsternis wäre für dich nicht finster, die Nacht würde leuchten wie der Tag, die Finsternis wäre wie Licht.« Denn die Nacht als *Schöpfung* Gottes (vgl. Gen 1,4 f.) ist zu unterscheiden von den Mächten der Finsternis, die im Schutze der Nacht »die Werke der Finsternis« wirken (vgl. Röm 13,12). Anders als die Gnosis [und eine von ihr inspirierte kabbalistische Esoterik] kennt weder das Alte noch das Neue Testament einen Dualismus von Licht und Finsternis, insofern Gott als Schöpfer zugleich Herr über die Mächte der Finsternis ist, ja: »Gott ist Licht, und keine Finsternis ist in ihm.« (1 Joh 1,5)

Was aber für das Wesen Gottes gilt, gilt nicht weniger für seine messianische Offenbarung durch »die drei laut rufenden Geheimnisse, die in dem Schweigen Gottes vollbracht wurden«, nicht zuletzt für die Heilige Nacht, also das Fest der Geburt des Erlösers, und für die Osternacht, für die Feier seiner Auferstehung. Und für deren Liturgie wiederum ist die Lesung aus dem Buch Exodus (14,15–15,1) obligatorisch, wo vom Durchzug Israels durch das Rote Meer berichtet wird, gleichsam die Urgeschichte der Rettung Israels, die sich in der Nacht vollzog, das Vorausbild unser aller Rettung. Denn keineswegs ist aus neutestamentlicher Sicht das Alte Testament abgetan, wie es sich ein liberaler Theologe wie Adolf von Harnack vorstellte, der es gar aus der Bibel zu entfernen suchte; noch kann man die Thora über das Judentum hinaus als Grundlage einer allgemeinen Ethik betrachten, wie das – wohl unter dem Einfluss von Hermann Cohens Neukantianismus – der junge Scholem und später Lévinas in seiner Philosophie des Anderen getan hat. »In Gott verwandeln sich die Handlungen nach dem Gesetz. In diesem Sinne ist Gott die Bürgschaft der ethischen Magie [!], d. h. der absoluten Stetigkeit der ethischen Sphäre, und ohne ihn bleibt nur die bürgerliche Welt der singulären Handlungen.« (360) Letzteres mag durchaus zutreffen. Dennoch unterscheidet sich die Thora von jeder Ethik, wie man auch die Bergpredigt als Ethik missverstanden hat. Denn trotz ihres normativen Anspruchs trennt sie von einer Ethik eine konkrete, in der Bergpredigt gar, wie die Seligpreisungen zeigen, eine messianische Verheißung und die Aufforderung zur Heiligung, wie sie keinerlei Ethik kennt. »Wie er, der euch berufen hat, heilig ist«, schreibt der Apostel Petrus, abschließend Levitikus 19,2 zitierend, »so soll auch euer ganzes Leben heilig werden. Denn es heißt in der Schrift: Seid heilig, denn ich bin heilig.« (1 Petr 1,15 f.) Das bedeutet ganz konkret: Gottes Heiligkeit, nicht unser Ethos, unsere Gesinnung bildet den Maßstab dessen, was Heiligung besagt.

Nun mag man dagegen einwenden, in der Bergpredigt würden ja schließlich die Armen und Friedfertigen, die Hungernden und Trauernden seliggepriesen. Gewiss, soweit sie eine messianische Vorhut gegenüber den Gewalttätigen, Satten und Selbstgerechten bilden. Denn Armut kann zu Gewalt und Fanatismus, Trauer – wie oben gesehen – zu Selbstmitleid und Kälte führen; wie einmal Peterson in seiner Auslegung der sog. Feldrede im Lukasevangelium vermerkt, preise Jesus die Armen und nicht etwa die Armut selig (vgl. ebd. 213). Und es ist auch kein Zufall, dass sie nach der Bergpredigt mit dem Himmelreich in Zusammenhang gebracht werden: »Selig, die arm sind vor

Gott; denn ihnen gehört das Himmelreich.« (Mt 5,3) Und: »Selig, die um der Gerechtigkeit willen verfolgt werden; denn ihnen gehört das Himmelreich.« (Mt 5,10) Denn wie in Christus »die Gerechtigkeit Gottes offenbart worden« ist (vgl. Röm 3,21), so spricht Christus denen das Himmelreich zu, die nicht ihr eigenes Recht durchzusetzen suchen. Und insofern der Arme teilhat an der Armut des Menschensohnes, ist ihm das Himmelreich zuerkannt, weil sie die Armut mit der Demut dessen verbindet, der nicht gekommen ist, »um sich dienen zu lassen, sondern um zu dienen und sein Leben hinzugeben als Lösegeld für viele.« (Mk 10,45) Das *Kreuz Christi* ist letzthin der Maßstab messianischer Verheißung, wie die Verheißungen der Thora in der *Gottesfurcht* gründen. Alles andere – ob es sich um das Menschenbild des Deutschen Idealismus und der Französischen Revolution oder um ideologische Anleihen beim Marxismus handelt – mag zwar gut gemeint sein, hat jedoch in den letzten 200 Jahren zu einer kolossalen Verwirrung im Christentum wie auch im Judentum geführt, letzthin zu einer Selbstsäkularisierung, nach Scholem gar zu seinem Abgleiten ins Gespenstische (vgl. *Tagebücher 1917–1923*, 330 f.). Ganz in diesem Sinne sind auch die Blindenheilungen Jesu zu sehen (»Nur der Blinde erneut sich am Tage, und nur der Blinde sieht die messianische Zeit«): ob in der Heilung des blinden Bartimäus, der ihn lautstark als »Sohn Davids« bekennt (vgl. Mk 10,47 f. par); oder ob in der Blindenheilung nach dem Johannesevangelium, wo Jesus bekennt: »Wir müssen, solange es Tag ist, die Werke dessen vollbringen, der mich gesandt hat; es kommt die Nacht, in der niemand mehr etwas tun kann. Solange ich in der Welt bin, bin ich das Licht der Welt.« (Joh 9,4 f.) Und bereits hier, vor dem Endgericht, kündigt sich die *Krisis* an, wie Jesus in seiner abschließenden Selbstoffenbarung vor dem Blinden zu verstehen gibt: »Um zu richten, bin ich in diese Welt gekommen: damit die

Blinden sehend und die Sehenden blind werden.« (Joh 9,39)

Die Zeit der Krisis aber ist *die messianische Zeit*, sind gemäß der hebräischen Bibel »die Tage des Messias«. Insofern diese aus jüdischer Sicht mit dem Ende der Zeit, mit dem apokalyptischen Terror zusammenfallen, stellt sich im traditionellen Judentum die Frage nach dem Verhältnis von messianischer Zeit und dem Ende der Geschichte nicht. Ebenso wenig aufgrund der Erwartung, dass der Messias kommen werde, um »das Reich für Israel wieder her(zustellen)«, wie es nach der Apostelgeschichte die in Jerusalem versammelten Apostel noch vom auferstandenen Herrn erwarten (vgl. Apg. 1,6). Zwei Wege zeichnen sich ab, wie sie im zweiten Kapitel des Buches Jesaja aufgezeigt sind: Entweder wird Jerusalem zum Mittelpunkt eines messianischen Friedensreiches, wie es der Prophet in einer Vision schaut: »Am Ende der Tage wird es geschehen: Der Berg mit dem Haus des Herrn steht fest gegründet als höchster der Berge; er überragt alle Hügel. Zu ihm strömen alle Völker. Viele Nationen machen sich auf den Weg; sie sagen: Kommt, wir ziehen hinauf zum Berg des Herrn und zum Haus des Gottes Jakobs. Er zeige uns seine Wege, auf seinen Pfaden wollen wir gehen. Denn von Zion kommt die Weisung des Herrn, aus Jerusalem sein Wort. Er spricht Recht im Streit der Völker, er weist viele Nationen zurecht. Dann schmieden sie Pflugscharen aus ihren Schwertern und Winzermesser aus ihren Lanzen. Man zieht nicht mehr das Schwert, Volk gegen Volk, und übt nicht mehr für den Krieg. Ihr vom Haus Jakob, kommt, wir wollen unsere Wege gehen im Licht des Herrn.« (Jes 2,2–5) Es handelt sich gewissermaßen um die populäre Version des messianischen Reiches, wie sie gern im Advent verlesen wird, weil sie das Gefühl vermittelt, mit der Geburt des Messias sei nun das Friedensreich Gottes auf Erden angebrochen. – Doch schon die zweite Hälfte des zweiten Kapitels (vgl. Jes 2,6–22) handelt vom »Tag des Herrn« (Jes 2,12), der vom Haus Jakob ausgeht, »denn es ist voll von Zauberern und Wahrsagern wie das Volk der Philister und überflutet von Fremden. Sein Land ist voll Silber und Gold, zahllos sind seine Schätze. Sein Land ist voll von Pferden, zahllos sind seine Wagen. Sein Land ist voll von Götzen. Alle beten das Werk ihrer Hände an, das ihre Finger gemacht haben. Doch die Menschen müssen sich ducken, jeder Mann muss sich beugen. Verzeih ihnen nicht!« (Jes 2,6–9) Von hier aus kommt der »Tag des Herrn über alles Stolze und Erhabene« (V. 12), nimmt das Völkergericht seinen Ausgang: »Denn der Herr verlässt den Ort, wo er ist, um die Erdenbewohner für ihre Schuld zu bestrafen. Dann deckt die Erde das Blut, das sie trank, wieder auf und verbirgt die Ermordeten nicht mehr in sich.« (Jes 26,21) Und in Kapitel 28, in dem von einem von Gott gelegten »Grundstein in Zion« die Rede ist – in Röm 9,33 und 1 Petr 2,6 ist er auf Christus bezogen –, richtet sich das Wort des Propheten gegen die Spötter mit einer ungeheueren Aussage: »Darum lasst jetzt euren Spott, sonst werden eure Fesseln noch fester. Denn ich habe es von Gott, dem Herrn der Heere, gehört: Die Vernichtung der ganzen Welt ist beschlossen.« (Jes 28,22) So weit reicht das Spektrum der prophetischen Visionen des Messianischen: vom Friedensreich über das Völkergericht bis hin zur apokalyptischen Vernichtung der Welt.

Rein historisch gesehen, scheinen sich jene Visionen zu widersprechen, weil Krieg und Frieden unvereinbar erscheinen. D. h., es mag durchaus einen aufgezwungenen Frieden geben, wie das Friedensdiktat von Versailles, in dem die Weichen für den nächsten Weltkrieg gestellt wurden. Doch es gibt sehr wohl einen Frieden auch im Kampf: »Frieden hinterlasse ich euch, meinen Frieden gebe ich euch; nicht einen Frieden, wie die Welt ihn gibt, gebe ich euch.« (Joh 14,27) Diese messianische Friedensheißung ist das Vermächtnis des scheidenden Messias und kommenden Menschensohnes an seine Jünger für die eschatologische Zeit, wie die Zeit seiner Gegenwart auf Erden eine Zeit der Entscheidung, der Krisis, wörtlich: der Unterscheidung, zu der den Jüngern der Geist Gottes verheißen ist, der Geist der Wahrheit, der sie »in die ganze Wahrheit« führen werde (vgl. Joh 16,13).

Denn anders als in der prophetischen Gesamtschau der messianischen Zeit, in der die Vision des messianischen Friedensreiches und des Tages des Herrn *nebeneinanderstehen*, folgen sie mit dem Anbruch des messianischen Reiches in Jesus Christus *aufeinander*. Ja sie folgen nicht einfach unmittelbar, gleichsam von heute auf morgen, aufeinander; vielmehr ist die Zeit zwischen seiner Himmelfahrt und seiner Wiederkunft, zwischen der Geistsendung im Pfingstgeschehen und der Neuschöpfung von Himmel und Erde *die Zeit der Vollendung* dessen, was mit dem Kommen des Reiches Gottes in Christus seinen Anfang nimmt.

Daher widersprechen sich die beiden prophetischen Visionen Jesajas nicht, weil mit dem Kommen des Gottesreiches in Christus, ja seit Johannes dem Täufer und den Propheten, die auf sein Kommen weisen, dem Reich Gottes Gewalt angetan wird (vgl. Mt 11,12). Nur eine idealistische Sicht der Geschichte, die an der Wirklichkeit vorbeigeht, kann von einer rein menschlichen Schöpfung eines säkularen Friedensreiches träumen – ein Traum, wie ihn seit der Französischen Revolution eine Menschheit hegt, der jedweder Bezug zum Reich Gottes abhandengekommen ist. Die Realität, wie sie der Prophet Jesaja im Israel seiner Tage vorfand und wie sie heute nicht allein die Welt im sog. Nahen Osten bestimmt, sondern nicht zuletzt die Geschichte Europas der letzten einhundert Jahre, sieht nicht so viel anders aus: ein einziger Widerspruch gegen das Reich Gottes, über das sich ein Hegel nicht zufällig lächelnd hinwegsetzt, weil seine Philosophie es mit den Reichen dieser Welt hält. Deshalb zählt auch für Christus das Gesetz, das in der Geschichte waltet, das Gesetz von Macht und Größe, nicht. Und so beendet er den Rangstreit seiner Jünger, wer von ihnen der Größte sei, dadurch, dass er ein Kind nimmt, es neben sich stellt und sagt: »Wer dieses Kind um meinetwillen aufnimmt, der nimmt mich auf; wer aber mich aufnimmt, der nimmt den auf, der mich gesandt hat. Denn wer unter euch der Kleinste ist, der ist groß.« (Lk 9,48)

Nicht nur erscheint das Reich Gottes selbst unscheinbar, einem Senfkorn oder einem Sauerteig vergleichbar (vgl. Lk 13,18–21 par.) Ebenso die ihm zugehören, und zwar keineswegs allein seine Jünger, wie aus einer späteren Episode, der Segnung der Kinder, hervorgeht: »Man brachte auch kleine Kinder zu ihm, damit er ihnen die Hände auflegte. Als die Jünger das sahen, wiesen sie die Leute schroff ab. Jesus aber rief die Kinder zu sich und sagte: Lasst die Kinder zu mir kommen; hindert sie nicht daran! Denn Menschen wie ihnen gehört das Reich Gottes. Amen, das sage ich euch: Wer das Reich Gottes nicht so annimmt wie ein Kind, der wird nicht hineinkommen.« (Lk 18,15–17 par.) Spätestens hier wird deutlich, dass Jesu Hervorhebung des Kindes als Prototyp des Reiches Gottes keine sentimentale humane Geste darstellt. Ebenso wenig ist darunter eine Mahnung zu moralischer Selbstbescheidung zu verstehen; dazu bedarf es des Reiches Gottes nicht. Treffend hat sich in seiner Vorlesung zum Lukasevangelium Erik Peterson gegen die moralische Reduktion der Parallelstelle Mt 18,5 gewandt, wo es heißt: »Wer so ein Kind aufnimmt in meinem Namen, der nimmt mich auf.« – »Das klingt wie ein frommer Spruch, der die Christen veranlassen will, elternlose Kinder aufzunehmen.« (395) Ob bei Matthäus nur zufällig oder mit Absicht der caritative Sinn des Wortes Jesu heraustrete, wage er, Peterson, nicht zu entscheiden. Doch schon die oben zitierte entsprechende Parallelstelle Lk 18,17 wie die Frage, wer der Größte im Himmelreich sei, nämlich der Kleinste (vgl. Lk 9,48), weist in eine ganz andere Richtung: »Dieser Schluss ist so zu verstehen: ›wer sich zum Kleinsten *macht*, der ist der Größte.‹ Es ist das eschatologische Gesetz der Umkehr der Werte, das sich in einer scheinbar paradoxen Umkehr der Begriffe äußert. Man beachte die Zuspitzung in der Formulierung des Satzes. Es ist wichtig, dass man sich diese merkwürdige Rhetorik in dem Satz Jesu nach ihren Ursprüngen klarmacht. Diese Rhetorik stammt aus der Apokalyptik. Wenn Letzte Erste werden, dann sind auch Kleinste Größte. Ein und dasselbe formale Gesetz bestimmt jedes Mal die Rhetorik der Formulierung. Dieses Gesetz der rhetorischen Formulierung aber hängt ab von dem Gesetz des eschatologischen Dogmas. Auf die Frage, wer der Größte sei, hätte Jesus demnach geantwortet: ›der, welcher der Kleinste ist‹. Dass Frage und Antwort eigentlich futurisch-eschatologisch zu verstehen sind, dass es sich nicht um die Konstatierung eines Seins von zeitloser Werthaftigkeit handelt, habe ich schon so ausführlich dargelegt, dass ich mich nicht zu wiederholen brauche.« (394 f.) Umso lieber wiederholen wir uns, um zu verdeutlichen, was unter »dem Gesetz des eschatologischen Dogmas« zu verstehen ist, wenn wir ihm einmal mehr das Gesetz gegenüberstellen, das in der Geschichte herrscht, das Gesetz dieses Äons, dieser Weltzeit. Nietzsche hat es im Aphorismus Nr. 325 seiner *Fröhlichen Wissenschaft* beim Namen genannt: »*Was zur Grösse gehört.* – Wer wird etwas Großes erreichen, wenn er nicht die Kraft und den Willen in sich fühlt, grosse Schmerzen *zuzufügen*? Das Leidenkönnen ist das Wenigste: darin bringen es schwache Frauen und selbst Sclaven oft zur Meisterschaft. Aber nicht an innerer Noth und Unsicherheit zu Grunde gehn, wenn man grosses Leid zufügt und den Schrei dieses Leides hört – das ist gross, das gehört zur Grösse.« (*KGW* V.2, 233) *Das* ist das Gesetz der Geschichte, und man sollte nicht meinen, es sei das Privileg der NS-Herrschaft gewesen. Nahezu alle kommunistischen Diktaturen sind bis auf den heutigen Tag so verfahren, die Machthaber und führenden Militärs im Ersten Weltkrieg und die vielen großen und kleinen Gewalttäter der Geschichte bis auf den heutigen Tag. Dieselbe Kälte begegnet schließlich in Heideggers Philosophie der Kehre, in der sich auf mehr als 500 Seiten nicht ein Wort von Liebe, Mitleid oder auch nur Zuneigung findet. Und wenn sich ein atheistischer Humanismus dessen schämt, so muss er sich fragen lassen, auf welcher Grundlage seine Vorstellungen von Frieden, Freiheit, Gerechtigkeit und Menschlichkeit gründen – gewiss nicht auf einer theologischen, wenn wir an das neue Europa denken, das den Namen Gottes aus der Präambel seiner Verfassung verbannt sehen möchte, wie es die Kreuze, die an seine christliche Vergangenheit erinnern könnten, aus seinen öffentlichen Räumen zu verbannen trachtet.

Allein von hier aus wird klar, dass es von der Geschichte her keine Deutung des Reiches Gottes, ja der christlichen Eschatologie geben kann. Daher die Fehlinterpretationen aufgrund der sog. historisch-kritischen Methode, ohnehin ein Kind des 19. Jahrhunderts; was an der Zeit wäre, wäre eine Kritik der Geschichte, genauer: des Geschichtsbegriffs, wie sie Walter Benjamin in seinen Thesen *Über den Begriff der Geschichte* umrissen hat. Die Fixierung auf den sog. historischen Jesus hat jedoch nicht nur bei Theologen wie Harnack zur Leugnung seiner Leibesauferstehung und Wiederkunft geführt. Vielmehr hat sie infolgedessen die Verkennung der Bedeutung des Reiches Gottes gerade für die sog. nachösterliche Verkündigung, also für die frühe Kirche, letzthin für das Christentum bewirkt. So vermerkt Joseph Ratzinger/Papst Benedikt XVI. in seiner *Eschatologie – Tod und ewiges Leben*: »Das Wort ›Reich Gottes‹

(bzw. ›Reich der Himmel‹ [...]) erscheint uns nach den Texten des Neuen Testaments als das eigentliche Leitwort in der Verkündigung Jesu. Der statistische Befund spricht hier eine deutliche Sprache: Von den insgesamt 122 Vorkommen des Wortes im Neuen Testament falle 99 Stellen auf die drei synoptischen Evangelien, und davon gehören wieder 90 Texte Worten Jesu zu. Daraus wird sichtbar, daß dieses Wort in der Jesusüberlieferung tragende Bedeutung hat, in der nachösterlichen Verkündigung freilich sehr schnell seinen Rang verliert; es tritt zahlenmäßig und sachlich in den Hintergrund. Man darf sagen: Während die Achse der vorösterlichen Predigt Jesu die Botschaft von Gottes Reich ist, nimmt in der apostolischen Predigt nach Ostern die Christologie diese Stellung ein. Diese historisch feststellbare Abfolge (die im übrigen ein Zeichen für die Treue im Festhalten der Jesusworte ist) kann man natürlich als ein Zeichen des Bruches zwischen vorösterlicher und nachösterlicher Predigt, ja als einen Ausdruck des Abfalls ansehen. Man kann aber auch fragen, ob nicht gerade dieser Wechsel im Leitwort der Verkündigung die Weise ist, wie dasselbe Thema sich unter verschiedenen Bedingungen durchhält. Für die urchristliche Generation war jedenfalls die Ausbildung der Christologie gerade der Ausdruck ihrer Treue nicht nur zur Person, sondern auch zum Wort und Werk Jesu; daß sie in der Evangelienüberlieferung gleichzeitig das Wort in seiner Anfangsgestalt aufbewahrte, zeigt, daß dieses Wort für sie Gegenwart blieb und gehört werden konnte, ohne daß damit ein Bruch zu dem tatsächlich gelebten Christentum entstand.« (33 f.) Nun könnte man aus diesen Worten unschwer den späteren *Pontifex* heraushören; nicht nur was das Verhältnis von Verkündigung Jesu und Urkirche betrifft, auch eine Art Brückenschlag zwischen einer historistischen Bibelauslegung und christlicher Dogmatik. Die Frage bleibt, ob im Hinblick auf das sog. nachösterliche Geschehen überhaupt ein Widerspruch zur vorösterlichen Verkündigung vorliegt, wie ihn der statistische Befund zu beweisen scheint. Um zunächst das Wort *Treue* aufzugreifen, wahrhaft ein Schlüsselwort, das mehr als die Loyalität eines Beamten oder Parteigängers bedeutet, und vorab in der Offenbarung auf Jesus Christus bezogen wird: »Er ist der treue Zeuge, der Erstgeborene von den Toten, der Herrscher über die Könige der Erde. Er liebt uns und hat uns von unseren Sünden erlöst durch sein Blut; er hat uns zu Königen gemacht und zu Priestern vor Gott, seinem Vater. Ihm sei die Herrlichkeit und die Macht in alle Ewigkeit. Amen.« (Offb 1,5 f.) Allein aus dieser Benediktion wird deutlich, dass die Treue der Urkirche auf der Treue Jesu beruht und dass diese Treue eine christologische *und* eschatologische Bedeutung besitzt; ja dass Er, unser Erlöser (»durch sein Blut«) als »der Erstgeborene von den Toten« der Auferstandene und zugleich der eschatologische »Herrscher über die Könige der Erde« ist. Und so hat nicht allein die Urkirche Christus erkannt: *Anders hat sich vielmehr Christus selbst auch nicht in seiner Verkündigung vom Reich Gottes gesehen.*

Denn es ist der *eine* Christus, der *eine* Messias und Menschensohn, der das Reich Gottes auf Erden verkündet hat und der – ebenfalls auf Erden – auch seine Wiederkunft ankündigt. Kaum zufällig folgt im Lukasevangelium deren Ankündigung [wir kommen gleich auf sie zurück] unmittelbar auf die Festellung der *Gegenwart* des Gottesreiches auf Erden, das mit seinem ersten Kommen – und sei es noch so unscheinbar – auf Erden gegenwärtig ist: »Als Jesus von den Pharisäern gefragt wurde, wann das Reich Gottes komme, antwortete er: Das Reich Gottes kommt nicht so, dass man es an äußeren Zeichen erkennen könnte. Man kann auch nicht sagen: Seht hier ist es!, oder: Dort ist es! Denn: Das Reich Gottes ist (schon) mitten unter euch.« (Lk 17,20 f.) Das Reich Gottes ist mit Christus gekommen, wie aus seiner Antwort an Johannes den Täufer hervorgeht: »Johannes hörte im Gefängnis von den Taten Christi. Da schickte er seine Jünger zu ihm und ließ ihn fragen: Bist du der, der kommen soll, oder müssen wir auf einen andern warten? Jesus antwortete ihnen: Geht und berichtet Johannes, was ihr hört und seht: Blinde sehen wieder, und Lahme gehen; Aussätzige werden rein, und Taube hören; Tote stehen auf, und den Armen wird das Evangelium verkündet. Selig ist, wer an mir keinen Anstoß nimmt.« (Mt 11,2–6; Lk 7,18–23) Nicht zufällig zitiert Jesus zur Umschreibung seines Wirkens den Propheten Jesaja, um so auf die Erfüllung von dessen messianischen Verheißungen zu weisen – ganz so, wie er es Lk 4,18–20 zu Beginn seines öffentlichen Auftretens in der Synagoge zu Nazaret, seiner Heimatstadt, in der er auf Ablehnung stieß, getan hat; ganz so, wie es zu seinem ersten Auftreten in Galiläa das Markusevangelium (1,14 f. par.) knapp vermerkt: »Nachdem man Johannes ins Gefängnis geworfen hatte, ging Jesus wieder nach Galiläa; er verkündete das Evangelium Gottes und sprach: Die Zeit ist erfüllt, das Reich Gottes ist nahe. Kehrt um, und glaubt an das Evangelium!« Und nach dem Matthäusevangelium wird buchstäblich die *Epiphanie* des neugeborenen Messias mit der Erkundigung der Sterndeuter in Zusammenhang gebracht. Auf sie ließ Herodes »alle Hohenpriester und Schriftgelehrten des Volkes zusammenkommen und erkundigte sich bei ihnen, wo der Messias geboren werden solle. Sie antworteten: Bethlehem, in Judäa; denn so steht es bei dem Propheten: *Du Bethlehem* im Gebiet von Juda, / bist keineswegs *die unbedeutendste / unter den führenden Städten von Juda; denn aus dir wird mein Fürst hervorgehen, / der Hirt meines Volkes Israel.*« (Mt 2,4–6; Mi 5,1.3; 2 Sam 5,2) Dass nun ausgerechnet die Hohenpriester und Schriftgelehrten auf die Geburtsstadt des neugeborenen Messias weisen, entbehrt nicht der Ironie, da sie es sind, die ausdrücklich von Christus bei seiner ersten und dritten Leidensankündigung im Matthäusevangelium (vgl. Mt 16,21; 20,18 par.) genannt werden. Mehr noch, wie wir im ersten Kapitel dargelegt haben, geht vom »Hohenpriester Kajaphas, bei dem sich die Schriftgelehrten und die Ältesten versammelt hatten« (Mt 26,57), also vom Hohen Rat, nicht nur die Verurteilung Jesu wegen Gotteslästerung aus, sondern vor ihm erfolgt seine Erklärung: »Von jetzt an werdet ihr den Menschensohn zur Rechten der Macht sitzen und auf den Wolken des Himmels kommen sehen.« (Mt 26,64)

Von daher ist es völlig abwegig, zwischen dem ersten Kommen des Gottesreiches und seinem Zweiten Kommen im Zuge der Wiederkunft Christi oder – um mit Papst Benedikt zu reden – zwischen Christologie und Eschatologie einen Keil zu treiben, gar einen Widerspruch sehen zu wollen. Anders als bei Jesaja, der ja den Messias nicht kennen konnte, stehen daher im Lukasevangelium messianische Verheißung und Apokalyptik nicht unverbunden nebeneinander. Vielmehr folgt unmittelbar auf das Wort Jesu vom Reich Gottes, das »(schon) mitten unter euch« ist (vgl. Lk 17,21), die Ankündigung seiner Wiederkunft, nun aber an seine Jünger, nicht wie zuvor an die Pharisäer gerichtet: »Er sagte zu den Jüngern: Es wird eine Zeit kommen, in der ihr euch danach sehnt, auch nur einen von den Tagen des Menschensohnes zu erleben; aber ihr werdet ihn nicht erleben. Und wenn man zu euch sagt: Dort ist er! Hier ist er!, so geht nicht hin, und lauft nicht hinterher! Denn wie der Blitz von einem Ende des Himmels bis zum andern leuchtet, so wird der Menschensohn an seinem Tag erscheinen. Vorher aber muss er vieles erleiden und von dieser Generation verworfen werden.« (Lk 17,22–25) Und dieser Hinweis, der leicht überlesen werden kann, ist ganz wesentlich zum Gesamtverständnis vom ersten und zweiten Kommen des Menschensohnes bzw. vom Gekommensein und Kommen des Reiches Gottes, da Jesu Passion und sein Kreuzestod buchstäblich die Schnittstelle zwischen beiden bilden – nicht eine Schnittstelle, die sie voneinander trennt, sondern die Achse, die sie miteinander verbindet. Doch bevor wir darauf näher eingehen, wollen wir bei dem apokalyptischen Ausblick verweilen, den Christus anschließend gewährt, und zwar bei Lukas noch vor seinen Endzeitreden, die erst später (vgl. Lk 21,5–36) einsetzen. »Und wie es zur Zeit Noachs war, so wird es auch in den Tagen des Menschensohnes. Die Menschen aßen und tranken und heirateten bis zu dem Tag, an dem Noach in die Arche ging; dann kam die Flut und vernichtete alle. Und es wird ebenso sein, wie es zur Zeit des Lot war: Sie aßen und tranken, kauften und verkauften, pflanzten und bauten. Aber an dem Tag, als Lot Sodom verließ, regnete es Feuer und Schwefel vom Himmel, und alle kamen um. Ebenso wird es an dem Tag sein, an dem sich der Menschensohn offenbart. Wer dann auf dem Dach ist und seine Sachen im Haus hat, soll nicht hinabsteigen, um sie zu holen, und wer auf dem Feld ist, soll nicht zurückkehren. Denkt an die Frau des Lot! Wer sein Leben zu bewahren sucht, wird es verlieren; wer es dagegen verliert, wird es gewinnen. Ich sage euch: Von zwei Männern, die auf dem Bett liegen, wird der eine mitgenommen und der andere zurückgelassen. Von zwei Frauen, die mit derselben Mühle Getreide mahlen, wird die eine mitgenommen und die andere zurückgelassen. Da fragten sie ihn: Wo wird das geschehen, Herr? Er antwortete: Wo ein Aas ist, da sammeln sich auch die Geier.« (Lk 17,26–37) Dass Christus Ort und Zeitpunkt seiner Wiederkunft durchweg offen lässt, zeigt sich noch bei seiner Himmelfahrt, insofern er seinen Jüngern bedeutet: »Euch steht es nicht zu, Zeiten und Fristen zu erfahren, die der Vater in seiner Macht festgesetzt hat.« (Apg 1,7) Die Offenheit des Zeitpunkts seiner Wiederkunft ist ein Wesensmerkmal christlicher Apokalyptik, obgleich sich Ausleger von Hippolyt von Rom († 235) an, so in seinem Daniel-Kommentar, bis hin zu Melanchthon nicht entsprechende Spekulationen verkneifen konnten. Vorzeichen seiner Wiederkunft finden sich in der Entsprechung der Ereignisse von Urgeschichte und Endzeit. Ein weiteres Merkmal bildet der Anschein von Normalität, wie ihn auch die Höllenmächte der Geschichte zu wahren suchen [s.o. die Ausführungen zur Auflösung des Warschauer Ghettos]; daher auch in den Endzeitreden die Mahnung zur Wachsamkeit. Vor allem aber das Wort: »Wer sein Leben zu bewahren sucht ...« – ein Wort, das sich in Jesu Aufruf zur Kreuzesnachfolge und Selbstverleugnung wiederfindet (vgl. Lk 9,24 par.); im Johannesevangelium spricht es Jesus aus in seiner letzten öffentlichen Rede, in der Stunde der Entscheidung, im Gleichnis vom Weizenkorn: »Amen, amen, ich sage euch: Wenn das Weizenkorn nicht in die Erde fällt und stirbt, bleibt es allein; wenn es aber stirbt, bringt es reiche Frucht. Wer an seinem Leben hängt, verliert es; wer aber sein Leben in dieser Welt gering achtet, wird es bewahren bis ins ewige Leben.« Dem schließt sich die Aufforderung an: »Wenn einer mir dienen will, folge er mir nach; und wo ich bin, dort wird auch mein Diener sein. Wenn einer mir dient, wird der Vater ihn ehren.« (Joh 12,24–26)

Damit kommen wir auf den entscheidenden Punkt: den der Nachfolge – der Kreuzesnachfolge. Schon nach Lk 17,21 hat Christus vor seinem Ausblick auf sein zweites Kommen den Jüngern ohne jede Beschönigung die Zeit nach seinem Tod geschildert, insofern sie nicht einen von den Tagen des Menschensohnes erleben würden; darauf folgt die Warnung vor dem Auftreten falscher Messiasgestalten. Dann der Hinweis auf den »Tag« des Menschensohnes, worauf noch einzugehen sein wird. Doch zunächst zur Frage der Nachfolge. Dazu das Wort des Auferstandenen an Petrus, das sich im sog. »Nachtrag« [!] zum Johannesevangelium findet. [Rein philologisch gesehen, scheint es absurd, hier von einem »Nachtrag« zu reden. Es wird deutlich, wie ernst eine historistische Bibelexegese den Wortlaut des überlieferten Textes nimmt. So sprechen die Herausgeber der Einheitsübersetzung von einer Schlussbemerkung der Herausgeber des Evangeliums, obwohl es wortwörtlich heißt: »*Dieser Jünger* ist es, der all das bezeugt und der es aufgeschrieben hat; und wir wissen, dass sein Zeugnis wahr ist. Es gibt aber noch vieles andere, was Jesus getan hat. Wenn man alles aufschreiben wollte, so könnte, wie *ich* glaube, die ganze Welt die Bücher nicht fassen, die man schreiben müsste.« – Allein hieraus wird deutlich, dass es sich bei den schriftlich fixierten Aufzeichnungen der Evangelien nur mehr um Auszüge des Gesamtgeschehens, niemals um Gesamtdarstellungen handelt. Denn das *Zeugnis* eines Jüngers und Weggefährten Jesu, zumal des Jüngers, der Ihm neben Petrus am nächsten stand, besteht in erster Linie in der Bezeugung seiner Passion *und* seiner Auferstehung. Darüber hinaus aber in der eigenen apostolischen Sendung, hier hervorgehoben die des Petrus, einer Sendung, die nicht ablösbar von der Verkündigung des Reiches Gottes und der Erwartung seiner Wiederkunft ist. Nicht allein von der Philologie der Texte her, gewissermaßen aufgrund ihrer Komparatistik, sondern auch aufgrund der theologischen Selbstpräsentation der sog. Johannesoffenbarung als »Offenbarung Jesu Christi« (vgl. Offb 1,1) erscheint es völlig abwegig, das *Corpus Iohanneum* zu zerstückeln und irgendwelchen anonymen Autoren zuschreiben zu wollen: Irgendein *Anonymus* kann niemals Zeuge sein, schon gar nicht ein Zeuge der Auferstehung Christi.] – Das Wort des Auferstandenen an Petrus bei seiner Erscheinung am See von Tiberias folgt der dreifachen Frage, ob er Ihn liebe, entsprechend der dreifachen Verleugnung des Petrus bei seiner Passion. Dem Auftrag, seine Schafe zu weiden, also der

Übertragung des Hirtenamtes, schließt sich der Hinweis auf das Martyrium des Petrus an. »Nach diesen Worten sagte er zu ihm: Folge mir nach!« (Joh 21,19)

Man meint nicht recht zu hören, dass Petrus *erst jetzt* zur Nachfolge aufgerufen wird. Hat er nicht zuvor Jesus kundgetan: »Du weißt, wir haben alles verlassen und sind dir nachgefolgt.« (Mk 10,28 par.) Gewiss, nur führte die Nachfolge der Jünger *bis* zum Kreuz, keinen Schritt weiter; d. h., der Schritt, den Petrus in Richtung Kreuz wagte, endete mit der Verleugnung seines Herrn. Folglich kann von einer Kreuzesnachfolge im apostolischen Sinne *erst nach Christus*, also nach seinem Kreuzestod, nach seinem ersten Kommen, die Rede sein. Denn unmittelbar nach dem Petrus-Wort von der Nachfolge heißt es zu Beginn der dritten Leidensankündigung Jesu: »Während sie auf dem Weg hinauf nach Jerusalem waren, ging Jesus voraus. Die Leute wunderten sich über ihn, die Jünger aber hatten Angst. Da versammelte er die Zwölf wieder um sich und kündigte ihnen an, was ihm bevorstand.« (Mk 10,32) Doch trotz seiner Ankündigung sollten sie nicht verstehen. So wie sie nach dem Abstieg vom Berg der Verklärung sie einander fragten, »was das sei, von den Toten auferstehen« (vgl. Mk 8,10 par.), so wenig war ihnen klar, was der Kreuzestod Jesu bedeutete. Und selbst als sie bei den Abschiedsreden Jesu ihr Verständnis, ja ihr Wissen um seinen Ausgang vom Vater und ihren Glauben bekundeten, erwiderte ihnen Jesus: »Glaubt ihr jetzt? Die Stunde kommt, und sie ist schon da, in der ihr versprengt werdet, jeder in sein Haus, und mich werdet ihr allein lassen. Aber ich bin nicht allein, denn der Vater ist bei mir. Dies habe ich gesagt, damit ihr in mir Frieden habt. In der Welt seid ihr in Bedrängnis; aber habt Mut: Ich habe die Welt besiegt.« (Joh 16,31–33) Das ist der Stand der Dinge unmittelbar vor seiner Passion. Nach den synoptischen Evangelien vermögen die Jünger nicht einmal eine Stunde im Garten von Gethsemane mit Christus zu wachen. Bei seinem Todeskampf verfallen sie in eine wahre Todesmüdigkeit, aus der sie erst im Zuge seiner Auferstehung allmählich erwachen. Um gar nicht davon zu reden, was das Reich Gottes anbelangt; noch vor seiner Himmelfahrt zeigt sich ihr Missverständnis beim gemeinsamen Mahl: »Herr, stellst du in dieser Zeit das Reich für Israel wieder her?« (Apg 1,6) *Darin* lag das Ziel ihrer Nachfolge – wahrhaft keiner Kreuzesnachfolge, eher der Wunschtraum eines gläubigen Israeliten, der hier und jetzt das Reich Gottes auf Erden im Sinne einer politischen Theokratie im Stile des Davidsreiches realisiert sehen möchte.

Etwas zugespitzt gesagt: Entgegen dem statistischen Befund der Rede vom Gottesreich in der vorösterlichen Zeit erscheint dieses mehr oder weniger ganz auf die Person Jesu beschränkt, besaß er wohl in Johannes dem Täufer und den Propheten Vorkämpfer und in seinen Jüngern Mitstreiter, aber was das Reich Gottes eigentlich bedeutete, dessen *universale* Dimension und dessen *eschatologische* Ausrichtung blieb Letzteren fremd. Fragt doch Petrus im Zusammenhang mit dem Gleichnis vom treuen und vom schlechten Knecht, in dem Jesus zur Bereitschaft aufruft, da der Menschensohn zu einer Stunde komme, »in der ihr es nicht erwartet«: »Herr, meinst du mit diesem Gleichnis nur uns oder auch all die anderen?« (Lk 12,41 par.) Erst im Zuge der Erhöhung des Menschensohnes infolge des Kreuzestodes Jesu, seiner Auferstehung und Himmelfahrt, letzthin in der Sendung des Heiligen Geistes im Pfingstgeschehen gibt es eine echte Kreuzesnachfolge der Jünger *und* eine konkrete eschatologische Erwartung des Gottesreiches, wie sie nicht zuletzt in nahezu allen neutestamentlichen Briefen, aber auch in der Apostelgeschichte zum Ausdruck gelangt. Denn dass die Konstitution der Kirche im Widerspruch zum Reich Gottes stünde, ist ein Vorurteil des 19. Jahrhunderts, das nicht dadurch wahrer wurde, dass es seit Alfred de Loisy immer wieder nachgebetet wurde. Im Gegenteil, mit dem Wachsen der Kirche wächst auch die Hoffnung auf den wiederkommenden Christus und sein Reich. Und so lautet es noch im letzten Satz der Apostelgeschichte vom Apostel Paulus, der zwei volle Jahre in seiner römischen Mietwohnung blieb und alle empfing, die zu ihm kamen: »Er verkündete *das Reich Gottes* und trug ungehindert und mit allem Freimut die Lehre über Jesus Christus, den Herrn, vor.« (Apg 28,31) Und bereits kurz nach seiner Ankunft in Rom empfing er dort eine größere Anzahl der führenden Männer der Juden als bei seiner ersten Begegnung: »Vom Morgen bis in den Abend hinein erklärte er und bezeugte er ihnen *das Reich Gottes* und versuchte, sie vom Gesetz des Mose und von den Propheten aus für Jesus zu gewinnen.« (Apg 28,23) Und bereits zum Abschluss der ersten Missionsreise des Paulus und Barnabas sowie ihrer Begleiter heißt es anlässlich ihrer Rückkehr nach Syrien: »Sie sprachen den Jüngern Mut zu und ermahnten sie, treu am Glauben festzuhalten; sie sagten: Durch viele Drangsale müssen wir in *das Reich Gottes* gelangen.« (Apg 14,22) Nirgendwo ist hier in den Aussagen zum Reich Gottes ein Widerspruch zur sich unter den Juden wie Heiden verbreitenden Kirche oder zum ersten Kommen des Reiches Gottes festzustellen, das nun – und das allerdings mit eschatologischer Blickrichtung – nämlich im Hinblick auf die Wiederkunft Christi verkündet wird.

Gleichwohl nimmt die apostolische Verkündigung auch bei Paulus ihren Ausgang vom Gekreuzigten. »Denn ich hatte mich entschlossen«, schreibt der Apostel in seinem ersten Brief an die Korinther, »bei euch nichts zu wissen außer Jesus Christus, und zwar als den Gekreuzigten.« (1 Kor 2,3) Dabei hätte er ja vom auferstandenen Christus ausgehen können, von dessen Erscheinung er ja auch im zweiten Korinther- sowie im Galaterbrief berichtet. Doch geht es Paulus nicht so sehr um persönliche Erlebnisse und Erfahrungen, sondern bereits hier ist ihm, dem einstigen Christenverfolger, Christus weniger als der universale Herrscher denn als der leidende Kyrios erschienen. Wie das Kreuz der Ursprung unserer Erlösung ist – und nicht etwa die Bergpredigt –, so ist auch die Auferstehung, Erhöhung und eschatologische Herrschaft Christi nur vom Kreuz her zu begreifen: Sie ist Kreuzesherrschaft und nicht Weltherrschaft in irgendeinem profanen und sei es auch demokratischen Sinne. Und wenn Christus auch am Ende über alle Mächte und Herrschaften triumphieren wird, so ist doch der Weg dahin – der Weg zwischen seinem ersten und seinem zweiten Kommen in Herrlichkeit – der Weg des Kreuzes, dem die Jünger, allen voran die Apostel, gefolgt sind, weil sein Kommen in Herrlichkeit *vom* Kreuz seinen Ausgang nimmt, während sein erstes Kommen – sein Weg *zum* Kreuz – von Gott dem Vater ausgegangen ist [vgl. etwa Joh 16,28: »Vom Vater bin ich ausgegangen und in die Welt gekommen; ich verlasse die Welt wieder und gehe zum Vater«]. So kann Christus bei seiner Heimkehr zum Vater nicht nur sagen: »Mir ist alle Macht gegeben im Himmel und auf der Erde.« (Mt 28,18) Sondern als der zu Gott Erhöhte zugleich abschließend seinen Jüngern versichern: »Seid gewiss: Ich bin bei euch alle Tage bis zum Ende der Welt.« (Mt 28,20) Denn der zu Gott erhöhte Menschensohn *ist* und *bleibt* zugleich der Gekreuzigte, als den ihn der Apostel Paulus verkündigen wird.

Daher besitzt das Wort *Menschensohn*, das sich nach Petersons so benanntem Exkurs in seinem Kommentar zum Lukasevangelium (vgl. 354 f.) 69-mal bei den Synoptikern, 12-mal bei Johannes, dann in der Apokalypse und einmal in der Apostelgeschichte findet, sowohl eine christologische wie eine eschatologische Prägung, den beiden Seiten einer Münze vergleichbar. Es ist der *eine* Christus, der in den Evangelien nach Peterson stets von sich in der dritten Person spricht. Und zwar zu Recht: Denn er ist nicht *von sich aus*, aus eigener Vollmacht, sondern von Gott, seinem Vater, aus gekommen. Er, sein himmlischer Vater, ist es, der wohl den Zeitpunkt seiner Wiederkunft bestimmt, aber von seiner Erhöhung, von seiner Verherrlichung am Kreuz an ist er der bereits im Kommen begriffene Menschensohn (vgl. Mt 26,64; Mk 14,62), für seine Jünger – nicht erst für Paulus – von Anfang an der *Kyrios*, der »Herr«.

V. Sühne und Vollendung: Eschatologie und Christologie

Wie tief das Kreuz Christi in den Boden nicht der Zeit im Allgemeinen, sondern *unserer* Zeit eingesenkt worden ist, wie auch Christus wusste, »dass seine Stunde gekommen war, um aus dieser Welt zum Vater hinüberzugehen« (vgl. Joh 13,1a; 12,23), lässt sich am Zeugnis der heiligen Teresia Benedicta a Cruce, der vom Kreuz her Gesegneten, wie der Ordensname Edith Steins lautet, ablesen. Denn die messianische Zeit bezeichnet nicht die Zeit im Kreislauf der Stunden noch einen geschichtlichen Punkt im wechselhaften Verlauf der Zeiten, sondern das Ende eines Lebens, das über den Tod hinaus auf die Vollendung der Zeit weist. Und ganz im Zeichen dieser Vollendung begeht Jesus das Abschiedsmahl, wie es weiter heißt: »Da er die Seinen, die in der Welt waren, liebte, erwies er ihnen seine Liebe bis zur Vollendung.« (Joh 13,1b) Anders als für den historischen Menschen, der danach eifert, »Geschichte zu schreiben«, kommt es für den Menschensohn nicht darauf an, *in die* Geschichte einzugehen. Vielmehr weist seine Verherrlichung (vgl. Joh 12,23) *aus der* Geschichte heraus: »Von jetzt an werdet ihr den Menschensohn zur Rechten der Macht sitzen und auf den Wolken des Himmels kommen sehen.« (Mt 26,64) Daher markiert das Kreuz Christi nicht den Triumph des Todes über das Leben als vielmehr den Triumph des Lebens über dessen Todesverfallenheit, über seine *Geschichtlichkeit*, in der sich für Heidegger die Krönung eines dem Tode verfallenen Daseins manifestiert: »der Tod das höchste und äußerste Zeugnis des Seyns.«

Während für Heidegger nichts über jenes »Zeugnis« hinausführt, ist der Tod im messianischen Sinne *Pascha*: »Übergang«, »Durchgang«. Daher bedeutet das Paschamahl, das Jesus vor seinem Tod mit seinen Jüngern feiert, keine bloße symbolische Geste, ist auch nicht allein ein Akt der Vollendung seiner Liebe, sondern weist auf ihre Vollendung hin. Sagt er doch – vorausschauend – in der eucharistischen Brotrede: »Wie mich der lebendige Vater gesandt hat und wie ich durch den Vater lebe, so wird jeder, der mich isst, durch mich leben.« (Joh 6,57) Deshalb ist keine eucharistische Existenz, wie sie Edith Stein lebte, vom Erlösertod Christi zu trennen: Teilhabe an seinem Sühnetod. Wie Pater Ulrich Dobhan, der Provinzial der Karmeliten in Deutschland und Mitherausgeber der Werke Edith Steins, auf dem Grazer Symposium zu Edith Stein vom Mai 2012 bemerkte, finde sich der Sühnegedanke etwa bei Teresa von Avila so nicht, wie sie ihr Sühneleid mit dem Kreuz Jesu verbinde. »Iuxta crucem tecum stare!« [Mit dir unterm Kreuz stehen!] – so der Verweis auf die erste Zeile der 14. Strophe des *Stabat Mater*, die ihr mit *Signum Crucis* [Das Zeichen des Kreuzes] überschriebenes Gedicht vom 16. November 1937 einleitet (Geistliche Texte II, 47 f.), wobei sie fortfährt:

»Diese Worte schriebst Du in ein Büchlein
Einer, die des Kreuzes Zeichen trägt,
Da auf Dir schon groß des Kreuzes Schatten lag.
Danach senkt's sich auf Deine Schulter
Hart und schwer.«

Doch trennen sich nicht etwa die Wege, insofern Christus den Weg der Kreuzigung geht, während »Eine(r), die des Kreuzes Zeichen trägt«, sich mit der bloßen Signatur des Kreuzes begnügte. Wörtlich bedeutet die Präposition *iuxta* mit Akkusativ so viel wie *nahe bei, dicht neben, nächst, an der Seite*, also eine enge Verbundenheit, eine Weggemeinschaft. Darauf, auf die Erwählung einer Weggefährtin, deutet die zweite Strophe:

»Der Mensch ward um des Menschen willen,
Er schenkte seines Menschenlebens Fülle
Den Seelen, die Er sich erwählt.
Der einzeln jedes Menschenherz gebildet
Und seines Wesens geheimen Sinn
In einem neuen Namen einst offenbaren will,
Den jener nur versteht, dem er zu eigen:
Auf eine eigene, tief geheimnisvolle Weise.
Uns schenkt Er aus Seines Menschenlebens Fülle
Das Kreuz.«

Uns – nicht mir, schreibt Edith Stein, womit die Gemeinschaft der Karmeliten gemeint sein könnte. Doch ist zuvor
von einem einzelnen Menschenherz die Rede: »Und seines
Wesens geheimen Sinn«, um ihn – so in Anlehnung an
Offb 2,17 – in einem neuen Namen einst zu offenbaren,
den jener nur verstehe, dem er zu eigen. Unschwer lässt
sich im Nachhinein der Ordensname *Teresia Benedicta a
Cruce* heraushören, von dem gilt: »Er hat mit jedem der
Erwählten sich verbunden / Auf eine eigene, tief geheimnisvolle Weise.« Und zwar im tiefsten Geheimnis, im Mysterium des Kreuzes, vor dem – wie ehedem Petrus – nahezu jeder Mensch zurückschreckt, sofern er fürchten muss,
am Kreuz Jesu teilzuhaben, wie die dritte Strophe erkennen lässt:

»Was ist das Kreuz?
Das Zeichen tiefster Schmach.
Wer es berührt, ist ausgestoßen aus der Menschen Reihen.
Die einst ihm zugejubelt,
Sie wenden scheu sich ab und kennen ihn nicht mehr.
Den Feinden ist er schutzlos preisgegeben.
Auf Erden bleibt ihm nichts mehr
Als Schmerzen, Qual und Tod.«

Das gilt für Jesus, aber nicht für ihn allein, sondern wem Er sich in seiner Kreuzeseinsamkeit verbunden hat: »jedem der Erwählten« *iuxta crucem* – was sich zunächst auf die Mutter Jesu bezieht sowie auf die Frauen, die mit ihr unter dem Kreuz des Leidenden und Sterbenden standen und *so* mit Seinem Kreuz verbunden waren: Ihm ganz nahe mit, ja trotz der ganzen offenkundigen Ausweglosigkeit seines Kreuzestodes. Maria, die Christus vom Kreuz aus dem Johannes zur Mutter gibt (vgl. Joh 19,26 f.) – sie ist auch, wie Edith Stein an anderer Stelle schreibt [wir kommen darauf zurück], »unter dem Kreuz unsere Mutter geworden«. Und auch hier ist es der Gekreuzigte, von dem die Verbindung ausgeht: »Er hat mit jedem der Erwählten sich verbunden«. Mehr noch, auf dem Umschlag zum Band II der Geistlichen Texte findet sich ein Fotoporträt Edith Steins mit Brautschleier: Mit *ihr* hat sich der Gekreuzigte wie mit einer Braut verbunden, sie erwählt »auf eine eigene, tief geheimnisvolle Weise.« M. a. W., nicht ein Menschenherz hat *sich* mit Christus verbunden – aus Mitgefühl, Mitleid, aus der Kompassion beim Anblick seines Kreuzes; so etwas dürfte unzählige Male geschehen sein. Gibt es doch zahlreiche Passionslieder, die das Todesleiden Jesu beklagen, indem sie den Blick auf die Wunden seines Leibes und sein im Tode verblassendes Antlitz richten. Nein, ginge vom *Tode* Jesu bzw. von seinem Sterben das aus, was einen Menschen zuinnerst berührt, dann wäre das psychologisch durchaus nachvollziehbar. Letzthin wäre der Mensch das Subjekt der Rührung, mag sein Sterben auch manchen Menschen kaltlassen wie die Henker; alte Kreuzigungsdarstellungen zeigen diese bisweilen ganz unbeteiligt, beim Kartenspiel, beim Zeitvertreib. Aber hier geht es um mehr als um menschliche Betroffenheit beim Anblick seines Leidens. Die Erwählung der geliebten Seele beruht nicht allein auf seinem Tod, sondern – man lese genau den Schlusssatz der ersten Strophe:

»Uns schenkt er *aus Seines Menschenlebens Fülle* / Das Kreuz.«

Kaum zufällig handelt es sich hierbei um ein Zitat aus dem johanneischen Prolog, wo es heißt: »Aus Seiner Fülle haben wir alle empfangen, / Gnade über Gnade.« (Joh 1,16) Die Gnadengabe wird oft nur auf die Geburt Jesu, auf die Mensch-, ja Fleischwerdung des Logos, des Wortes Gottes, bezogen – ein Geheimnis, das auch für die Spiritualität Edith Steins eine beachtliche Bedeutung besitzt. Doch der Kern dieses Geheimnisses beschränkt sich nun nicht einfach auf das Faktum seiner Geburt. Vielmehr wird ja im Prolog zuvor betont, dass in ihm das Leben war, »und das Leben war das Licht der Menschen.« (Joh 1,4) Und bereits hier finden sich Hinweise auf seine Verwerfung durch die Menschen, auf sein Kreuz, durch das Er den Menschen erlösen, in dem sich seine Sendung erfüllen sollte: das Werk der Liebe Gottes. »Denn Gott hat die Welt so sehr geliebt«, bekundet Jesus im Gespräch mit Nikodemus, »dass Er seinen einzigen Sohn hingab, damit jeder, der an Ihn glaubt, nicht zugrunde geht, sondern das ewige Leben hat.« (Joh 3,16) Genau *das* ist das Geheimnis seiner Sendung; daher zielt sein Weg nach dem Johannesevangelium auf *die* Stunde seiner Verherrlichung, auf die in den synoptischen Evangelien die dreifache Leidensankündigung verweist. Kein Geheimnis scheint es hingegen zu sein, wenn Christus seine Jünger, ja alle Gläubigen zur Kreuzesnachfolge aufruft. Ganz in diesem Sinne heißt es im Anschluss an das Messiasbekenntnis des Petrus und an seine erste Leidensankündigung: »Zu allen [!] sagte er: Wer mein Jünger sein will, der verleugne sich selbst, nehme täglich sein Kreuz auf sich und folge mir nach.« (Lk 9,23 par.) Gemeint ist das Kreuz, das ein jeder täglich zu tragen hat. Darin liegt die Berufung aller, die ihm als Jünger nachfolgen wollen. Doch die *Erwählung* der »Seelen, die Er sich erwählt«, geht darüber hinaus: Ihnen schenkt er *das* Kreuz, nämlich *Sein*

Kreuz, das Werkzeug Seiner Erlösung: »Das Zeichen der tiefsten Schmach.« In ihm gewährt Christus ihnen Anteil an seinem Sühneleiden.

Dagegen mag man einwenden, dass durch das Sühneopfer Christi das Werk der Erlösung ein für alle Mal vollbracht sei; dass zudem jeder Gläubige aufgerufen sei, sein Kreuz zu tragen. Folglich wäre das Sühneleiden einer Edith Stein lediglich ein *superadditum*, allenfalls ihrem besonderen Eifer zuzuschreiben. Nun lässt sich gegen die Einmaligkeit des Kreuzesopfers Christi so wenig etwas sagen wie gegen die Berufung aller zur Kreuzesnachfolge. Hier jedoch geht es um mehr als um Berufung oder Eifer, der mit der Zeit erlahmen, ja erlöschen kann. Es geht um eine besondere *Erwählung* durch den gekreuzigten und auferstandenen Herrn, wie sie zunächst die Apostel, allen voran Petrus, trifft. Wie oben dargetan, ist es der Auferstandene, der Petrus gleichsam als Antwort auf seine Liebe zur Kreuzesnachfolge aufruft, und zwar zur Fortführung und Vollendung seines Erlösungs- und Liebeswerkes; ihm sind die Seinen anvertraut, was zuvor nicht der Fall war. Zweierlei setzt jene besondere Erwählung voraus: die Auferstehung Christi und die apostolische Sendung, also dass es Kirche gibt bzw. diese zumindest im Entstehen begriffen ist. Und deren Entstehung beruht nicht einfach auf einem formalen Rechtsakt, es sei denn, man versteht darunter die Erklärung Jesu nach dem Messiasbekenntnis des Petrus: »Ich aber sage dir: Du bist Petrus, und auf diesen Felsen werde ich meine Kirche bauen, und die Mächte der Unterwelt werden sie nicht überwältigen.« (Mt 16,18) Doch die Einsetzung des Petrus als obersten Hirten erfolgt nach Joh 21,16 erst mit dem Aufruf zur Nachfolge, dem die Andeutung des Martyriums des Petrus vorausgeht. Und so schreibt auch der Märtyrerbischof Ignatius von Antiochien auf seinem Weg nach Rom zum Martyrium an Polykarp, Bischof von Smyrna, der nach der Überlieferung des

Irenäus von Lyon als junger Mann zu Füßen des Apostels Johannes saß und selbst im hohen Alter das Martyrium erleiden sollte: »In jeder Hinsicht bin ich für dich ein Sühnopfer [eine »Gegengabe«, »Lösegeld« = griech.: *antipsychon*], ich und meine Ketten, die du geküsst hast.« (*Die apostolischen Väter*, 237)

Nun stellt das Sühneopfer eines Ignatius oder einer Edith Stein schon deshalb nicht so etwas wie eine Wiederholung oder gar Überbietung des Sühneopfers Christi dar, weil ihr Opfer in der *Nach*folge Jesu geschieht; ganz abgesehen davon, dass es sich bei dem Opfer Christi um einen einmaligen universalen Heilsakt handelt, den allein der Gesalbte, der Sohn Gottes vollziehen kann, weshalb Er ja vom Hohen Rat wegen Gotteslästerung verurteilt wurde. Ausdrücklich vermerkt ja auch Ignatius gegenüber Polykarp: »In jeder Hinsicht bin ich für dich ein Sühnopfer ...« Man könnte sich nun fragen, warum das Martyrium des Ignatius ausgerechnet für Polykarp ein Sühnopfer darstellen sollte, als ob das eine Opfer Christi nicht genügte. Gewiss, insofern Christus uns durch sein Kreuzesopfer dem adamitischen Schuldzusammenhang entrissen, von der Todesverfallenheit erlöst hat. In seiner Nachfolge gibt Ignatius sein Leben hin für Polykarp und die Seinen, wie dieser wiederum in seinem Brief an die Philipper (9.1–2) ausdrücklich auch auf das Zeugnis des Ignatius verweist: »So ermahne ich nun euch alle, dem Wort der Gerechtigkeit zu gehorchen und alle Geduld zu üben, die ihr ja auch vor Augen hattet nicht nur an dem seligen Ignatius, Zosimus und Rufus, sondern auch an den anderen aus eurer Mitte, an Paulus selbst und den übrigen Aposteln. Seid überzeugt, daß diese alle nicht vergeblich, sondern in Glauben und Gerechtigkeit gelaufen sind und an dem ihnen zukommenden Platz bei dem Herrn sind, mit dem zusammen sie auch gelitten haben. Denn sie haben nicht die jetzige Weltzeit geliebt, sondern den, der für uns gestorben ist und um unseretwillen von Gott her auferstand.« Ihr Martyrium ist folglich in erster Linie ein Zeugnis der Christusliebe und als solches ein Sühnopfer: Hingabe ihres Lebens aus Liebe zu Christus, wie auch Christus sein Leben hingegeben und in der Bildrede vom Fruchtbringen seinen Jüngern geboten hat: »Dies habe ich euch gesagt, damit meine Freude in euch ist und damit eure Freude vollkommen wird. Das ist mein Gebot: Liebt einander, so wie ich euch geliebt habe. Es gibt keine größere Liebe, als wenn einer sein Leben für seine Freunde hingibt. Ihr seid meine Freunde, wenn ihr tut, was ich euch auftrage.« (Joh 15,11–14) Und aus dieser Freude handelt und diese Freude verkündet der Apostel Paulus, wenn er aus dem Gefängnis heraus an die Philipper schreibt: »Wenn auch mein Leben dargebracht wird zusammen mit dem Opfer und Gottesdienst eures Glaubens, freue ich mich dennoch, und ich freue mich mit euch allen. Ebenso sollt auch ihr euch freuen; freut euch mit mir!« (Phil 2,17 f.)

Grund zur Freude geben gewiss nicht die äußeren Umstände, die ja nun alles andere als erfreulich sind. Sondern das Geheimnis der tiefen Verbundenheit des Apostels bzw. des Märtyrers mit Christus, die keine bloße Gesinnungsgemeinschaft darstellt, sondern bis in das Opfer des eigenen Lebens hineinreicht – ein Opfer, durch das nun der Apostel nicht etwa für sich Genugtuung verschafft, das vielmehr »dargebracht wird zusammen mit dem Opfer und Gottesdienst eures Glaubens«. M. a. W., sein Opfer entspricht nicht etwa der heroischen Selbsthingabe eines einsamen Helden, der sich auf diese Weise in der Geschichte ein Denkmal zu setzen trachtet. Vielmehr ist es selbst aus der Perspektive einer einsamen Todeszelle, ja der Hinrichtungsstätte Zeugnis der Verbundenheit mit dem gekreuzigten Christus in seiner Todesverlassenheit *und* deshalb zugleich Zeichen einer geradezu eucharistischen Gemeinschaft »mit dem Opfer und Gottesdienst eures

Glaubens«, Zeichen also für eine echte *communio*. Denn man muss sich an dieser Stelle mal eines vergegenwärtigen: Mit dem Tod des Apostels Paulus und der übrigen Apostel steht die Kirche in Philippi wie in Smyrna mit ihrem Bischof Polykarp und andernorts völlig verwaist da, rein menschlich und historisch gesehen in einer völlig aussichtslosen Lage; allein von der Zahl her einer heidnischen Übermacht des römischen Imperiums ausgesetzt. Und was fast noch schlimmer scheint, ist zugleich die innerkirchliche Situation, ganz wie sie Paulus in seiner Abschiedsrede vor den Ältesten von Ephesus in Milet vorausgesagt hat: »Ich weiß: Nach meinem Weggang werden reißende Wölfe bei euch eindringen und die Herde nicht schonen. Und selbst aus eurer Mitte werden Männer auftreten, die mit ihren falschen Reden die Jünger auf ihre Seite ziehen. Seid also wachsam, und denkt daran, dass ich drei Jahre lang Tag und Nacht nicht aufgehört habe, unter Tränen jeden Einzelnen zu ermahnen.« (Apg 20,29–31)

Dass sich die Worte des Apostels Paulus nur allzu bald bestätigen sollten, beweisen die Ausführungen des Bischofs Polykarp in seinem Brief an die Philipper – übrigens eines ausgesprochen sanften Mannes, der zunächst auch von den Presbytern fordert (6.1), sie sollten »barmherzig (sein), mitleidig gegen alle, das Verirrte zurückholen, nach allen Kranken sehen und nicht die Witwe, den Waisen oder den Armen vernachlässigen (…), fern bleiben von aller Geldgier, nicht gleich dabei, sich gegen jemanden einnehmen zu lassen, nicht schroff im Urteil, in dem Bewußtsein, daß wir alle der Sünde Schuldner sind.« (*Die apostolischen Väter*, 251 f.) Doch nur wenige Zeilen später erfolgt seine Warnung (vgl. 6.3–7.2): Wir wollen »Eiferer für das Gute (sein), in Zurückhaltung gegenüber den Ärgernissen und den falschen Brüdern und denen, die in Heuchelei den Namen des Herrn tragen, die törichte Menschen irreleiten in Irrtum.« Daher die resolute und kompromisslose Absage:

»Denn jeder, der nicht bekennt, daß Jesus Christus im Fleisch gekommen ist, ist ein Antichrist. Und wer das Zeugnis des Kreuzes nicht bekennt, der ist aus dem Teufel. Und wer die Worte des Herrn nach seinen eigenen Begierden verdreht, und sagt, es gibt weder Auferstehung und Gericht, der ist Erstgeborener des Satans. Darum wollen wir die Torheit der Menge und die falschen Lehren verlassen und zu dem von Anfang uns überlieferten Wort zurückkehren« (ebd. 251). Mag Polykarp auch Vertreter doketistischer und gnostischer Tendenzen seiner Zeit vor Augen gehabt haben – manches davon klingt recht aktuell. Immerhin wird jetzt verständlich, warum Ignatius sich und seine Ketten ihm als Sühnopfer darbot.

Was darunter zu verstehen ist, hat Edith Stein unter dem Stichwort *3. Vortrag Sühne* anlässlich ihrer Exerzitien vom 22.2. bis 4.3.1937 in einer nüchternen, nahezu technischen Wortwahl zu Papier gebracht: »Judas d[er] Makkabäer stieg mit den Seinen auf den Berg Sion, um das Heiligtum des Herrn vor der Befleckung zu reinigen und wiederherzustellen. Auch heute ist eine reparatio nötig. Die Sachverständigen, die uns über die Schäden Auskunft geben, sind Glauben und Liebe. Der lebendige Glaube bemerkt alle Angriffe auf die göttliche Wahrheit, die Liebe ist feinfühlig für alle Kränkungen, die der Güte Gottes widerfahren. Sühne leisten müssen wir zunächst für unsere eigenen Sünden und Fehler, dann für die der Menschen, für die wir durch natürliche Bande oder eine amtliche Stellung eine besondere Verantwortung, schließlich für alle, für die wir freiwillig eine Verantwortung übernahmen. Und so müssen wir Ordensleute für alle Sünder eintreten. Mittel sind die geistige Buße, die Beschneidung des Herzens, die die schwerere und wichtigere ist, und die körperliche, die nicht davon zu trennen ist und auch nicht zu entbehren. Der schönste Erfolg der sühnenden Genugtuung ist die Gewinnung der Gottesfeinde für den Herrn.« (GT II, 37)

Freilich sollte sich zu dieser Zeit noch nicht das ganze Ausmaß dessen offenbaren, wozu die »Gottesfeinde« fähig sind. Sie verstanden es, ihr wahres Gesicht zu verbergen und selbst ihre politischen Gegner zu täuschen, denken wir an deren Appeasement-Politik des Vorkriegsjahres. Doch schon in dem bereits zitierten Gedicht *Signum Crucis* von November 1937 weist das Kreuz, das »Zeichen der tiefsten Schmach«, in der vorletzten Strophe zugleich in eine andere Richtung:

»Was ist das Kreuz?
Das Zeichen, das zum Himmel weist.
Hoch ragt es über Erdenstaub und -dunst und damit
Empor ins reine Licht.
Was Menschen nehmen können, laß es fahren,
Öffne die Hände und schmiege dich ans Kreuz:
Dann trägt es dich hinauf
In's ewige Licht.«

Das ist die Richtung, die das Kreuz, das extremste Zeichen der Erniedrigung, in Richtung Erhöhung und Verherrlichung weist, obgleich es ja nun nicht gerade wenig ist, »was Menschen nehmen können«: das eigene Leben. Für seine Hingabe aber empfangen wir das ewige Leben, das der am Kreuz Erhöhte und in den Himmel Aufgefahrene schenkt, wie es in der Schlussstrophe zum Ausdruck gelangt:

»Schau auf zum Kreuz:
Es breitet seine Balken,
Wie einer seine Arme öffnet,
Als wollt' er alle Welt umfassen:
Kommt her, ihr alle, Mühsel'ge und Belad'ne,
Auch ihr, die ihr mir rieft: ans Kreuz mit ihm.
Es ist das Bild des Gottes, der am Kreuz erblich.

Es steigt vom Erdengrund hinauf zum Himmel
Gleich Ihm, der auf zum Himmel fuhr,
Und tragen möcht' es alle mit hinauf.
Umfasse nur das Kreuz, so hast Du Ihn,
Der Wahrheit, Weg und Leben ist.
Trägst Du Dein Kreuz, so trägt es Dich
Und wird Dir Seligkeit.«

Diese Strophe umfasst nicht weniger als eine *theologia crucis*, ausgehend vom Anblick des Gekreuzigten, der die Seinen – nein: buchstäblich alle, auch seine Feinde – zur Kompassion aufruft. Unschwer lässt sich der Einfluss des seligen Kardinals Newman († 1890) heraushören, mit dessen Schriften sich Edith Stein näher befasste, den sie übersetzte: »Es ist das Bild des Gottes, der am Kreuz erblich.« Denn nach seinem Buch *Das Mysterium der Dreieinigkeit und der Menschwerdung Gottes* entspricht das Kreuz Christi, die Lehre von seinem Sühnopfer, dem Herz der Religion: »Das Herz ist verborgen vor den Augen; es ist sorgsam und sicher gewahrt; es ist nicht gleich dem Auge in die Stirn gesetzt, alles beherrschend und von allen gesehen« (vgl. ebd. 203 f.). Dennoch handelt es sich bei jener Lehre vom Opfertod Christi um keinen Gegenstand einer religiösen Esoterik, denn das Kreuz ist ein sichtbarer, ja buchstäblich umgreifbarer Gegenstand – für die einen ein Stein des Anstoßes, für die anderen aber das Wahrzeichen ihrer Erlösung.
Die Beziehung gewissermaßen von Innen und Außen, von Kreuz und Sühnopfer sollten sich mit dem kommenden Jahr weiter präzisieren, und zwar im Zuge der Vorbereitungsexerzitien für die ewigen heiligen Gelübde. So vermerkt Edith Stein in einer Aufzeichnung vom 12. April 1938 *Eucharistie und Kreuz (P. Swidbert)*, vermutlich auf den Vortrag von P. Swidbert Soreth hin, den er am 3.10.1937 im Karmel zum 300-jährigen Jubiläum des Kar-

mel über dessen eucharistischen Dienst hielt: »Die Liebe
Gottes zur Seele und der Seele zu Gott ist ein so schweres
Gewicht, daß die Seele darunter schwach wird. Sie verlangt
Blumen und Äpfel als Stärkung [vgl. Hld 2,4–5], d. i. Eucharistie und Kreuz. Die Eucharistie ist für uns Unterpfand, daß wir in der Verbannung nicht verlassen sind. Jesus kommt täglich zu uns und gibt uns Anteil an allem, was
Sein ist. Und seine Verlassenheit am Kreuz ist unsere Stärke. Aber es fehlt uns an Treue. Maria ist unter dem Kreuz
unsere Mutter geworden. Sie liebt die Seelen, die dem
Herrn bis unter das Kreuz folgen. Von ihr müssen wir
Treue lernen und Lauterkeit der Absicht, die nichts Eigenes mehr sucht, sondern sich im hl. Gehorsam rückhaltlos
in die Hände des Vaters gibt.« Bemerkenswert ist der Bezug auf Maria in diesen Überlegungen, die ja Eucharistie
und Kreuz gelten. Ging es bei dem Gedicht *Signum Crucis*
um die Erwählung einer Einzelperson, so vermag diese auf
Dauer nicht allein unter dem Kreuz Christi zu stehen,
ohne schwach zu werden. Sie kann es und braucht es auch
nicht, weil Maria vor ihr unter dem Kreuz ihres Sohnes
ausgeharrt hat. Ihre Treue über seinen Tod hinaus ist Zeugnis einer Glaubenstreue, wie sie kein Jünger Jesu bewiesen
hat: Darin ist sie »unter dem Kreuz unsere Mutter geworden.« Insofern kein Mensch aus eigener Kraft unter dem
Kreuz standhalten kann, sondern allein in der *communio*
der Gläubigen, so ist sie aus deren Gemeinschaft nicht
wegzudenken, insofern sie nicht nur zur Mutter des Sohnes Gottes erwählt worden ist als vielmehr unter seinem
Kreuz zur Mutter aller Glaubenden geworden ist: *Iuxta
crucem tecum stare*. D. h., nicht erst bei unserer *Erwählung*, die – wie oben dargetan – von Gott bzw. von Christus ausgeht, sondern bei unserer *Bewährung* unter dem
Kreuz Christi erweist sich, dass Maria zu unserer Mutter
und zur Mutter der Kirche geworden ist. Grundsätzlich
lässt sich sagen, dass die Erwählung – ob Marias, ob des

Volkes Israel oder zum Apostel – immer einem Einzelnen bzw. dem einen Volk Israel gilt; doch gibt es niemals so etwas wie eine Einzel-Erwählung zur himmlischen Seligkeit. Denn wie Christus von den Toten auferweckt ist »als der Erste der Entschlafenen« (vgl. 1 Kor 15,20), so sehnt sich wohl der Apostel »danach, aufzubrechen und bei Christus zu sein« (vgl. Phil 1,23). Doch vermerkt er später, nach einem Rückblick auf sein Leben: »Das Ziel vor Augen, jage ich nach dem Siegespreis: der himmlischen *Berufung*, die Gott *uns* in Christus Jesus schenkt. Das wollen wir bedenken, wir Vollkommenen. Und wenn ihr anders über etwas denkt, wird Gott euch auch das offenbaren.« (Phil 3,14 f.) Die himmlische Seligkeit ist niemals eine individuelle, sondern schließt immer die dem Apostel oder der Gottesmutter Maria Anvertrauten ein. Deshalb schließt auch das Glaubensbekenntnis nach dem Bekenntnis des Glaubens an die Auferstehung der Toten und vor dem Bekenntnis des Glaubens an das ewige Leben das der Gemeinschaft der Heiligen ein, der *communio sanctorum*.

Und bei dieser Gemeinschaft wiederum handelt es sich um keine menschliche Gesinnungs- oder Willensgemeinschaft als vielmehr um eine *eucharistische* Gemeinschaft. Sie geht von Christus, genauer: vom Kreuz Christi, aus. Oder um mit Edith Stein zu reden: »Die Eucharistie ist für uns ein Unterpfand, daß wir in der Verbannung nicht verlassen sind. Jesus kommt täglich zu uns und gibt uns Anteil an allem, was Sein ist. Und seine Verlassenheit am Kreuz ist unsere Stärke.« Darin gründet das Sakrament der Eucharistie, was leicht vergessen wird. Denn irreführend sind die ganzen Debatten seit der sog. Berengar'schen Krise im 11. Jahrhundert bis ins Zeitalter der Reformation, ob Christus wirklich in Brot und Wein gegenwärtig sei; irreführend auch die zeitgenössischen Verwechslungen einer Eucharistiefeier mit einer Agape, einem Liebesmahl, unter dem Hinweis, Jesus habe ja schließlich auch mit Sündern

Mahl gehalten. Gewiss hat er das getan, aber vor seinem Kreuzesopfer. Beim Letzten Abendmahl wie nach seiner Auferstehung hielt er Mahl einzig mit seinen Jüngern, weil es keine tiefere Verbindung mit dem gekreuzigten und auferstandenen Christus für einen getauften Christen gibt als im Geheimnis der Eucharistie, abgesehen vom Martyrium, das wiederum – als Sühneopfer – allein verständlich wird von der Eucharistie her: »Seine Verlassenheit am Kreuz ist unsere Stärke.« Oder wie der heilige Ignatius von Antiochien in seinem Brief an die Römer (4.1) vermerkt: »Gottes Weizen bin ich und durch der wilden Tiere Zähne werde ich gemahlen, damit ich als reines Brot des Christus erfunden werde.« (*Die apostolischen Väter*, 211) Spätestens hier wird deutlich, dass es sich bei der eucharistischen Beziehung »der Seele zu Gott« keineswegs im Sinne des neuzeitlichen Nominalismus um eine rein ideelle, sondern um eine geradezu physische Bindung handelt, weil sie den Menschen mit Leib und Seele mit Gott verbindet, wie sich Christus in seinem Kreuzesopfer auch uns mit Fleisch und Blut verbunden, indem Er sein Fleisch und Blut hingegeben hat.

Wenn Edith Stein die Liebe Gottes zur Seele und der Seele zu Gott als »ein so schweres Gewicht« bezeichnet, so dass die Seele darunter schwach werde, so dürfte der moderne Leser geneigt sein, den Satz eher psychologisch zu verstehen. »Ein so schweres Gewicht« – bedeutet indessen nicht weniger als das hebräische *Chabod*, was im Deutschen nur sehr ungenau mit »Herrlichkeit« [griech.: *Doxa*] wiedergegeben wird, da dem Wort der Ausdruck des Pompösen anhaftet. Es ist die *Schwere*, die Abram empfand, als ihm von Gott in einer Vision offenbart wurde, ihn – später zu Abraham, den Vater vieler Völker, umbenannt (vgl. Gen 17,5) – zum Vater zahlreicher Nachkommen zu machen. Nachdem er zur Besiegelung der Verheißung einige Tiere opferte, auf die Raubvögel hinabstießen, die er verscheuchte, heißt es: »Bei Sonnenuntergang fiel auf Abram ein tiefer Schlaf, große unheimliche Angst überfiel ihn.« (Gen 15,12) Seine Müdigkeit stellt sich nicht etwa ein infolge eines arbeitsreichen Tages als vielmehr als das Versinken in einen Tiefschlaf aufgrund der Verheißung einer unglaublichen Zukunft an einen heimat- und kinderlosen Nomaden, dem obendrein die 400-jährige Gefangenschaft seiner Nachkommen in Ägypten nicht verschwiegen wird. – Doch welche Schwere, die Christus bei seiner Verherrlichung mit der Schuld der Menschen durch sein Kreuz auf sich nimmt! Herrscht schon im profanen Raum ein feierlicher Ernst vor, wenn einem menschlichen Potentaten ein schweres Amt übertragen wird, so reicht das Pathos dieses Augenblicks in nichts an die Schwere der Stunde heran, in welcher der Messias, der Menschensohn verherrlicht werden soll (vgl. Joh 12,23; 27–33) An seiner Verlassenheit hat nicht nur teil, wer sein Kreuz auf sich nimmt: »Und seine Verlassenheit am Kreuz ist unsere Stärke.« Sie ist unsere Stärke, weil *seine Schwere* schwerer wiegt als alles Leid und alle Schuld – ein Gegengewicht zur Welt könnte man sagen, ginge es einzig darum, alles wieder ins Gleichgewicht, in eine natürliche Balance zu bringen. Doch hier geht es buchstäblich über die natürlichen Kräfte hinaus in der Scheidung von der Macht, die die Welt in den Abgrund zieht: »Jetzt wird Gericht gehalten über diese Welt; jetzt wird der Herrscher dieser Welt hinausgeworfen werden. Und ich, wenn ich über die Erde erhöht bin, werde alle zu mir ziehen.« (Joh 12,31 f.)

Exkurs zu Ephräm dem Syrer: Eucharistie
und Eschatologie

Es ist die eschatologische Perspektive des Opfers Christi,
die in der Gegenwart kaum gesehen wird. Dabei reicht der
Zusammenhang von Christologie und Eschatologie, auf
den, wie oben dargetan, Papst Benedikt mit Blick auf die
frühe Kirche in seiner *Eschatologie* verweist, über das
Kreuzesopfer Christi hinaus bis in das Verständnis der Sa-
kramente, zumal der Eucharistie, hinein. So hat der zum
Kirchenlehrer erhobene Diakon Ephräm der Syrer († 373)
in einer Predigt über das Leben der kommenden Welt treffend dargelegt (vgl. Sermo [Oratio pro vita futura] 3,2.4–5:
Hymni et sermones sancti Ephraem Syri, hg. Lamy, Bd. 3,
Mecheln 1889, 216; 218 ff.; 222), wie deren Erwartung den
Tagesablauf des Christen zu prägen vermag, anstatt der falschen zeitgenössischen Alternative zu huldigen: hier täti-
ges Leben, dort weltverneinende Jenseitserwartung [ohne
sich zu fragen, woher dann der Leerlauf eines weltverhaf-
teten Aktivismus kommt, der sich in sog. »burn outs« erschöpft, oder wie auch immer die Modewörter heißen mögen, die die Verfinsterung oder Leere des menschlichen
Geistes umschreiben]: »Herr, vertreibe die nächtliche
Finsternis unseres Geistes und lass es Tag werden durch
das Licht deiner Weisheit. Erleuchte unseren Geist, damit
er dir diene in neuer Reinheit. Wenn die Sonne am Himmel
ihren Lauf beginnt, beginnt für den Menschen sein Tage-
werk. Herr, bereite in unserem Herzen einen Platz für den
Tag, der kein Ende kennt. Gib, dass wir an uns selbst das
Leben erkennen können, das uns die Auferstehung gebracht hat, und dass nichts unseren Geist von der Freude
an dir abwende. Herr, drücke uns das Siegel jenes Tages
auf, der nicht vom Sonnenlauf bestimmt ist. Gib, dass wir
ständig auf dich gerichtet sind.« In dieser Ausrichtung auf
den ewigen Tag, den Tag der Vollendung, verliert sich un-

ser Leben nicht in jener Alltäglichkeit, in jener Banalität, die gerade für unser Leben in einer gottfernen Zeit so bestimmend ist, mögen auch viele darunter leiden. Denn durch die Auferstehung Jesu Christi gewinnt jeder Tag, mag er noch so mühsam sein, ja selbst auf dem Krankenlager oder in einer Gefängniszelle, einen eschatologischen Index, insofern jeder Sonnenaufgang auf den Tag weist, der »nicht vom Sonnenlauf bestimmt ist«.

Das muss freilich nicht bedeuten, dass wir unablässig an jenen Tag der Vollendung denken, wie jemand in der Verbannung der Gedanke an seine Heimat nicht aus dem Kopf gehen will. Vielmehr erfahren wir bereits *jetzt* die Macht des Auferstandenen, der uns nicht als Waisen zurücklässt, wie nach Edith Stein die Eucharistie für uns ein Unterpfand dafür ist, dass wir in der Verbannung nicht verlassen sind. Nahezu ihren Gedanken korrespondierend, fährt Ephräm fort: »In deinen Sakramenten umfangen wir dich täglich und nehmen dich auf in unseren Leib. Mach uns würdig, an uns selbst die Auferstehung zu erfahren, die wir erhoffen. Durch die Taufe bergen wir in unserem Leib deinen Schatz. Mehre ihn am Tisch deiner heiligen Geheimnisse. Herr, an deinem Tisch gib uns Freude über deine Gnade. Wir tragen dein Gedächtnis in uns, das wir von deinem geistlichen Tisch empfangen haben. Gib es uns zum vollen Besitz in der kommenden Welt.« Wie trostlos klingen dagegen die späteren Diskurse über das Wesen der Eucharistie; wie trocken die formalistischen Sakramentenlehren! Die eigene Leiblichkeit des Menschen steht nicht im Widerspruch zur Leiblichkeit des Altarsakraments, insofern wir nur würdig befunden werden, »an uns selbst« [!] »die Auferstehung zu erfahren, die wir erhoffen.« Auch wenn wir selbst nicht dem Leibe nach auferstanden sind, haben wir durch die Taufe Anteil an der Auferstehung Christi durch den von Ihm verheißenen Geist, »bergen wir in unserem Leib [!] deinen Schatz«. Nicht nur in unserer

Seele wohlgemerkt, sondern in unserem Leib, in dem wir ja auch – der ersten Aussage zufolge – Christus im Sakrament der Eucharistie aufnehmen. Und diese sakramentale Leibverbundenheit ist eine andere als eine bloße Seelengemeinschaft, bei der die menschliche Seele oft nicht die Schwere, die »Herrlichkeit« Gottes ertragen kann, sondern der Schwermut verfällt angesichts ihrer eigenen Erdverbundenheit [es sei nur an den »Fall Kierkegaard« erinnert]. Denn was uns der Schwermut enthebt, ist das Bewusstsein – nein, nicht das bloße Bewusstsein als vielmehr die Freude darüber, dass »wir an uns selbst [!] das Leben erkennen können, das uns die Auferstehung gebracht hat, und dass nichts unsern Geist von der Freude an dir abwende«. Diese Freude, die Freude aufgrund der Auferstehung Christi, zu der der Apostel Paulus wiederholt aus dem Gefängnis heraus die Philipper aufruft (vgl. Phil 2,17 f.; 3,1), bildet den Kern des christlichen Lebens – oder es wirkt hohl, ausgebrannt wie Bernanos' Landpfarrer in seinen schlaflosen Nächten. Es gibt keinen Christusglauben, keinen Kreuzesglauben, der nicht Auferstehungsglauben ist; einer mag sich über »das Wesen des Christentums« oder sonst was auslassen, es bleibt alles Makulatur, so chimärisch wie eine Theologie, die keine ist, soweit sie nicht jenen Schatz zu bergen weiß, der uns nach Ephräm im Totenerweckergeist in der Taufe gegeben ist. »Mehre ihn am Tisch deiner heiligen Geheimnisse. Herr, an deinem Tisch gib uns Freude über deine Gnade. Wir tragen dein Gedächtnis in uns, das wir von deinem geistlichen Tisch empfangen haben. Gib es uns zum vollen Besitz in der kommenden Welt.«

Das ist die eschatologische Perspektive, ja Ausrichtung der Eucharistie, die Christi eucharistische Gegenwart mit seinem Kommen verbindet, damit das, was hier im Gedächtnis in uns, im Eingedenken seines Todes und seiner Auferstehung, Gestalt annimmt, »uns zum vollen Besitz wird in der kommenden Welt«, in der wir infolge unserer Leibes-auferstehung Ihn leibhaft schauen dürfen – von Angesicht zu Angesicht. Doch wie wir nach dem Apostel Paulus »durch den Geist des Herrn« schon *jetzt* »mit enthülltem Angesicht die Herrlichkeit des Herrn wider(spiegeln)« (vgl. 2 Kor 3,18; vgl. dazu auch den ersten Abschnitt des Schlusskapitels), so nach Ephräm durch eine Schönheit, die keine kosmetische oder natürliche, die mit der Zeit ver-blasst, darstellt: »Welche Schönheit wir haben, das lass uns aus jener geistlichen Schönheit erkennen, die dein unsterb-licher Wille in unserer Sterblichkeit weckt.« Sie leuchtet auf in jener Erwähltheit, in jenem Adel, von dem Edith Stein mit Blick auf diejenigen spricht, die sich Gott auser-sehen hat, seinem Sohne gleichgestaltet zu werden (vgl. den Brief an Johanna van Weersth vom 17. November 1940, ESGA 3, Nr. 678), auch wenn Ephräm wie Paulus jene geistliche Schönheit nicht auf den Ordensstand bezie-hen, sondern auf das sakramentale Leben des Getauften, in dem sich Tod und Auferstehung Christi miteinander zu ei-ner neuen Lebenswirklichkeit verbinden: »Deine Kreuzi-gung, du unser Erlöser, war das Ende des leiblichen Le-bens. Gib uns die Gnade, dass wir unseren eigenen Willen kreuzigen, damit das geistliche Leben in uns geboren wird. Deine Auferstehung, o Jesus, lasse den geistlichen Men-schen in uns wachsen. Was wir in der Feier deiner Ge-heimnisse feiern, sei uns ein Spiegel, in dem wir ihn, den geistlichen Menschen, erkennen.« D. h., nicht einmal allein Christus erkennen wir in der Feier der Eucharistie, son-dern uns selbst – nein, nicht uns selbst, sondern wie Chris-tus *in uns* Gestalt annimmt, »damit das geistliche Leben in uns geboren wird«. Ein Spiegel sind daher jene Geheim-nisse nicht im Sinne der Selbstbespiegelungen des moder-nen Zeitgenossen, auch nicht der Selbstreflexion im Geiste der neuzeitlichen Identitätsphilosophie als vielmehr für die Geburt und das Wachsen des geistlichen Menschen in uns.

Ganz wie Jesus im Johannesevangelium gegenüber Nikodemus bekräftigt: »Amen, amen, ich sage dir: Wenn jemand nicht von neuem [von oben] geboren wird, kann er
das Reich Gottes nicht sehen.« (Joh 3,3)

– – – – –

Bemerkenswert erscheint der Zusammenhang von Wiedergeburt, paulinisch gesprochen: von Neuschöpfung, von
der Geburt des geistlichen Menschen und dem Reich Gottes. Ja auf die Entgegnung des Nikodemus, wie könne ein
Mensch, der schon alt sei, geboren werden und in den
Schoß seiner Mutter zurückkehren, bekräftigt Jesus seine
Aussage: »Amen, amen, ich sage dir: Wenn jemand nicht
aus Wasser und Geist geboren wird, kann er nicht in das
Reich Gottes kommen.« (Joh 3,5) Offensichtlich ist die
Anwartschaft auf das Bürgerrecht im Reiche Gottes nicht
von der Geburt aus dem Geist zu trennen, die auf die Taufe zurückgeht (»aus Wasser und Geist«). Nur könnte sich
jene Geburt als Totgeburt erweisen, insofern sich das Leben des Menschen nicht wahrhaft als ein Leben aus dem
Geist erweist. Denn dass es sich bei jener Wiedergeburt
nicht etwa um eine Reinkarnation handelt, sondern um
eine Neuschöpfung, verdeutlichen die folgenden kategori-
schen Unterscheidungen Jesu: »Was aus dem Fleisch geboren ist, das ist Fleisch; was aber aus dem Geist geboren ist,
das ist Geist. Wundere dich nicht, dass ich dir sagte: Ihr
müsst von neuem geboren werden. Der Wind weht, wo er
will; du hörst sein Brausen, weißt aber nicht, woher er
kommt und wohin er geht. So ist es mit jedem, der aus dem
Geist geboren ist.« (Joh 3,6–8) Der letzte Satz ist genau zu
beachten, worauf Erik Peterson in seinem Kommentar
zum Johannesevangelium (vgl. ebd. 140 f.) hinweist: Trotz
des zweifellos vorhandenen Wortspiels würden nicht etwa
Geist [griech.: *Pneuma*] und Wind miteinander verglichen,

sondern »das Kommen des Windes und das Kommen des Geistes der Wiedergeburt bzw. des aus dem Geiste Wiedergeborenen. Wie der Wind plötzlich kommt und plötzlich aufhört, so kommt auch der aus dem Geist Wiedergeborene plötzlich. Die Wiedergeburt, das Erscheinen der Kinder Gottes ist eine ἀποκάλπσις (Apokalypsis), wie Paulus sagt (vgl. Röm 8,19), eine plötzliche Offenbarung. Christus selber erscheint ja am Jüngsten Tage plötzlich. Er ist wie ein Dieb in der Nacht.« Und mit Ihm bricht das Reich Gottes herein »in Herrlichkeit« (vgl. Röm 8,18), das aber jetzt schon in den aus dem Geiste Wiedergeborenen mit Christus Gestalt annimmt – ungreifbar wie der Wind bzw. das Pneuma, also der Geist, der ihr Leben verwandelt. Deshalb kann es keinerlei Beziehung zwischen dem Weltgeist oder dem Absoluten Geist im Sinne der Geistmetaphysik Hegels und dem Geist Gottes geben. Ebenso wenig zwischen diesem und dem jeweils herrschenden Zeitgeist, dessen Trachten dem entspricht, was bei Paulus »Fleisch« heißt. »Denn alle, die vom Fleisch bestimmt sind, trachten nach dem, was dem Fleisch entspricht; alle, die vom Geist bestimmt sind, nach dem, was dem Geist entspricht. Das Trachten des Fleisches führt zum Tod, das Trachten des Geistes zu Leben und Frieden. Denn das Trachten des Fleisches ist Feindschaft gegen Gott; es unterwirft sich nicht dem Gesetz Gottes und kann es auch nicht. Wer vom Fleisch bestimmt ist, kann Gott nicht gefallen. Ihr aber seid nicht vom Fleisch, sondern vom Geist bestimmt, da ja der Geist Gottes in euch wohnt. Wer den Geist Christi nicht hat, der gehört nicht zu ihm.« (Röm 8,5–9) Das ist eine ebenso harte wie klare Aussage, die jene Ambivalenz ausschließt, wie man sie auch von Christen kennt, die sich zwar auf Gott oder Christus berufen mögen, doch letzthin dem Geist dieser Weltzeit, nach Paulus: dem »Fleisch« verhaftet sind. Darunter ist nicht allein die Begierde im Sinne der Wollust gemeint, sondern das Geltungsbedürfnis, das

Eigeninteresse, das sich über die Gebote Gottes hinwegsetzt. »Wer seine Gebote hält«, schreibt der heilige Johannes, »bleibt in Gott und Gott in ihm. Und dass Er in uns
bleibt, erkennen wir an dem Geist, den Er uns gegeben
hat.« (1 Joh 3,24) Dass es sich hierbei weder um Geist im
allgemeinen Sinne noch um einen besonderen Esprit handelt, über den auch ein Spötter oder Übeltäter verfügen
kann, wird aus den recht konkreten Ausführungen Johannes' zuvor ersichtlich: »Wundert euch nicht, meine Brüder,
wenn die Welt euch hasst. Wir wissen, dass wir aus dem
Tod in das Leben hinübergegangen sind, weil wir die Brüder lieben. Wer nicht liebt, bleibt im Tod. Jeder, der seinen
Bruder hasst, ist ein Mörder, und ihr wisst: Kein Mörder
hat ewiges Leben, das in ihm bleibt. Daran haben wir die
Liebe erkannt, dass Er sein Leben für uns hingegeben hat.
So müssen auch wir das Leben für die Brüder hingeben.«
(1 Joh 3,13–16; vgl. Joh 13,1; 15,12 f.) *Das* ist der Maßstab
der Christusnachfolge. *Daran* erkennen wir den »Geist,
den Er uns gegeben hat« (vgl. 1 Joh 3,24). Einen Geist, der
nicht nur dem »Geist des Antichrists« zuwider ist, »über
den ihr gehört habt, dass er kommt. Jetzt ist er schon in der
Welt.« (1 Joh 4,3b) Mochte er sich auch in besonderer Weise in den massenmörderischen Ideologien des 20. Jahrhunderts manifestiert haben, so vorab in dem Kultus nationaler Macht und historischer Größe, in dem »das Trachten
des Fleisches« zum Tod führte (vgl. Röm 8,6) bzw. das Jo-
hannes-Wort seine Bestätigung fand: »Wer nicht liebt,
bleibt im Tod.« (1 Joh 3,14)

Exkurs: Eschatologie und Zeitgeschehen

Nicht weniger als in neutestamentlicher oder frühkirchlicher Zeit hat die Moderne die Aktualität jener apostolischen Worte bewiesen. Man braucht nicht wiederholt auf Kraus, Kafka und Klee, ja nicht einmal auf Heidegger zu rekurrieren. Es genügt ein Blick in *Gestalten der Zeit* (Berlin 1930) von Willy Haas, dem Herausgeber der Zeitschrift »Die literarische Welt«; dort findet sich das Kapitel »Der Christ in unserer Zeit« mit dem eindrucksvollen Porträt »Der Sünder: *Ludendorff*« (72–93): »VON FAST SCHAURIGER GROSSARTIGKEIT ist es, wie *er* nicht mehr, der es fortwährend fast verzweifelt will und möchte, und niemand mehr, es verhindern kann, daß dieser Mensch, der einmal nach dem Urteil aller, auch seiner politischen Feinde, ein außerordentlicher Stratege war, als Jack Pudding auf dem offenen Markt endet.« Und weiter: »wie er einsam wird, grabeseinsam; wie er nicht ruht, bis nichts, nichts Aktivierbares mehr in seinem politischen Programm übrigbleibt und selbst die personifizierte politische Narrheit sich schon von ihm abkehrt: das ist mehr, viel mehr als eine Komödie.« Eine Komödie ist die seelische Erstarrung, gewissermaßen der Tod bei lebendigem Leibe nicht. Auch sei das Psychologische »vielleicht nicht allzu kompliziert«, wie Haas angesichts der Skrupellosigkeit Ludendorffs befindet, der sein Gewissen zu beruhigen weiß, da er ja nur seine militärische Pflicht getan habe: »und doch sind Millionen Menschen gefallen, eine ganze Generation verblutet, und sinnlos verblutet; und nichts, nichts ist da, was auch nur ein wenig von dieser furchtbaren menschlichen Gewissenslast tragen, keine Instanz des Gewissens, die auch nur das Geringste davon verarbeiten könnte, keine Stelle in ihm, die auch nur ein wenig schmerzen könnte – denn er hatte doch nur seine militärische Pflicht getan! –: muß es nicht irgend anderswo, in anderer

Form, ausbrechen?« Nicht in Form körperlicher Krankheit, insofern Ludendorff »ein kräftiger Soldat« war. Psychologen würden heute von einem »chronisch gesunden Gewissen« sprechen; nach Haas sei nach »dem Gutachten ernster Psychiater« bei Ludendorff »eine gewisse Entartung der Gehirntätigkeit eingetreten.« Doch nun schlägt Haas einen Weg ein, den man heutzutage im Bereich des Feuilletons ebenso vergeblich suchen kann wie in der Theologie, insofern sie sich weitgehend auf psychologische Deutungsmuster beschränkt: »Auch damit ist noch nicht das Wichtigste gesagt. Denn das Wichtigste ist, daß sich dieser ganze Prozeß offenbar nicht auf psychologischem, sondern sehr deutlich auf *theologischem* Gebiet abspielt, und daß vielleicht überhaupt nur die Erfahrungen der theologischen Disziplin die vollständige Diagnose über diese Krankheit geben könnte; oder, anders gesagt: Niemals werden die bloßen *Funktionen* dieser Gehirntätigkeit die letzte Erkenntnis dieses Verfalls hergeben; sondern die *Formen*, die sie treibt, müssen synthetisch, als Weltbild, betrachtet werden.«

Hier hat Haas – nahezu ein Menschenalter vor den absurden neurologisch-naturalistischen Reduktionen des menschlichen Geistes – genau den Punkt getroffen, was im theologischen Verständnis die Unterscheidung der Geister bezeichnet. Denn »als Weltbild« betrachtet, erweisen sich jene Formen des Verfalls als Wahngebilde, die auf der Verkehrung des christlichen Erlösungsgedankens beruhen. »Das Erste, was der Theologe sagen müßte (wenn es überhaupt noch einen hundertprozentigen Theologen gibt): er hat seltsamerweise alle Symptome der *Besessenheit*, der *Dämonisierung* an sich. Sein Begriff der völkischen ›Befreiung‹, wie er ihn jetzt in seinen Organen predigt, hat kaum noch körperliche Substanz; er bezieht seine ganze Substanz aus dem christlichen ›Erlöse uns von dem Übel‹, – das Übel des Judentums, der Freimaurerei und des Katholizismus, die L. zusammen für das Welt-Übel ansieht –; er übernimmt den ganzen Apparat des Erlösungsgedankens, der Heilslehre, in einem genauen politischen Spiegelbild.« Nichts anderes aber als die Nachäffung des Heiligen kennzeichnet das Wirken des Antichristen, die mit einer Verwirrung der Begriffe einhergeht, durch die wiederum eine Unterscheidung der Geister vereitelt wird. Wie sich schon bei Heidegger in seinen Aufzeichnungen aus den dreißiger Jahren der Geist der Empörung der Offenbarung widersetzt, um nicht in seiner Abgründigkeit durchschaut zu werden, so auch hier: »›Das Dämonisierte ist das Verschlossene, das Stumme‹ sagt der große christliche Philosoph Kierkegaard in seinem Buch über die ›Angst‹.« Und mit Kierkegaard erkennt Haas die Verschlossenheit als »die Wirkung davon, daß die Individualität sich gegen das übrige Menschenleben verneinend verhielt.« Und zwar die Individualität des einstigen großen Feldherrn und Strategen, auf den – nicht etwa auf Hindenburg – der Sieg der Schlacht von Tannenberg zurückging: ein Ruhm, der den hohen Preis verschweigt; dem Sieger von einst buchstäblich den Mund verschließt. In diesem Sinne dechiffriert Haas seine Verschlossenheit: »Ich muß das ausdrücklich sagen, denn ich will hier eine spezifische Art der Verschlossenheit bezeichnen: *die militärische Verschlossenheit*. Und diese wieder meine ich: als seelische Verschlossenheit des wahren Berufssoldaten vor dem Tode von Tausenden; als örtliche und gesellschaftliche Verschlossenheit des Standes; als moralische Verschlossenheit des Gewissens durch die Verschließung in ein ›militärisches‹ Gewissen; als psychologische Verschlossenheit einer Körper gewordenen strategischen Maschine.« Hier wird deutlich, wie die von Heidegger verachtete Technik, genauer: die auf seine technisch-strategischen Funktionen reduzierte Form menschlichen Handelns, mit der von ihm selbst propagierten Kälte gegenüber dem menschlichen Leiden im Denken in einer Art prästabilierten Harmonie des Unheils zusammenwirken – im *Verschweigen* der Opfer, die für den großen Denker wie für den großen Strategen keine Rolle spielen.

Jene Harmonie des Unheils, ja des Unheiligen äußert sich bei dem einen wie dem anderen in einer auffallenden Nähe zum Abgründigen, zum Unterirdischen. So erkennt Heidegger im Abschnitt *237. Der Glaube und die Wahrheit* seiner *Beiträge zur Philosophie* die Wahrheitssucher auf der Spur des Fragwürdigen als eine ganz besondere *Gemeinde*: »Die *Fragenden* dieser Art sind die ursprünglich und eigentlich Glaubenden, d. h. diejenigen, die es mit der *Wahrheit* selbst, nicht nur mit dem Wahren von Grund aus ernst nehmen, die zur Entscheidung stellen [!], ob das Wesen der Wahrheit west und ob diese Wesung selbst uns, die Wissenden, Glaubenden, Handelnden, Schaffenden, kurz die Geschichtlichen trägt und führt.« (369) Es versteht sich, dass »dieses Glauben« in der Absage an jeglichen Halt keinen anderen besitzt als »vielmehr das Ausharren in der äußersten Entscheidung. Dies allein kann noch einmal [!] unsere Geschichte auf einen gegründeten Grund bringen.« (370) Noch einmal – *da capo* –, das ist der Wunschtraum derer, die wie ein Ludendorff nach einem einmaligen Triumph endgültig gescheitert sind; nicht anders »dieses ursprüngliche Glauben« nach Heideggers Fazit, »sofern es als Fragen sich gerade in die Wesung des Seins hinausstellt und die *Notwendigkeit* des Ab-gründigen erfährt.« (370) Man muss sich nur einmal den Widersinn allein in der Gedankenführung vor Augen führen: Einerseits maßen sich »die Geschichtlichen« an, zur Entscheidung zu stellen, ob das Wesen der Wahrheit west (...), um am Ende »die *Notwendigkeit* des Ab-gründigen« zu erfahren: So vermag jeder Hasardeur, der den Sprung in den Abgrund nicht scheut, seinen Bankrott als eine Notwendigkeit zu verkaufen. Doch der Vergleich hinkt, insofern ein Hasardeur, blind seinem Spieltrieb folgend, in den Ruin stürzt, während jene »Glaubenden«, die vom Glauben abgefallen sind, ganz bewusst auf »die *Notwendigkeit* des Ab-gründigen« setzen in einem Kampf, »der sich in der äußersten Tiefe als ein Spiel des Abgründigen offenbart.« (474).

Deutlicher lässt sich das diabolische Wesen eines Denkens nicht bestimmen, mag es auch so tun, darin einen Grund, auf dem es stehen kann, ja eine unausschöpfliche Tiefe gefunden zu haben: »Der *Ab*-grund ist Ab-*grund*.« (379) Wie man es auch akzentuieren mag, es führt nichts über seine Abgründigkeit hinaus, mag Heidegger durch den Trennungsstrich so etwas wie einen Grund suggerieren, wogegen schon nach Abschnitt *147. Die Wesung des Seyns* (seine Endlichkeit) spricht: »Wird es als endlich gesetzt, dann wird seine Ab-gründigkeit bejaht.« (269) Anders würde das Pathos des Geschichtlichen keinen Sinn ergeben, das durch »die Einzigkeit des Untergangs« gekrönt wird. »Der Untergang ist die Sammlung aller Größe in den Augenblick der Bereitschaft zur Wahrheit der Einzigkeit und Einmaligkeit des Seyns. Der Untergang ist die innigste Nähe zur Verweigerung, in der sich das Ereignis dem Menschen schenkt.« (228) In der Tat, denn niemals kommt ein Mensch näher Satan, der sich um seiner »Einzigkeit und Einmaligkeit« willen aller Erfüllung und Vollendung verweigert und folglich auch allen verweigern muss, die sich dem »Spiel des Abgründigen« verschreiben, um jenen »Augenblick« vor dem Untergang auszukosten. Daher Heideggers abschließende Warnung vor allem Fortschritts- oder Kulturglauben, insofern letzterer »gar den Menschen noch einmal in die christliche Verkennung aller Wahrheit des Seyns zurückdrückt.« (228) Diese Gefahr besteht bei Heidegger nicht, insofern er die Abgründigkeit des Seins bejaht – des Seins dessen, der ihm den Mund verschließt, warum er nun in der Ausschau auf den Untergang die Glückseligkeit des Menschen erblickt. Eine Erklärung solcher *Verschlossenheit* bietet Hölderlins Entwurf *Vom Abgrund nämlich …* (vgl. Hölderlin, *Sämtliche Werke II*, 259):

»Vom Abgrund nämlich haben
Wir angefangen und gegangen
Dem Leuen gleich, in Zweifel und Ärgernis,
Denn sinnlicher sind Menschen
In dem Brand
Der Wüste,
Lichttrunken und der Tiergeist ruhet
Mit ihnen.«

Denn niemand kann den »Brand der Wüste« ermessen infolge von »Zweifel und Ärgernis«, d. h. der Verblendung (»Lichttrunken«) und der Verwilderung des Denkens. Denn der »Tiergeist« entspricht nun nicht dem Instinkt eines Tieres, der sich gerade dadurch auszeichnet, in schier ausweglosen Situationen einen Rettungsweg zu finden. Eher erinnert er an die beiden Tiere nach Offb 13, an den Antichristen und seinen Propheten, zumal es vom ersten heißt, sein Maul war »wie das Maul eines Löwen« (Offb 13,2). Beachtlich auch die Formulierung: »und der Tiergeist ruhet / Mit ihnen.« Kein Brüllen also, kein marktschreierisches Auftreten, sondern eine ruhige und klare Gedankenführung, durch die Heideggers Philosophie besticht.

Dadurch unterscheidet sich Heideggers Werk auch von dem demagogischen eines Ludendorff, obwohl es zwei wesentliche Berührungspunkte gibt. Dem Abgründigen bei Heidegger entspricht ein Hang zum Unterirdischen, der sich Haas zufolge in einer Zahlenmystik niederschlägt, nach der auch seine Gegnerschaft – die »Dreieinigkeit« von jüdischem Synedrion, Jesuitengeneral und dem Großmeister des Hohen Orients – angeblich verfährt: diese »so infernalisch gerissen, so unendlich politisch geschickt er sie sieht, operiert gleichwohl nicht nach politischen Erwägungen, sondern nach theologischen oder theosophischen Zahlen, an die sie offenbar gebunden ist« (Haas, 75). Nicht nur dass sie ihn an einem solchen Tag treffen könnte »und nicht etwa an einem, an dem er besonders ungedeckt zu fällen wäre«. »Auch der Weltkrieg ist an einem solchen Tag ausgebrochen«, wie Haas anmerkt, »auch die für Deutschland unglücklichen Schlachten sind an solchen Tagen geschlagen worden! Man bedenke, daß das der Chef des deutschen Generalstabs, der einstmals unumschränkte Herr über Millionen Menschenleben, heute schreibt, um das Schauerliche dieser Geistesverfassung zu begreifen!« (Ebd.) Die Entrüstung darüber kann jedoch nicht darüber hinwegtäuschen, dass bereits damals – im Zeichen seiner Herrschaft über Millionen – jene »Geistesverfassung« vorgeherrscht haben muss: buchstäblich ein Rechnen mit ihrer Vernichtung, die Kalkulation ihres Untergangs, die als solche aber nicht angesprochen werden darf, um nicht das Ausmaß der eigenen Schuld zu offenbaren. »Ganz seltsam ist die alles beherrschende fixe Idee des *Unterirdischen*, die spezifische Form seines Verfolgungswahns. Natürlich muß man nicht gleich ein historischer Materialist sein, der alles aus irdischen wirtschaftlichen Ursachen ableitet; aber diese völlige, radikale Loslösung vom Irdischen in Ludendorffs historischer Kasuistik der Zeitereignisse würde ihm heute nicht einmal der radikalste Theologe nachmachen können.« (ebd. 75 f.)

Ja nicht einmal könnte dieser die theologischen Ursachen – ohne entsprechende psychologische Anleihen – namhaft machen. Denn von bloßem Verfolgungswahn kann man etwa bei einem Diktator wie Stalin sprechen, der bekanntlich vor seinem Tode aus Furcht vor einem Attentat allabendlich das Schlafzimmer wechselte und sich allein durch Pferde-Sanitäter medizinisch behandeln ließ, um nicht einem fachkundigen Arzt ausgeliefert zu sein; ebenso bei jedem kleinen Psychopathen, der seiner persönlichen Umgebung misstraut. Gleichwohl dürfte es sich bei der Angst im Sinne des Verfolgungswahns eher um ein psychologisches Phänomen, um eine Folgeerscheinung handeln, da der von ihm Geplagte eher die Rache derjenigen fürchtet, denen er selbst einst Angst einjagte. Das Verschlossene bzw. das Stumme, wie Kierkegaard »das Dämonisierte« definiert, zeugt hingegen von einer Angst in einem ganz spezifischen Sinne; nämlich von der Angst, sein eigenes Wesen zu offenbaren, damit niemand des Abgründigen, dem es hörig ist, innewird, letzthin seiner Unfreiheit, die es mal durch Anmaßung, mal durch Todesverachtung zu überspielen sucht, selbst wenn es – wie Heidegger – niemals wirklich mit dem Tod konfrontiert worden ist.

So deutet Papst Gregor der Große († 604) in einer Auslegung zum ersten Buch Samuel 1 Sam 2,1 (*Commentarium in librum I Regum*, Lib. 2, Cap. 1, Nr. 4: PL 79): »Hanna spricht: ›Weit öffnet sich mein Mund gegen meine Feinde.‹ Wer sind die Feinde der auserwählten Seele? Die bösen Geister! Was heißt also, der Mund öffnet sich gegen die Feinde? Nun, es ist der Mund dessen, der in der reichen, ihm eingegebenen Gnade alle Überredungsversuche der bösen Geister zurückweist. Denn einen verschlossenen Mund hat jeder, der es nicht fertigbringt, allem Trug der bösen Geister durch die Überlegungen des Verstandes entgegenzutreten. Denn der Verstand ist der Mund des Geistes und das Überlegen sein Sprechen.« Verstand und Vernunft stehen also für Gregor, den einstigen Stadtpräfekten von Rom aus senatorischem Adel und späteren Benediktiner, keineswegs im Widerspruch zur Glaubenswahrheit, während bei dem einstigen Katholiken Heidegger auffällt, dass seine Invektiven gegen das Christentum simplen Pauschalurteilen entsprechen; nirgendwo findet sich etwa eine Schriftdeutung, die sich bestätigen oder widerlegen ließe. Und mit Grund weicht Heidegger – etwa auch in dem erst 2009 edierten Briefwechsel mit Bultmann – einer philosophisch-theologischen Auseinandersetzung aus. Denn: »Wenn die bösen Geister auch Schlechtes einflüstern, sie werden durch das Öffnen des Mundes zuschanden gemacht. Das Herz ist durch die Wahrheit höchster Weisheit unterrichtet und besitzt, entzündet von der Fackel höchster Liebe, gegen das Eindringen des Irrtums das unendliche Licht der Weisheit und gegen die ihm angebotene Pracht der Welt die unaussprechliche Liebe. Im unermesslichen Licht sieht das Herz, was es zurückweisen muss. Durch die Weisheit entdeckt es, was böse Einflüsterung ist, und in der Kraft der Liebe weist es ab, was es entdeckt hat.« Genau dazu zeigt sich weder ein Ludendorff noch ein Heidegger fähig, die sich dem, was im biblischen Sinne Weisheit oder Liebe heißt, verschließen, um sich umso mehr den Suggestionen des Unterirdischen wie des Abgründigen zu öffnen – der eine im Geiste einer Esoterik, die ihn von jeder Form der Selbstbesinnung dispensiert; der andere gefällt sich als Mund seines »letzten Gottes«, nein, nicht als Mund eines Orakels, sondern als Deuter und Denker des Seinsgeschehens, damit nach dem Untergang der heutigen Welt die Geschichte endlich so verläuft, wie er sich's erträumt.

Es ist der Realitätsverlust, der sog. große Denker vom Schlage Heideggers mit den Herrschern dieser Welt vereint; vereint nicht zuletzt in der Empörung gegen die Schöpfung und Vorsehung Gottes – daher das Unterirdische, Abgründige, ja Satanische, insofern Satan als gefallener Engel sich eins weiß mit der Gestalt dessen, der den Untergang der Welt achselzuckend in Kauf nimmt, um sein »Reich des Fragwürdigsten« zu etablieren. Doch lassen wir einmal alle näheren theologischen Bezüge beiseite [obschon es ja, wie eingangs zitiert, Walter Benjamin war, der die Theologie der Wirklichkeit zuordnete]; lassen wir auch einmal alle Zeitbezüge mit Blick auf die Hitler und Stalin beiseite, so sei nur an den gescheiterten Russland-Feldzug Napoleons vor 200 Jahren erinnert, mit einer halben Million Soldaten den bis dahin größten Feldzug der Geschichte; gescheitert keineswegs an dem russischen Winter und an der Weite des Landes, sondern an katastrophalen logistischen Mängeln, wie neuere historische Untersuchung beweisen [von Dominic Lieven, Karl J. Mayer, Daniel Furrer]. Dazu heißt es in einem Essay von Thomas Speckmann (FAZ Nr. 138 [16.06.2012], Z 3): »Indem sich jüngere Darstellungen der napoleonischen Ära nicht allein auf die große Politik und ihre Strategien, auf Entwürfe einer Neuordnung Europas, auf Schlachtbeschreibungen und Analysen der Schachzüge von Napoleon und seinen Gegnern auf den europäischen Schlachtfeldern beschränken, sondern auch den einfachen Soldaten eine Stimme geben, setzen sie denjenigen ein Denkmal, die im Gegensatz zu Kaisern, Zaren, Königen, Generälen und Marschällen in der Historiographie zu Napoleon bislang meist nur als Statisten vorkamen: den Hunderttausenden, die nicht heimkehrten – erschossen, erschlagen, verhungert, erfroren, an Krankheiten und Seuchen gestorben, in Gefangenschaft geblieben. Damit kommt der heutigen Forschung im Jahr des zweihundertjährigen Gedenkens an Napoleons Scheitern in Russland eine Bedeutung zu, die über das jetzige Jubiläum hinausgeht. Zusammen mit dem Fokus auf die Rolle der Logistik und die russische Seite eröffnet die Perspektive des beinahe unbekannten Soldaten Einsichten, die für die zukünftige Erinnerung in Europa und ihre Literatur Maßstäbe setzen dürfte.«

Es sei nur angemerkt, dass aus jener Perspektive im Alten Testament die Geschichte »für die zukünftige Erinnerung« geschrieben worden ist – vom Buch Joschua bis hin zu den Makkabäerkriegen –, wenngleich nicht als historische Wissenschaft, sondern als Chronik des Volkes Israels. Nicht um den Mächtigen, Kaisern und Königen, die Ehre zu geben, sondern dem Allmächtigen, der sich der Kleinen und Schwachen annimmt, um sie ihrer Hand zu entreißen. Allein aus diesem Grunde – nicht etwa aufgrund sozialer oder moralischer Erwägungen – kann es aus theologischer Sicht keinerlei Einvernehmen mit Figuren wie Heidegger oder Ludendorff geben, mögen diese auch einem christlichen Umfeld entstammen; immerhin findet sich das Ludendorff-Porträt bei Haas in dem Kapitel »Der Christ in unserer Zeit« neben folgenden Charakterisierungen: »Der biblische Christ: Tolstoi«, »Der Konvertit: Hermann Bahr und das katholische Denken«, »James Joyces Jugendbildnis« und abschließend: »Die Theologie im Kriminalroman«. Deren »*Definition*«, die Haas abschließend gibt, könnte unter anderen Vorzeichen auch für die profane Geschichtsschreibung gelten, soweit sie nichts von theologischen Deutungsmodellen wissen will: »Das Theologische in unserer Welt äußert sich nicht offen, kann sich nicht offen äußern. Ich sprach hier über den Kriminalroman als über ein unterirdisches theologisches Zeitsymptom.« (Haas, 113) Kein Zufall daher, wenn sich ein Ludendorff, »einstmals unumschränkter Herr über Millionen Menschenleben«, später dem »*Unterirdischen*« verschreiben sollte. Denn dessen Suggestionen, oder um mit Heidegger zu reden: »das Spiel des Abgründigen« war schon zuvor am Werk, in den Jahren vor dem Ersten Weltkrieg, als in Europa allgemeine Prosperität herrschte und es kaum wirtschaftliche oder strategische Gründe gab, sich in einen Krieg zu stürzen. Obwohl alle Beteiligten davon auszugehen schienen, dass dieser kurz und in wenigen entscheidenden Schlachten entschieden wäre, gab es in Anbetracht der modernen Kriegstechnik gerade von berufener Seite warnende Stimmen, wie die Historikerin Ute Frevert in einem Aufsatz über *Machtpolitik und das Pathos von*

Ehre und Schande. Als der Erste Weltkrieg ausbrach (NZZ Nr. 176 [31.07/01.08.2004], 47) feststellt: »Der künftige Krieg würde, teilte Generalstabschef Moltke« – also Ludendorffs Amtsvorgänger – »dem Kaiser 1905 mit, ›ein langes mühevolles Ringen‹ sein und ›unser Volk, selbst wenn wir Sieger sein sollten, bis aufs äusserste erschöpfen‹.« Anstatt Warnungen aus berufenem Munde ernst zu nehmen und die vielfältigen Folgen eines Krieges zu bedenken, haben, Ute Frevert zufolge, die Staatsmänner auf Pathosformeln von Ehre und Schande zurückgegriffen, wonach ein Zurückweichen Schwäche bedeutete. »In der aufgeheizten, durch Dauerkommunikation auf allen Ebenen gekennzeichneten und zunehmend unüberschaubar werdenden Situation des Juli 1914 war es gerade diese Mentalität, dieses Denken in Kategorien von Ehre und Standfestigkeit, das die Entscheidung für den Krieg ermöglichte.« Statt von Standfestigkeit könnte man besser von Verstockung sprechen, insofern Standfestigkeit einer Tugend entspricht, hier aber alle Tugenden buchstäblich über Bord geworfen wurden, die dem Frieden und der Versöhnung dienen. Denn *Ehre* ist ein zweideutiger Begriff, insofern er der Selbstlegitimation des eigenen Denkens oder Handelns dient. »Meine Ehre empfange ich nicht von einem Menschen« (Joh 5,42), bekundet Christus im Johannesevangelium, und zwar an entscheidender Stelle, wo es um seine Vollmacht als »Sohn«, als Retter und künftiger Richter geht (vgl. Joh 5,21 f.). Daher richtet sich seine Frage über seinen unmittelbaren jüdischen Zuhörerkreis hinaus an diejenigen, die sich zwar auf ihn berufen mögen, doch letzthin ihre eigene Ehre suchen: »Wie könnt ihr zum Glauben kommen, wenn ihr eure Ehre voneinander empfangt, nicht aber die Ehre sucht, die von dem Einen Gott kommt?« (Joh 5,44)
Mag das Verständnis von Ehre vor dem Ersten Weltkrieg auch feudaler Natur gewesen sein; mögen das »Image«, die

Reputation eines Menschen sich im demokratischen Zeitalter durch Popularität, Zugehörigkeit oder ähnliche Kri-
terien bestimmen, so ändert das – nach Hegels Diktum –
Begehren, begehrt zu werden, nichts an der Selbstherrlichkeit derjenigen, die ihre Ehre voneinander empfangen. Die
Ausblendung der Realität, sei es der Weisheit eines erfahre-
nen Soldaten, sei es des absehbaren Leids zahlloser Menschen, geht der *Verblendung* der Machthaber und Militärs
voraus; ja sie gelangt zur Vollendung in den esoterischen
Anwandlungen eines Ludendorff wie in den Untergangs-
phantasien eines Heidegger, die beide auf unsägliches Leid
zurückschauen, ohne davon Notiz zu nehmen, und die
beide nicht das heraufziehende Verhängnis sehen, nicht sehen wollen, weil – das Apostelwort sei an dieser Stelle wiederholt – der Gott dieses Äons, dieser Weltzeit ihr Denken
verblendet hat (vgl. 2 Kor 4,4).

– – – – –

Selbst wenn wir hier das Zeitgeschehen jener Jahre nur
skizzenhaft zu umreißen vermochten, so ist es – um auf
Edith Stein zurückzukommen – nicht allein von biogra-
phischer, sondern nicht weniger von theologischer Bedeutung. Und zwar unabhängig von ihrer Person: Weil das
Glaubenszeugnis eines Christen nicht von seiner Zeit zu
trennen ist, da er immer *ihr gegenüber* Zeugnis ablegt, niemals bloßer Zeitzeuge im Sinne eines stillen Beobachters
ist. Zumal aber für unsere Zeit, die Moderne [rechnen wir
ihr mal auch die »Postmoderne«, gewissermaßen deren
Wurmfortsatz, hinzu], gilt nicht allein für die Welt des Kriminalromans Willy Haas' Einsicht: »Das Theologische in
unserer Welt äußert sich nicht offen, kann sich nicht offen
äußern.« Gewiss, es werden zahlreiche theologische Werke verfasst und publiziert, aber bis in die Medienwelt der
sog. offenen Gesellschaft hinein wird Theologisches marginalisiert und unterdrückt, soweit es sich nicht dem Zeit-

geist konform geht, der vom Pneuma Gottes grundver-
schieden ist. Umso mehr aber in jener Epoche, in der es
noch eine reichhaltige religiöse Literatur gab: Entweder
wurde der christliche Glaube im Kult der Nation, des eigenen Volkes missbraucht, oder aber er wurde mit dem
Aufkommen der kommunistischen sowie der nationalsozialistischen Ideologie offen angefeindet; vom Judentum
gar nicht zu reden. Doch »das Theologische« als »ein unterirdisches Zeitsymptom« besagt noch mehr als eine Kriminalgeschichte, die irgendwann eine Lösung findet: Die
tiefe Abgründigkeit nicht zuletzt der maßgebenden geistigen Kräfte, die, von der zeitgenössischen Theologie weitgehend unbemerkt, die Erosion der christlichen Glaubens-
überlieferung bewirkten, durch die Verdichtung jenes
Verblendungszusammenhangs, der in Heideggers »letzten
Gott« Gestalt angenommen hat: »Der ganz Andere gegen
/ die Gewesenen, zumal gegen / den christlichen.« (403)
Das ist der Gott des Todes, dem über die Grenzen der
Ideologien hinweg das Zeitalter huldigt; dessen Entzauberung überfällig ist.
Jener Gott des Todes, der Gott dieser Weltzeit, hat den
Glaubensweg Edith Steins umrahmt: Nachdem ihr Kolle-
ge, Husserls Assistent Adolf Reinach, am 16.11.1917 an
der Westfront gefallen war, war es dessen Ehefrau Anne,
deren Glaubenskraft, aus der heraus sie den Tod ihres
Mannes trug, Edith Stein tief berührte. Und doch schien
jene Zeit im Rückblick eine andere, wie Edith Stein in einem Brief aus dem Echter Karmel an ihren Schwager Hans
Biberstein vom 17. November 1939 gesteht: »Es wird Dir
doch ebenso gehen wie mir: daß alle alten Kriegserinne-
rungen auftauchen und daß man den Gegensatz von jetzt
und damals stark empfindet. Und es ist heute für uns nicht
möglich, mit ungeteiltem Herzen die Ereignisse zu ver-
folgen.« (ESGA 3, 422; Br. 648) Der Patriotismus von einst
erscheint verschwunden. Und doch geht der Blick um

mehr als ein Jahrhundert vor dem Ersten Weltkrieg zurück, als hätte von da an das Verhängnis seinen Lauf genommen – nicht erst vom Ersten Weltkrieg oder von Versailles an: »Ich fühle mich jetzt immer in die napoleonische Zeit versetzt und kann mir vorstellen, in welcher Spannung man damals an allen Enden Europas gelebt hat. Ob wir wohl noch erleben werden, daß die Ereignisse unserer Tage ›Geschichte‹ werden? Ich habe großes Verlangen, all das einmal im Licht der Ewigkeit zu sehen. Denn das erkennt man doch immer klarer, wie blind wir für alles sind. Man staunt, wie verkehrt man vieles früher angesehen hat und begeht doch im nächsten Augenblick den Fehler, sich ein Urteil zu bilden, ohne daß man die nötigen Grundlagen dafür hat.« (Ebd. 422) Wie durch die dunkle Wolkenwand vor einer heraufziehenden Gewitterfront erscheint der Blick auf das kommende Geschehen verstellt: Allein von hier aus lässt sich ermessen, dass zwischen Heideggers philosophischer Beschwörung des Untergangs und dem realen, der in der Geschichte statthat, Welten liegen. Selbst einmal Erlebtes, wie die Jahre des Ersten Weltkriegs, reichen nicht an eine Gegenwart und Zukunft von wahrhaft apokalyptischem Zuschnitt heran. »Ich habe großes Verlangen, all das einmal im Licht der Ewigkeit zu sehen.« Das ist die einzige Perspektive, die das Dunkel der Zeit transzendiert, einschließlich unserer Blindheit und Verblendung. Denn das ganze Pathos der Geschichtlichkeit, das seit Heidegger dem Kultus der Endlichkeit zugrunde liegt, täuscht darüber hinweg, dass alles Geschichtliche nicht über die Vergangenheit hinausreicht. Geradezu lächerlich, wenn Heideggers Kapitel VI seiner *Beiträge zur Philosophie (Vom Ereignis)* sich richtet an DIE ZU-KÜNFTIGEN, dessen Schlussabschnitt gar überschrieben ist: *Das Da-sein und die Zukünftigen des letzten Gottes* – und das in einem an Verstiegenheiten nicht gerade armen Zeitalter deren höchster Gipfel.

Denn »sich ein Urteil zu bilden, ohne daß man die nötigen Grundlagen dafür hat«, besagt nichts anderes, als dass ein Urteil nur möglich ist aufgrund der Wirklichkeit, d. h. hier: der Kriegswirklichkeit, die bald über das bis dahin Erlebte, sei es der napoleonischen Ära, sei es des Ersten Weltkriegs, hinausgehen sollte; und es ist nur möglich aus einer theologischen Perspektive: »im Licht der Ewigkeit«. Da wir diese Perspektive in unserem Erdenleben nicht einzunehmen vermögen, sind wir verwiesen auf die Perspektive unserer Erlösung und Vollendung. Daher ist es kein Zufall, wenn in den auf Edith Steins Brief folgenden Wochen die wohl einzigen, sei es noch so fragmentarischen Aufzeichnungen *Über den Begriff der Geschichte* Walter Benjamins zu Papier gebracht werden sollten, zu denen Benjamin selbst zurückhaltend in einem Brief von April 1940 an Gretel Adorno vermerkt: »Noch heute händige ich sie Dir mehr als einen auf nachdenklichen Spaziergängen eingesammelten Strauß flüsternder Gräser denn als eine Sammlung von Thesen aus.« (GS. I.3, 1226) Denn *wissen* konnte zu jenem Zeitpunkt keiner über das Kommende; allenfalls versuchen, das Zeitgeschehen in eine messianische bzw. eschatologische Perspektive zu rücken, was ja Benjamin in seinen Aufzeichnungen getan hat. Und wenn wir an Klees hieroglyphische Bildwerke denken, so halten sie fest, was sich bereits in den Jahren zuvor buchstäblich *abzeichnete*, aber auch sie ziehen ihre visionäre Kraft nicht aus irgendeiner Hellseherei, sondern weil sie, wie oben dargetan, die Gestalten des Zeitgeschehens in die Perspektive der Erlösung rücken, die über das Grauen oder – um mit Heidegger zu reden – über das »Entsetzen« des Zeitgeschehens hinausreicht. Eine derartige Perspektive einzunehmen, ist einem profanen Denken verwehrt, weil das Gesehene einzig im Licht der Offenbarung erkannt werden kann.

Edith Stein ist ihren Weg im Lichte der Offenbarung nun nicht als Seherin, sondern als »vom Kreuz Gesegnete«, als

Teresia Benedicta a Cruce gegangen – ein Weg, der als Kreuzweg *Unvorhergesehenes* einschließt. Darin gleicht ihr Weg, obgleich weitgehend auf die Zelle eines Klosters beschränkt, dem Weg der Apostel, der nach deren eigenen Einschätzung wohl kaum über Israels Grenzen hinaus führen sollte und doch »zu allen Völkern« (vgl. Mt 28,19) geführt hat. Noch viel weiter sollte zuletzt Edith Steins Weg führen – in die Hölle von Auschwitz: das ist der Weg, den Christus vorweg zurückgelegt hat, als er das Kreuz bestieg, den Ort der Gottverlassenheit, der ihn in »das Reich des Todes« führte. Nicht tiefer konnte er hinabsteigen, nicht höher auf den Gipfel menschlicher Erniedrigung, um Gott, seinen Vater, zu verherrlichen. Hier versagen alle menschlichen Koordinaten, um »die Länge oder Breite, die Höhe oder Tiefe zu ermessen und die Liebe Christi zu verstehen, die alle Erkenntnis übersteigt« (vgl. Eph 3,18 f.). Dieser Liebe korrespondiert die »Kreuzesliebe«, von der Edith Stein spricht, und das sei betont, dass es sich trotz ihrer besonderen Erwählung dabei keineswegs um ein singuläres Phänomen oder gar um eine esoterische Einsicht handelt, die lediglich einigen wenigen Auserwählten zuteil wird. Vielmehr fährt der Apostel fort: »So werdet ihr mehr und mehr von der ganzen Fülle Gottes erfüllt.« (Eph 3,19b) Von der ganzen Fülle Gottes wohlgemerkt, nicht etwa Christi. Denn es heißt wohl zu Beginn im sog. Epheser-Hymnus, Gott habe »beschlossen, die Fülle der Zeiten heraufzuführen, in Christus alles zu vereinen, alles, was im Himmel und auf Erden ist.« (Eph 1,10). Doch die Fürbitte des Apostels für die Kirche (Eph 3,14–21) richtet sich nun nicht etwa an Christus, sondern folgerichtig an den Vater, von dem ja jener Beschluss ausgeht. Und an Ihn richtet sich auch der Abschluss des apostolischen Gebetes, weil von Ihm die Macht [griech.: dynamis] ausgeht, die »in uns wirkt«, nicht von uns oder von unserer Willenskraft: »Er aber, der durch die Macht, die in uns wirkt, unendlich viel mehr tun kann, als wir erbitten oder uns ausdenken können, Er werde verherrlicht durch die Kirche und Christus Jesus in allen Generationen, für ewige Zeiten. Amen.« (Eph 3,20 f.)

Allein aus der abschließenden Benediktion geht hervor, dass die Erwählung Edith Steins durch Christus sowie ihre Kreuzesliebe in keinerlei Widerspruch steht zur Berufung aller Heiligen, d. h. aller Getauften, sowie dem Wirken der Kirche und Christi in allen Generationen. Sie beschreibt keinen geistlichen Sonderweg, sondern dient der Verherrlichung Gottes »durch die Kirche und Christus Jesus«. M. a. W., sie ist den Weg der Kreuzesnachfolge und des Martyriums als Ordensfrau und als Braut Christi gegangen, und zwar nicht aufgrund subjektiver Neigungen und Vorlieben: Ihr Weg ist der Weg der Kirche von der apostolischen Zeit an. Das gilt es sich mit Nachdruck in einer Zeit ins Bewusstsein zu rufen, in der es zum guten Ton gehört, die sog. Institution Kirche gegen das Charisma auszuspielen: Ein Charisma, das der Verherrlichung Gottes und nicht der Selbstverherrlichung dient, gibt es nur in der Kirche als dem Leibe Christi (vgl. 1 Kor 12,12–31a), weil auch die verschiedenen Charismen dem *einen* Geist entspringen (vgl. 1 Kor 12,1–11) und niemals dem individuellen Ingenium oder Talent. Ja, man mag sich fragen, wieso der geborene Pharisäer Saulus ausgerechnet zum Völkerapostel Paulus berufen wurden oder die säkularisierte Jüdin Edith Stein zur Karmelitin strenger Observanz und zur Märtyrerin. Ihre Berufung ist und bleibt ein Geheimnis Gottes, wie es Sein Geheimnis bleibt, warum Er zu unserer Erlösung seinen Sohn der Schmach des Kreuzes unterworfen hat, anstatt – wie etwa nach dem Propheten Maleachi – sein Erscheinen im apokalyptischen Terror aufgehen zu lassen oder aber den Guten und Gerechten ohne Umschweife nach ihrem Ableben das Paradies zu öffnen. – Doch zu schwer wiegt das Leid, zu schwer die Schuld der

Welt, weshalb auch Maleachi dem »Tag des Herrn« den Propheten Elija [aus neutestamentlicher Sicht: Johannes den Täufer] zur Umkehr von Vätern und Söhnen vorausschickt, »damit ich nicht kommen und das Land dem Untergang weihen muss« (Mal 3,24) – so der Schluss des Buches. Ebenso endet eine Christus-Vision von Rosa von Lima († 1617), der Schutzpatronin Lateinamerikas, mit der Warnung: »Die Menschen sollen sich vor Irrtum und Selbsttäuschung hüten. Das ist die einzige Leiter zum Paradies: ohne Kreuz findet niemand den Aufstieg zum Himmel.« (*Epistola ad medicum Castillo: La patrona de America*, ed. Getino, Madrid 1928, 54)

Ganz in diesem Sinne hat Edith Stein in dem programmatischen Text *Kreuzesliebe. Einige Gedanken zum Fest des hl. Vaters Johannes vom Kreuz. 24. November 1933* [nach der Liturgiereform auf den 14. Dezember verlegt] die Kreuzesliebe des hl. Johannes vom Kreuz begründet (vgl. GT II, 110–113), der für sich nichts anderes begehrte als Leiden und Verachtetwerden. Vorab verneint sie die Frage, ob es sich dabei lediglich um die liebende Erinnerung an den Leidensweg unseres Herrn auf Erden handelte, um eine Angelegenheit des Gemüts; das scheine indessen »der hohen und strengen Geistigkeit des mystischen Lehrers nicht zu entsprechen«. Es wäre fast, als würde über dem Mann der Schmerzen der siegreich thronende König, der Überwinder von Sünde, Tod und Hölle vergessen, der uns in ein Reich des Lichtes berufen habe. Mehr als damals wird heute zuweilen ein weltversöhntes Christusbild beschworen, in dem das Kreuz Christi keinen Platz hat – oder aber es wird mit Blick auf die Verwerfungen der jüngsten Geschichte, nicht zuletzt auf Auschwitz, das Erlösungswerk Christi in Abrede gestellt, so dass unter der Hand das Kreuz Christi zum Sinnbild seines Scheiterns wird. Ganz anders Edith Stein: »Der Anblick der Welt, in der wir leben, Not und Elend und der Abgrund menschlicher Bosheit, ist geeignet, den Jubel über den Sieg des Lichts immer wieder zu dämpfen. Noch ringt die Menschheit mit einer Schlammflut, und immer noch ist es eine kleine Herde, die sich daraus gerettet hat auf die höchsten Spitzen der Berge. Noch ist der Kampf zwischen Christus und dem Antichristen nicht ausgefochten. In diesem Kampf haben die Gefolgsleute Christi ihre Stelle. Und ihre Hauptwaffe ist das Kreuz.« Das *noch* aber bedeutet nichts anderes als eine Umschreibung der auf Erik Peterson zurückgehenden Denkfigur des *eschatologischen Vorbehalts*, wonach wir in der Taufe zwar den Totenweckergeist empfangen haben, jedoch noch nicht im Leibe auferstanden sind, letzthin Gericht und Vollendung ausstehen. Deshalb tragen wir mit an der Kreuzeslast, die sich Christus aufgebürdet hat. »Diese Last aus der Welt hinauszutragen ist der Sinn des Kreuzwegs. Die Rückkehr der befreiten Menschheit ans Herz des himmlischen Vaters, die Annahme an Kindes statt ist freies Geschenk der Gnade, der allerbarmenden Liebe. Aber sie darf nicht geschehen auf Kosten der göttlichen Heiligkeit und Gerechtigkeit. *Die ganze Summe menschlicher Verfehlungen vom ersten Fall bis zum Tage des Gerichts muß getilgt werden durch ein entsprechendes Maß an Sühneleistungen.* Der Kreuzweg ist diese Sühne.« Und zwar über den adamitischen Sündenfall hinaus, auf den sich oftmals der theologische Blickwinkel des Sühneopfers Christi beschränkt, als handelte es sich um ein Geschehen der Vergangenheit, so dass auch das Opfer Christi als ein Akt der Vergangenheit erscheint, der bei Edith Stein dagegen eine umfassende Deutung erfährt: »Das dreimalige Zusammenbrechen unter der Kreuzeslast entspricht dem dreifachen Fall der Menschheit: dem ersten Sündenfall, der Verwerfung des Erlösers durch Sein auserwähltes Volk, dem Abfall derer, die den Christennamen tragen.« Das ist die Konstellation, unter der sich das Werk der Erlösung vollzieht, in das bereits auf dem Kreuzweg

Christi Menschen einbezogen sind: »*Der Heiland ist auf dem Kreuzweg nicht allein,* und es sind nicht nur Widersacher um Ihn, die Ihn bedrängen, sondern auch Menschen, die Ihm beistehen: als Urbild der Kreuzesnachfolger aller Zeiten die *Gottesmutter.*« Dann ist *Simon von Kyrene* genannt als Typus derer, die ein ihnen auferlegtes Leid annehmen und dessen Segen erlangen. Schließlich Veronika, die es dränge, dem Herrn zu dienen. – Die Reihe ließe sich ergänzen durch weitere Namen wie Maria Magdalena oder Martha und Maria, die Schwestern des Lazarus. Ja jeder, der in den folgenden Zeiten ein schweres Schicksal im Gedanken an den leidenden Christus oder freiwillige Sühneleistungen auf sich nahm, habe damit etwas von der gewaltigen Schuldenlast der Welt getilgt und dem Herrn sein Kreuz tragen helfen; oder »vielmehr: *Christus,* das Haupt, *leistet Sühne in diesen Gliedern Seines mystischen Leibes,* die sich Ihm mit Leib und Seele für Sein Erlösungswerk zur Verfügung stellen. Wir dürfen annehmen, daß der Ausblick auf die Getreuen, die Ihm auf Seinem Leidensweg folgen würden, den Heiland in der Ölbergnacht gestärkt hat.« Darin besteht das Mysterium des Kreuzes, an dem die Menschen – nicht allein die Zeitgenossen Jesu – Anteil haben. Bemerkenswert, wie Edith Stein über die unmittelbaren Zeitzeugen an seinem Kreuz Menschen Anteil nehmen lässt: »Und die Kraft dieser Kreuzträger kommt Ihm nach jedem Fall zu Hilfe. Die Gerechten des Alten Bundes sind es, die Ihn das Stück Weges vom *ersten bis zum zweiten Fall* begleiten. Die Jünger und Jüngerinnen, die sich während Seines Erdenlebens um Ihn scharten, sind die Helfer auf der *zweiten* Wegstrecke. Die Kreuzesliebhaber, die Er erweckt hat und immer aufs neue erwecken wird in der wechselvollen Geschichte der streitenden Kirche, das sind Seine *Bundesgenossen in der Endzeit.* Dazu sind auch wir berufen.«

Hierin gründet der eschatologische Charakter unserer Berufung, die zumal in den darauf folgenden zwölf Jahren, in denen sich ein fürwahr apokalyptischer Abgrund öffnen sollte, der mehr Menschenleben verschlang als in irgendeinem Zeitraum der Geschichte zuvor, ihre Bewährungsprobe fand. Mehr noch als in der Väterzeit, als sich die Christologie weitgehend auf Fragen nach dem Verhältnis von göttlicher und menschlicher Natur in Christus beschränkte, stellt sich hier wie in den Anfängen der Kirche der von Papst Benedikt bezeichnete Zusammenhang von Eschatologie und Christologie alles andere als ein theoretisch-theologischer Diskurs dar, wie aus den weiteren Ausführungen Edith Steins deutlich wird: »Es ist also keine bloße pietätvolle Erinnerung an das Leiden des Herrn, wenn jemand nach Leiden verlangt. *Das freiwillige Sühneleiden ist das, was wahrhaft und wirklich am tiefsten mit dem Herrn verbindet.* Es entspringt einmal der bereits bestehenden Verbindung mit Christus. Denn der natürliche Mensch flieht vor dem Leiden. Nach Sühneleiden verlangen kann nur jemand, dessen Geistesauge geöffnet ist für die übernatürlichen Zusammenhänge des Weltgeschehens; das ist aber nur möglich bei Menschen, in denen der Geist Christi lebt, die als Glieder vom Haupt ihr Leben – seine Kraft, seine Kraft und seine Richtung empfangen.« Auch wenn zur Christusnachfolge der ganze Mensch gefordert ist, beruht das freiwillige Sühneleiden, wie es Edith Stein versteht, keineswegs auf einem individuellen Akt, sondern begreift sich vom Geist Christi her; folgt also nicht menschlicher Leidenschaft oder dem Verlangen, es Christus gleichzutun. Ausdrücklich weist Edith Stein darauf hin, nach Sühneleiden verlangen könne nur jemand, dessen Geistesauge geöffnet sei für die übernatürlichen Zusammenhänge des Weltgeschehens. Freilich weiß auch sie, dass es durchaus andere Motive geben kann. Doch wie Christus auf seine Stunde hin gelebt hat, so muss ein jeder, der ihm

ernsthaft nachfolgt, darum wissen, was gewissermaßen die Stunde geschlagen hat. Darin lag ihre Berufung, und darin liegt unsere Berufung: Denn keiner, der mit der Zeit geht bzw. dem herrschenden Zeitgeist huldigt, kann Christus nachfolgen, gegen den sich nicht umsonst die Machthaber seiner Zeit verbündet haben. Und nicht umsonst kommt der Apostel Paulus in diesem Zusammenhang auf das Mysterium des Kreuzes zu sprechen; auf »das Geheimnis der verborgenen Weisheit Gottes, die Gott vor allen Zeiten vorausbestimmt hat zu unserer Verherrlichung. Keiner der Machthaber dieser Welt hat sie erkannt; denn hätten sie die Weisheit Gottes erkannt, dann hätten sie den Herrn der Herrlichkeit nicht gekreuzigt.« (1 Kor 2,7 f.) Nirgendwo enthüllen sich »die übernatürlichen Zusammenhänge des Weltgeschehens« deutlicher als vom Kreuz Christi her. Deshalb scheiden sich an ihm bis zum heutigen Tag die Geister. Daher ist Kreuzesnachfolge »nur möglich bei Menschen, in denen der Geist Christi lebt, die als Glieder vom Haupt ihr Leben – seine Kraft, seinen Sinn und seine Richtung empfangen.« Und dass dieser Geist nicht individueller Natur ist, sich einzig auf ihr Leben beschränkt, geht aus dem Nachsatz hervor: »Andererseits verbindet die Sühneleistung näher mit Christus, wie jede Gemeinschaft durch Zusammenwirken an einem Werk immer inniger wird und wie die Glieder eines Leibes in ihrem organischen Zusammenspiel immer stärker werden.«
Denn die neuzeitliche Reduktion des Denkens wie des Glaubens auf den Einzelnen, auf das Subjekt, das Ich verkennt, dass der Mensch, dessen Leben und Sterben dem Leben und Sterben Christi gleichgestaltet ist, nicht mehr sich lebt; oder wie der Apostel Paulus in seinem Brief an die Galater schreibt: »Ich bin mit Christus gekreuzigt worden; nicht mehr ich lebe, sondern Christus lebt in mir. Soweit ich aber jetzt noch in dieser Welt lebe, lebe ich im Glauben an den Sohn Gottes, der mich geliebt und sich für

mich hingegeben hat.« (Gal 2,19b f.) Gerade die ganz persönliche Auffassung des Erlösungswerkes Christi, der sich *für mich* hingegeben hat, verleitet nun den Apostel nicht etwa dazu, fortan *für sich* glückselig zu sein, wie einer, der begriffen hat, worauf es ankommt. Gerade die Freude darüber, von Christus geliebt, ja erlöst zu sein, lässt den Apostel in seiner Todeszelle wiederholt ausrufen: »Vor allem freut euch, meine Brüder, freut euch im Herrn! Euch immer das Gleiche zu schreiben, wird mir nicht lästig, euch aber macht es sicher.« (Phil 3,1) Dazu heißt es in der Auslegung des Philipperbriefes durch Erik Peterson aus dem Jahre 1940 unter Verweis auf Phil 2,18, wo der Apostel zur gemeinsamen Freude aufgerufen hat, die »aus dem Verbluten im Opferdienst hervorgeht. Wenn der Apostel von neuem zur Freude auffordert, so mahnt er, daß der Ernst der Verfolgungszeit in der rechten Weise genutzt werde – nämlich zur ›Freude in dem Herrn‹. Es liegt hier also keine Aufforderung zu einem sogenannten ›natürlichen und fröhlichen‹ Christentum vor, vielmehr die Mahnung, sich mit einer ›mystischen‹ Freude zu freuen, die nicht aus der menschlichen Natur, sondern aus der Gnade Gottes in Christus ›dem Herrn‹ stammt, eine Freude, die Gott denen schenkt, die um seines Namens willen leiden. Es gibt eine mystische Freude, die aus ›der Nähe‹ des Herrn stammt, dann nämlich, wenn uns ein Ähnlichwerden mit dem Leiden Christi geschenkt wird. Diese Freude dient auch der Sicherung in unserem Glauben, der bedroht wäre, wenn wir vor dem Leiden allein stehen blieben.« (Marginalien zur Theologie, 80) Genau das ist der Punkt, in dem nach Edith Steins *Kreuzesliebe* gleichsam die christologischen und eschatologischen Fäden zusammenlaufen, und sich das mystische und das messianische Element miteinander verbinden. »Weil aber das Einssein mit Christus unsere Seligkeit ist und das fortschreitende *Einswerden* mit Ihm unsere Beseligung auf Erden, darum steht *Kreuzeslie-*

be zu froher Gotteskindschaft keineswegs in Gegensatz.
Christi Kreuz tragen helfen, das gibt eine starke und reine
Freudigkeit, und die es dürfen und können, die Bauleute
an Gottes Reich, sind die echtesten Gotteskinder.« Denn
Gegensätze tun sich allein da auf, wo eine Dialektik waltet,
d. h., wo sich das Leben in Widersprüche verstrickt. Kein
größerer Widerspruch aber ist denkbar als die Bejahung
des Todes, dessen Macht durch den Kreuzestod Christi ge-
brochen ist. »Und so bedeutet die Vorliebe für den Kreuzweg auch durchaus kein Absehen davon, daß der Karfrei-
tag vorbei und das Erlösungswerk vollbracht ist. Nur
Erlöste, nur Kinder der Gnade können ja Christi Kreuzes-
träger sein. Nur aus der Vereinigung mit dem göttlichen
Haupt bekommt menschliches Leiden sühnende Kraft.«
Das ist der Grund der Freude, die durch keine Macht des
Todes genommen werden kann, weil »das Spiel des Abgründigen« im Kreuz Christi durchkreuzt worden« ist und
immer wieder durchkreuzt wird, wo Menschen nicht nur
ihr Kreuz auf sich nehmen, sondern an seinem Kreuz Anteil haben. »Zu leiden und im Leiden selig zu sein, auf der
Erde zu stehen, über die schmutzigen und rauen Wege dieser Erde zu gehen und doch mit Christus zur Rechten des
Vaters zu thronen, mit den Kindern dieser Welt zu lachen
und zu weinen und mit den Chören der Engel ohne Un-
terlaß Gottes Lob zu singen, das ist das Leben des Christen, bis der Morgen der Ewigkeit anbricht.« So werden die
Gegensätze dieser Welt überbrückt, weil die Versöhnung
mit Gott keine bloße Idee, sondern von Gott her in Christus wirklich geschehen ist.
Denn es gehört zum Aberwitz des sog. Projekts der Moderne, so etwas wie Versöhnung allein vom Menschen her
zu denken, ob nun im Geiste des Fortschritts oder im
Geiste des Untergangs, auf den hin die Geschichte einen
neuen Anfang nehmen soll. Das eine wie das andere hat
sich als Illusion erwiesen; die Verschuldung – im doppelten

Sinne des Wortes – des Menschen ist bis auf den heutigen Tag ins Maßlose gestiegen. Nicht zuletzt von hier aus bekommt das Leiden des Christen sühnende Kraft, insofern er seine Hoffnung auf Christus setzt, auf dessen Offenbarung, anstatt am Verschuldungszusammenhang dieses Kosmos teilzuhaben, einer Welt, die sich geradezu durch die Lossage von ihrem Schöpfer und Erlöser definiert, um Unerlöste welcher Art auch immer hervorzubringen. Gleichgültig, ob im politischen oder im gesellschaftlichen Bereich, vom ökonomischen gar nicht zu reden, es herrscht auch hier eine Art Freude vor, genauer: eine Simulation der Freude, ein beständiges *Als ob*; eine faule Euphorie, wie man von einem faulen Frieden spricht, auf die in der Regel Ernüchterung folgt, selbst wenn der große Absturz ausbleibt. Die Einsicht in den wahren Zustand zu verhehlen; die Wahrheit zu verheimlichen, dazu dienten nicht nur die Ablenkungsmanöver der politischen Propaganda in den totalitären Systemen. Vielmehr wird *Ablenkung* in unserem Zeitalter großgeschrieben; ihr dient modernste Technik in den mannigfaltigsten Medien mehr denn je. Kurzweiliges soll über die Langeweile hinwegtäuschen, die sich allenthalben breitmacht, wenn der Lärm verstummt, der die Straßen wie die Ohren der Menschen verstopft.

Deshalb besitzt Edith Steins Schrift *Kreuzesliebe* über das Jahr 1933 und die darauf folgende Dekade, die sie selbst nicht überleben sollte, eine programmatische Bedeutung, weil sie den Weg der Sühne in einer Welt weist, die keine Sühne kennt, ja kennen will, sondern einzig die Akkumulation der Schuld, und sei es nur in der Anhäufung der Schuldenberge, deren Steigerung ins Astronomische. »Ein ungeheures Schuldbewußtsein das sich nicht zu entsühnen weiß, greift zum Kultus, um in ihm diese Schuld nicht zu sühnen, sondern universal zu machen« (vgl. GS VI, 100), vermerkt Walter Benjamin hellsichtig in seiner Schrift *Ka-*

pitalismus als Religion aus dem Jahre 1921, wobei schon hier über den Kapitalismus im engeren Sinne neben Nietzsche und Freud auch Marx als Theoretiker jenes Kultus einbezogen ist. In Heideggers Philosophie, und zwar nicht nur in der Bejahung des schuldhaften Todes in *Sein und Zeit*, mehr noch in seiner sog. *Kehre* ist der Kultus eines verschuldenden Todes geradezu mit Händen zu greifen. Dagegen steht der Gedanke der *Umkehr* [griech.: *metanoia*] an zentraler Stelle im Christentum, d. h., er hätte da zu stehen, insofern er faktisch für viele zeitgenössische Christen an Bedeutung verloren hat und bereits in vorkonziliarer Zeit zu sehr auf das rein Persönlich-Biographische verengt wurde. Bei Edith Stein hingegen wird seine eschatologische Ausrichtung sichtbar insofern als »die echtesten Gotteskinder« diejenigen sind, die Christi Kreuz tragen helfen – sie sind »die Bauleute an Gottes Reich«. Darin liegt die eigentliche Berufung der Christen – nicht nur einer kleinen Elite von Auserwählten, obschon sie eine messianische Vorhut abgeben: »bis der Morgen der Ewigkeit anbricht«.

VI. Vom Kommen des Reiches Gottes

Die Herrlichkeit Gottes auf dem Antlitz Jesu Christi: Freiheit und Gehorsam

In seinen Schlussbetrachtungen über *Das Ende der Neuzeit* (vgl. ebd. 116) vermerkt Romano Guardini, im Verhältnis zu Gott werde in der Endzeit »das Element des Gehorsams stark hervortreten«. Guardinis Feststellung überrascht, nicht nur weil in der Nachkriegszeit der Begriff des Gehorsams aus verständlichen Gründen in Misskredit geriet, sondern gerade die Neuzeit in besonderer Weise die Autonomie des Menschen betonte. Seiner freien Selbstbestimmung schienen keinerlei Grenzen gesetzt, nicht einmal durch die Wahrheit der göttlichen Offenbarung, einmal abgesehen von zutiefst religiösen Denkern wie Pascal oder Hamann, die in ihr die Quelle ihres Selbstverständnisses, der menschlichen Freiheit wie ihrer eigenen Gedanken erkannten. Doch auch für Guardini entspricht der Gehorsam nicht einem allgemeinen Prinzip, sondern besitzt einen spezifisch zeitlichen, genauer: einen endzeitlichen Index, mochte er im Verhältnis des Menschen zu Gott schon in frühester Zeit gefordert sein, wie der Ausspruch Samuels gegen Saul kundtut: »Hat der Herr an Brandopfern und Schlachtopfern das gleiche Gefallen wie am Gehorsam gegenüber der Stimme des Herrn? Wahrhaftig, Gehorsam ist besser als Opfer, Hinhören ist besser als das Fett von Widdern. Denn Trotz ist ebenso eine Sünde wie die Zauberei, Widerspenstigkeit ist ebenso (schlimm) wie Frevel und Götzendienst. Weil du das Wort des Herrn verworfen hast, verwirft er dich als König.« (1 Sam 15,22 f.) Allein hier wird deutlich, dass Trotz und Götzendienst, die Auflehnung gegen Gott und die Idolatrie menschlicher Macht und Stärke Wesensmerkmale eines neuzeitlichen bzw. eines modernen Freiheitsbewusstseins darstellen, die sich in den Gewaltexzessen des 19., mehr noch des 20. Jahrhunderts weit mehr als im Eigensinn des ersten Königs von Israel entluden. Spielen doch – wie oben gesehen – Kategorien wie Aufruhr oder Verweigerung im »Seinsdenken« Heideggers eine gewichtige Rolle.

Daher kennt auch Guardinis eschatologische Bestimmung des Gehorsams eine genuin theologische Begründung: »Reiner Gehorsam, wissend, daß es um jenes Letzte geht, das nur durch ihn verwirklicht werden kann. Nicht weil der Mensch ›heteronom‹ wäre, sondern weil Gott heilig-absolut ist. Eine ganz unliberale Haltung also, mit Unbedingtheit auf das Unbedingte gerichtet, aber – und hier zeigt sich der Unterschied gegen alles Gewaltwesen – in Freiheit. Diese Unbedingtheit ist keine Preisgabe an die physische und psychische Macht des Befehls; sondern der Mensch nimmt durch sie die Qualität der Gottesforderung in seinen Akt auf. Das aber setzt Mündigkeit des Urteils und Freiheit der Entscheidung voraus.« Fast scheint es, Guardini hätte die geistlichen Texte Edith Steins gekannt, die in jenen Jahren noch nicht zugänglich waren; vom Zusammenhang von Freiheit und Gehorsam darin wird gleich die Rede sein. Doch zunächst sei bei Guardinis Ausführungen verweilt, weil sie die Problematik einer idealistischen Sichtweise von Welt und Religion erhellen, die auch in der modernen christlichen Theologie Einfluss gewinnen sollte. Dagegen macht Guardini nicht allein die Mündigkeit des Urteils und die Freiheit der Entscheidung im Gehorsam geltend als vielmehr »ein nur hier mögliches Vertrauen. Nicht auf eine allgemeine Vernunftordnung oder auf ein optimistisches Prinzip des Wohlmeinens, sondern auf Gott, der wirklich und wirkend ist; nein, mehr, der am Werk ist und handelt. Wenn ich recht sehe, gewinnt das Alte Testament eine besondere Bedeutung. Es zeigt den Lebendigen Gott, der den mythischen Weltbann ebenso durchbricht wie die heidnisch-politischen Weltmächte, und den glaubenden Menschen, der, im Einvernehmen des Bundes, sich auf dieses Handeln Gottes bezieht. Das wird wichtig werden. Je stärker die Es-Mächte anwachsen, desto entschiedener besteht die ›Weltüberwindung‹ des Glaubens in der Realisation der Freiheit; im Einvernehmen der geschenkten Freiheit des Menschen mit der schöpferischen Freiheit Gottes. Und im Vertrauen auf das, was Gott tut. Nicht nur wirkt, sondern tut. Es ist seltsam, welch eine Ahnung heiliger Möglichkeit mitten im Anwachsen des Welt-Zwanges aufsteigt.« So persönlich Guardinis Überlegungen auf den ersten Blick erscheinen – bei näherer Betrachtung erweisen sie sich als höchst aktuell, ja geradezu prophetisch, visionär. Denn so, wie wir oben gegenüber Heidegger dargetan haben, der von einem *Denken* der Wahrheit spricht, das im Bereich der Zweideutigkeit verharrt, Christus im Johannesevangelium von einem *Tun* der Wahrheit spricht (vgl. Joh 3,21), so erscheint auch Gott schon nach dem Alten Testament nicht nur als Schöpfer, sondern als Handelnder. Und erst recht im Neuen Testament [wie wir in *Gott – der Vater Jesu Christi: der Gott der Vollendung* näher ausgeführt haben]: Denn nicht allein für das Werk der Erlösung gilt das Wort Jesu: »Amen, amen, ich sage euch: Der Sohn kann nichts von sich aus tun, sondern nur, wenn er den Vater etwas tun sieht. Was nämlich der Vater tut, das tut in gleicher Weise der Sohn.« (Joh 5,19) Auch für die eschatologische Herrschaft des Sohnes gilt, was Paulus mit dem Psalmwort 110,1 hervorhebt, Er, Christus, müsse »herrschen, bis Gott Ihm alle Feinde unter die Füße gelegt hat.« (1 Kor 15,25) Entsprechend tritt auch gemäß der Geheimen Offenbarung Christus als Richter vergleichsweise spät auf den Plan.

Dass sich Gottes Handeln in der Geschichte dem deistischen Weltbild des Aufklärungszeitalters, dem wir auch die Wortschöpfung des sog. Monotheismus verdanken, entzieht, versteht sich von selbst. Und es bedarf auch gar nicht eines solchen Handelns, wenn Hegel etwa zum Begriff der Religion (1827) vermerkt: »Religion ist nur im Selbstbewußtsein; außerdem existiert sie nirgends.« (V 3.306) Damit erübrigen sich christliche Grundhaltungen wie Gehorsam und Demut nach der Maßgabe Christi, wie auch andere christologisch bzw. eschatologisch begründet sind; so ist Christus nach dem Hebräerbrief (3,6) »treu als Sohn, der über das Haus Gottes gesetzt ist; sein Haus aber sind wir, wenn wir an der Zuversicht und an dem stolzen Bewusstsein festhalten, das unsere Hoffnung uns verleiht.« Ihre Erfüllung aber folgt niemals aus unserem Selbstbewusstsein, sondern beruht auf dem »Vertrauen auf das, was Gott tut. Nicht nur wirkt, sondern tut.« Genau *das* gilt es zu erkennen. Und nicht etwa mit Hegel ein wie immer undurchschaubares göttliches Wirken am Anfang der Welt anzunehmen, das sich dann im Laufe der Geschichte infolge der Selbstverabsolutierung des menschlichen Geistes fortsetzt und vollendet: Darauf basiert das Selbstverständnis einer modernen säkularisierten Theologie, mag sie auch nicht die philosophischen Voraussetzungen der Hegelschen Geistmetaphysik teilen noch deren »Selbstbewußtsein«, sondern in der Geschichte des Menschen einen Akt der Selbsttranszendenz Gottes erblicken, die keine Apokalypse kennt. Dass dem weder der heutige Weltzustand entspricht, geschweige die Katastrophen des letzten Jahrhunderts, steht auf einem anderen Blatt. Und dass der technologische Fortschritt nicht zwangsläufig zu einer besseren Welt führt, sondern mit der Ausbeutung der Bodenschätze, nuklearen Gefahren und ökologischen Verwerfungen einhergeht, dürfte tief ins Allgemeinbewusstsein gedrungen sein. Es kennzeichnet geradezu den biblischen Realismus, dass das Negative, ja Tödliche der Geschichte nicht verschwiegen wird, ohne das

Rettende von Gottes Tun aus den Augen zu verlieren: »Es ist seltsam, welch eine Ahnung heiliger Möglichkeit mitten im Anwachsen des Welt-Zwanges aufsteigt!«

Bedenkt man, dass diese Beobachtung nur wenige Jahre nach einem verheerenden Krieg getätigt wurde, so wird deutlich, wie sich durch unbeschreibliche Leiden sowie durch nicht weniger unfassbare Gewalt hindurch »eine Ahnung heiliger Möglichkeit« auftut; vielmehr sich auftun konnte, weil sie Wirklichkeit war: Wirklichkeit in der Überwindung des Antichristen wie im Blutzeugnis der christlichen Märtyrer, nicht zuletzt Edith Steins. In einer Meditation zur Gelübdeerneuerung der Schwestern am 14. September 1940, dem Fest Kreuzerhöhung, unter dem Titel »Hochzeit des Lammes« (vgl. Offb 19,7) hat sie eine theologische Begründung jenes Zeugnisses aufgrund des Kreuzesmysteriums Jesu Christi gegeben. »Dies verborgene Geheimnis wurde dem heiligen Johannes offenbart, als er mit der jungfräulichen Mutter unter dem Kreuz stand und ihr als ihr Sohn übergeben wurde. [Vgl. Joh 19,25–27] Da trat die Kirche sichtbar ins Dasein; ihre Stunde war gekommen, aber noch nicht die Vollendung. Sie lebt, sie ist dem Lamm vermählt, aber die Stunde des festlichen Hochzeitsmahls wird erst kommen, wenn der Drache endgültig besiegt ist und die letzten Erlösten ihren Kampf zu Ende geführt haben. [Vgl. Offb 12] Wie das Lamm getötet werden mußte, um auf den Thron der Herrlichkeit erhöht zu werden [vgl. Lk 24,26], so führt der Weg zur Herrlichkeit für alle, die zum Hochzeitsmahl des Lammes auserwählt sind, durch Leiden und Kreuz. Wer sich dem Lamm vermählen will, der muß sich mit Ihm ans Kreuz heften lassen. [Vgl. Gal 6,14 u. a.] Dazu sind alle berufen, die mit dem Blut des Lammes bezeichnet sind [Vgl. Ex 12,3–13], und das sind alle Getauften. Es gibt einen Ruf zu engerer Nachfolge, der eindringlicher in die Seele hineintönt und eine klare Antwort fordert. Das ist der Ruf

zum Ordensleben, und die Antwort sind die hl. Gelübde.«
(GT II, 137 f.)
Ein Leben in Armut, Keuschheit und Gehorsam dürfte so
ziemlich das Letzte sein, was dem neuzeitlichen Freiheits-
bewusstsein vorschwebte; kaum zufällig hatten in der
Französischen Revolution nicht etwa politisch oder gesell-
schaftlich relevante religiöse Gruppierungen als vielmehr
strenge Ordensgemeinschaften wie die Karmeliten, zumal
die Karmelitinnen, den höchsten Blutzoll zu entrichten.
Gründet doch ihre Berufung nicht etwa auf einem menschlichen Freiheitspathos; leitet sich doch ihr Glaubensver-
ständnis nicht etwa vom eigenen Selbstbewusstsein ab,
sondern ist bestimmt »durch Leiden und Kreuz«. Höchst
bemerkenswert, wie in Edith Steins Gedankenführung
mariologische und ekklesiologische, christologische und
eschatologische Motive ineinandergreifen. Während die
theologische Systematik dazu neigt, die einzelnen Lehrge-
biete voneinander abzuheben, so dass sich am Ende so
recht kein *Bild* von Erlösung und Vollendung mehr ein-
stellen will, so zeichnet sich hier in wenigen Strichen unserer Berufung und Erwählung das Bild des Lammes ab, wie
nur in Klees kleinem Ölbild *Das Lamm* [1920; Standort:
Städelsches Kunstinstitut und Städtische Galerie Frankfurt
am Main], das unter dem Zeichen des Kreuzes und des Op-
ferblutes durch eine kosmische Weite schreitet, die sich
ihm, dem Buch des Lebens gleich, öffnet.
Dass sich nun noch der eschatologische Herrscher, der
»König der Könige und Herr der Herren«, so sein Titel
nach Offb 19,16 in Anlehnung an Dan 2,47 und Dtn 10,17,
als Lamm, ja als das geschlachtete Lamm präsentiert, mag
angesichts des neuzeitlichen Menschenbildes befremden,
das nach antiker Vorgabe vom Bild ästhetischer Vollkom-
menheit geprägt ist; noch die Ikonen der Moderne wie das
heroische Menschenbild der totalitären Ideologien erinnern daran. Doch der Weg christlicher Erlösung und Voll-

endung ist ein gänzlich anderer. Bezeichnenderweise gehen den oben zitierten Gedanken Edith Steins zum Kreuzesmysterium Überlegungen zur Inkarnation, zur Menschwerdung des Wortes Gottes aus, das »im Schoß der Jungfrau die menschliche Natur annahm« (vgl. GT II, 137), also eine physische Verbindung mit seinem menschlichen Geschöpf einging; überaus plastisch heißt es etwa im lateinischen Text des *Te Deum*: »Tu, ad liberandum suscepturus hominem, * non horruisti Virginis uterum.« Dieser Seiner unvorstellbaren Erniedrigung entspricht andererseits die Erhöhung des Menschen, bereits durch die Kirche, nach Offb 21,2; 9 ff. »die heilige Stadt, das Jerusalem, herabsteigen(d) aus dem Himmel von Gott, bereit wie eine Braut, die für ihren Gemahl geschmückt ist« (vgl. ebd.). Irdische Herkunft und himmlische Berufung bedingen einander im Werk der Erlösung; sie bilden keine Gegensätze mehr wie im neuzeitlichen Menschenwesen, das um seiner Selbstverabsolutierung, ja um seiner Selbstübersteigerung willen dem Tod des Endlichen, des »Geschichtlichen« den Vorrang einräumt gegenüber der Transzendenz Gottes, die ihm als eine Einschränkung seiner Autonomie, seiner Freiheit und geschichtlichen Größe aufstößt. Daher ist immer wieder hinsichtlich der Menschwerdung Gottes wie seiner Schöpfung der Welt als von einem »Mythos« die Rede, mag auch ein Petrus im Hinblick auf die Verklärung Christi zu verstehen geben: »Wir sind nicht irgendwelchen klug ausgedachten Geschichten [wörtlich: *Mythen*] gefolgt, als wir euch die machtvolle Ankunft Jesu Christi, unseres Herrn, verkündeten, sondern wir waren Augenzeugen seiner Macht und Größe.« (2 Petr 1,16) Kein antiker Mythos aber reicht heran an den Mythos menschlicher Macht und Größe, wie ihn unser Zeitalter propagiert (hat) – propagiert um den Preis unzähliger Menschen, die aufgrund ihrer Herkunft, ihrer eugenischen Schäden oder auch nur ihres Aussehens dem

Menschenbild jenes Mythos nicht entsprechen, der sich – weit über die NS-Herrschaft hinaus – in den verschiedensten Formen der Idolatrie des Menschen konkretisiert mit dem Ziel seiner Standardisierung, vor der auch das demokratische Zeitalter trotz seiner Beschwörung der Menschenrechte nicht haltmacht.

Dagegen kennzeichnet die Einzigartigkeit der Schöpfung Gottes, dass jeder Mensch mit einem je eigenen Antlitz geschaffen ist – und ebendarin, in seiner Einzigartigkeit, Abbild des Einen Gottes. Und nicht weniger die Einzigartigkeit Seines Ebenbildes, des Logos, des Wortes Gottes, dass durch seine Menschwerdung nicht etwa unsere Individualität ausgelöscht wird, sondern sich vielmehr auf dem menschlichen Antlitz seine Herrlichkeit spiegelt. Und *hier* liegt der Ursprung der Freiheit des Christen, wie der Apostel Paulus im zweiten Korintherbrief, im Anschluss an seine allegorische Deutung der Hülle auf dem Antlitz des Mose nach dem Empfang des Gesetzes ausführt: »Sobald sich aber einer dem Herrn zuwendet, wird die Hülle entfernt. Der Herr aber ist der Geist, und wo der Geist des Herrn wirkt, da ist Freiheit. Wir alle spiegeln mit enthülltem Antlitz die Herrlichkeit des Herrn wider und werden so in sein eigenes Bild verwandelt, von Herrlichkeit zu Herrlichkeit, durch den Geist des Herrn.« (2 Kor 3,17) Obwohl ein einziger Vers, könnte man von einer *Magna Charta* christlicher Freiheit sprechen, aber es handelt sich hier nun nicht um ein beschriebenes Schriftstück, sondern um ein lebendiges Antlitz – um das Antlitz Christi. Also nicht um eine menschliche Willenserklärung – denn nichts anderes verkörpern alle säkularen Grundsatzerklärungen, mögen sie in noch so guter Absicht verfasst sein. Wie nobel wirkt doch die Deklaration von Freiheit, Gleichheit und Brüderlichkeit durch die Französische Revolution! – aber gleichzeitig mordet man munter mit der Guillotine. Unter Napoleon wird die unbedingte Rechtsgleichheit kodifiziert – gleichzeitig werden mörderische Kriege geführt und blutige Massaker angerichtet. Darin besteht »die Dialektik des Historischen«, der Widerspruchsgeist der Geschichte, der durch keine menschliche Erklärung und durch keinerlei philosophische Dialektik außer Kraft gesetzt wird.

Dagegen beruht die Freiheit des Christen auf keinem menschlichen Gedanken oder Werk: »Der Herr aber ist Geist, und wo der Geist des Herrn wirkt, da ist Freiheit.« Freiheit in diesem Sinne ist also pneumatologisch, also vom Geist Christi her begründet. Es ist ganz entscheidend, dass hier vom Geist *Christi* und nicht vom menschlichen Geist oder von der menschlichen Vernunft die Rede ist. Denn es gehört zu den fatalsten Irrtümern der Neuzeit, ja muss buchstäblich zu einer kolossalen Konfusion führen, beide zu »konfundieren«, ja sie miteinander zu identifizieren, wie es in Hegels Einleitung zu seinem religionsphilosophischen Kolleg von 1824 der Fall ist, wonach »es nicht zweierlei Vernunft und zweierlei Geist geben kann, nicht eine göttliche und eine menschliche, nicht einen göttlichen Geist und einen menschlichen« (vgl. V. 3.46). Deshalb kann es niemals eine christliche Theologie auf der Basis der Hegelschen Philosophie geben, wie wir immer wieder betont haben – nicht aufgrund irgendeiner persönlichen Aversion gegen Hegel, dessen Werk äußerst gedankenreich ist. Sondern weil hier die Differenz von göttlichem und menschlichem Geist und Wirken annulliert wird, wir es letztlich mit einer anthropologischen Reduktion des christlichen Pneuma- und Gottesbegriffs zu tun haben, so dass von einem Wirken oder Offenbaren Gottes gar nicht die Rede sein kann; Letzteres beschränkt sich auf einen mit theologischen Begriffen verbrämten Prozess der Bewusstwerdung des menschlichen Geistes, der – wie oben gesehen – im »Selbstbewußtsein« als Stätte der Religion seinen Sitz hat. Es wäre eine eigene Untersuchung wert, zu zeigen, inwieweit Hegels identitätsphilosophische Bestimmung des Geistes den »Vater« jenes Irrtums oder dessen »Kind« darstellt, wie schon Erik Peterson in seinem Kommentar zum Römerbrief (231) konstatiert: »Was ich vorher als das durch die sakramentale Sphäre bezeichnete Innere genannt habe, das könnte ich jetzt auch als das zum πνεῦμα (Pneuma, Geist) gehörige Innere bezeichnen. Ich habe mit Absicht diesen Begriff zunächst gemieden, und zwar darum, weil die Theologie der Neuzeit den πνεῦμα-Begriff vollkommen in die psychologische Sphäre gelegt hat. Das ist einer der schlimmsten historischen und theologischen Irrtümer gewesen, der leider auch heute nicht ganz auszurotten ist. Das πνεῦμα hat mit der psychischen Sphäre nicht das Geringste zu tun.« Und es hat auch nicht das Geringste mit der noetischen Sphäre, also mit der Sphäre menschlicher Vernunft zu tun, zumal es sich bei Erkenntnis, Weisheit und Einsicht, also drei der sieben Geistesgaben, um Gaben des Geistes Gottes handelt und nicht etwa um menschliche Vernunftprinzipien.

Auch sollte nicht übersehen werden, dass wir »die Herrlichkeit des Herrn« nicht etwa im Inneren tragen, sondern außen: wir spiegeln sie *mit enthülltem Antlitz* wider »und werden so in sein eigenes Bild verwandelt, von Herrlichkeit zu Herrlichkeit, durch den Geist des Herrn«. Obschon außen sichtbar, handelt es sich keineswegs um eine kosmetische oder ästhetische Größe, also von Menschenhand aufgetragen. Ausdrücklich erfolgt die Verwandlung in das Bild Christi *durch den Geist*, und zwar nicht durch das eigene Ingenium als vielmehr durch den *Geist des Herrn*. Die Anverwandlung in sein Bild ist also keine rein äußerliche, kann es auch nicht sein, wie Paulus im selben Brief an anderer Stelle (vgl. 2 Kor 5,16b) betont, wo es wörtlich heißt: »Wenn wir auch (früher) Christus nach dem Fleische gekannt haben, so kennen wir ihn jetzt nicht mehr so.« Die Verwandlung in sein eigenes Bild vollzieht sich vielmehr durch unsere Teilhabe an seinem Leiden, wie sich ja auch sein Aussehen in der Verklärung auf dem Berg Tabor verwandelt, auf seine Verherrlichung in Tod und Auferstehung hindeutend. Nicht umsonst weist der Apostel wenig später (vgl. 2 Kor 4,7–18) auf seine Leidensgemeinschaft mit Christus, und zwar im Bewusstsein der künftigen Auferstehung: »Denn wir wissen, dass der, welcher Jesus, den Herrn, auferweckt hat, auch uns mit Jesus auferwecken und uns zusammen mit euch (vor sein Angesicht) stellen wird.« (2 Kor 4,14) Doch schon jetzt erscheint der Abglanz der Herrlichkeit Christi auf dem Antlitz seiner Glaubenszeugen, so bei dem Erzmärtyrer Stephanus vor dessen Rede, auf die seine Hinrichtung folgen wird: »Und als alle, die im Hohen Rat saßen, auf ihn blickten, erschien ihnen sein Gesicht wie das Gesicht eines Engels.« (Apg 6,15)

Besagt doch die Wendung »mit enthülltem Antlitz« nicht allein die Abwesenheit jener Hülle, die nach Paulus den Abglanz der Herrlichkeit Gottes auf dem Gesicht des Mose verdeckt bzw. die Herrlichkeit des Herrn, also Jesu Christi nicht erkennen lässt (vgl. 2 Kor 3,12–15). Ebenso zeugt sie von der Abwesenheit einer Maske, durch die geradezu der Begriff der menschlichen Person [lateinisch: *persona* = Maske] definiert ist, wie ja dem menschlichen Antlitz üblicherweise eine Spur der Zweideutigkeit anhaftet, zumal dann, wenn sich ein Mensch selbst nicht ganz durchsichtig ist [wie das obige Nietzsche-Wort verdeutlichen mag]. Im Angesicht des Leidens, gar des Todes aber wird dem menschlichen Antlitz jenes Maskenhafte genommen. Daher in Kafkas *Prozess* die Schönheit der Angeklagten [vgl. dazu vom Verf. das betreffende Kapitel in den *Kafka-Sequenzen zum Prozess: Die Aura vor dem Fall* (Würzburg 2006)], in deren Gesichtern sich das Martyrium abzeichnet, das nicht erst nach dem Urteil seinen Lauf nimmt; vielmehr ist das Verfahren, der Prozess vorab so angelegt, dass er für die Angeklagten ein einziges Martyrium darstellt, dessen Schlusspunkt die Vollstreckung des Urteils bildet.

Nirgendwo kommt der Mensch Christus näher als im Leiden des Unschuldigen, der gewissermaßen mit enthülltem Angesicht die Herrlichkeit Christi widerspiegelt und so in Sein eigenes Bild verwandelt wird. Und zwar nicht aufgrund einer Magie des Bildes, sondern – wie Paulus ausdrücklich schreibt – *durch den Geist*. Wie es ja zuvor auch unmissverständlich heißt: »Der Herr aber ist der Geist, und wo der Geist des Herrn wirkt, da ist Freiheit.« Deutlicher lässt sich gar nicht zum Ausdruck bringen, inwiefern sich der christliche Freiheitsbegriff grundsätzlich vom neuzeitlichen Freiheitsbegriff unterscheidet, der im menschlichen Subjekt, ja in dessen Selbstbewusstsein gründet, in dem nach Hegel allein die Religion existiert: »außerdem existiert sie nirgends.«

Wie nur selten ein Theologe der neueren Zeit hat Edith Stein die völlige Inkompatibilität des christlichen Freiheitsbegriffs mit dem neuzeitlichen gesehen, weil dieser keinerlei Unterwerfung unter den Willen Gottes kennt, im Gegenteil, in der Lossage von Gott die Autonomie des Menschen wie die seiner Weltordnung zu bestimmen sucht. So notiert sie in der Meditation zum Fest Kreuzerhöhung am 14. September 1941: »Dein Wille geschehe! – Das war der Inhalt des Heilandlebens. Er kam in die Welt, um des Vaters Willen zu erfüllen [vgl. Kol 3,3]: nicht nur, um durch Seinen *Gehorsam* die Sünde des Ungehorsams zu sühnen, sondern auf dem Weg des Gehorsams die Menschen zu ihrer Bestimmung zurückzuführen. *Es ist dem geschöpflichen Willen nicht gegeben, in Selbstherrlichkeit frei zu sein.* [Hervorh. K. A.] Er ist berufen, mit dem göttlichen Willen in Einklang zu kommen. Stellt er diesen Einklang in freier Unterwerfung her, dann ist es ihm vergönnt, in Freiheit mitzuwirken an der Vollendung der Schöpfung.

Verweigert sich das freie Geschöpf diesem Einklang, so verfällt es der Unfreiheit. Der Wille des Menschen behält noch die Möglichkeit der Wahl, aber er steht im Bann der Geschöpfe, sie ziehen und drängen ihn in Richtungen, die von der gottgewollten Entfaltung seiner Natur wegführen, und damit von dem Ziel, dem er selbst in seiner ursprünglichen Freiheit zugewendet ist. Mit dieser ursprünglichen Freiheit verliert er auch die Sicherheit der Entscheidung. Er wird unstet und schwankend, in Zweifeln und Skrupeln umhergetrieben oder in seiner Verirrung verhärtet.« (GT II, 149) Das lässt sich nicht nur an den Schriften eines Emile M. Cioran ablesen, der seinen Weg von der Bewunderung der rumänischen Eisernen Garde in seine aus »Zweifeln und Skrupeln« gezimmerte Behausung in Paris gefunden hat. Das lässt sich an ganzen Völkern erweisen; hatte doch Edith Stein selbst miterlebt, wie die Deutschen in freier demokratischer Wahl Hitler zur Macht verhalfen. Auch haben die Völker Europas heute wenig Grund, auf jene Generation hochmütig herabzusehen, bedenkt man, wie sie mit Hochgenuss in die Schuldenfalle tappten, aus der sie sich aus eigener Kraft kaum zu befreien vermögen. Nicht nur weil hier ein Remedium nach dem anderen versagt, gilt Edith Steins anschließende Feststellung: »Demgegenüber gibt es keine andere Heilung als den Weg der Nachfolge Christi: des Menschensohnes, der nicht nur unmittelbar dem himmlischen Vater gehorcht, sondern sich den Menschen unterwarf, die des Vaters Wille über ihn stellte. Der von Gott geordnete Gehorsam löst den versklavten Willen aus den Banden der Geschöpfe und führt ihn zur Freiheit zurück. Er ist darum auch der Weg zur Reinheit des Herzens.« (Ebd.) Oder um es in einer weniger theologischen Begrifflichkeit zu formulieren: Er führt aus der Zweideutigkeit des menschlichen Wesens und Willens, der in dem allgemeinen Schuldzusammenhang verstrickt bleibt, selbst wenn von Freiheit oder Wahrheit die

Rede ist. Denn nichts ist unwahrer als der Gedanke, als ob der Mensch sich selbst befreien, gar erlösen könnte. Nicht zuletzt die Geschichte der letzten zwei Jahrhunderte spricht eine ganz andere Sprache als die Freiheitsrhetorik in Philosophie und Humanwissenschaften. Wie eingangs dargelegt, genügt ein Blick in die ästhetische Moderne, um sich von der faktischen Unfreiheit des Menschen zu überzeugen – von seiner Selbstzerrissenheit ebenso wie seiner Selbstzerfleischung in Massakern, die von Goya bis Masson in der so überschriebenen Bildserie [»Massacres«] ihren Niederschlag gefunden haben.

Dass unter der Reinheit des Herzens keinesfalls eine Flucht in die Innerlichkeit menschlichen Gemüts zu verstehen ist, sie vielmehr einer Absage an jegliche Zweideutigkeit entspricht, folglich durchaus auch eine kognitive Bedeutung besitzt, geht aus den anschließenden Ausführungen des Apostels Paulus hervor, der mit Blick auf die apostolische Praxis konstatiert: »Daher erlahmt unser Eifer nicht in dem Dienst, der uns durch Gottes Erbarmen übertragen wurde. Wir haben uns von aller schimpflichen Arglist losgesagt; wir handeln nicht hinterhältig und verfälschen das Wort Gottes nicht, sondern lehren offen die Wahrheit. So empfehlen wir uns vor dem Angesicht Gottes jedem menschlichen Gewissen. Wenn unser Evangelium dennoch verhüllt ist, ist es nur denen verhüllt, die verlorengehen; denn der Gott dieser Weltzeit [dieses Äons] hat das Denken der Ungläubigen verblendet. So strahlt ihnen der Glanz der Heilsbotschaft nicht auf, der Botschaft nämlich von der Herrlichkeit Christi, der Gottes Ebenbild ist. Denn wir verkündigen nicht uns selbst, sondern Christus Jesus als den Herrn, uns aber als eure Knechte um Jesu willen. Gott, der sprach: Aus Finsternis soll Licht aufleuchten! – Er ist in unseren Herzen aufgeleuchtet, damit wir erleuchtet werden zur Erkenntnis des göttlichen Glanzes auf dem Antlitz Christi.« (2 Kor 4,1–6) Denn das Herz ist keineswegs einzig der Inbegriff menschlicher Rührung oder Mitgefühls. Es markiert das Zentrum der Person und nicht etwa das Ich, weil Letzteres über den Selbstbezug des Denkens, letzthin über das menschliche Selbstbewusstsein nicht hinausführt, das früher oder später an seiner Selbstübersteigerung oder aber an sich selbst erkrankt, an seiner Seele oder seiner eigenen Leiblichkeit, die der eigenen Selbstherrlichkeit Hohn spottet.

Nicht aber ist uns, selbst dem Frömmsten so etwas wie eine unmittelbare Gotteserfahrung, eine Wesensschau Gottes gegeben, selbst die prophetische vollzieht sich in Visionen, in Bildern. Sie ist vielmehr vermittelt, wie es wörtlich lautet, durch »den Lichtglanz der Frohbotschaft von der Herrlichkeit Christi, der Gottes Ebenbild ist«. Daher verkündigen wir uns nicht selbst, wie der Apostel fortfährt – das nämlich wäre der Fall, wenn der Verkünder der Botschaft oder ihr Interpret sich selbst zum Maßstab ihres Verständnisses erheben würden, wie dies ja nicht nur in Hegels Religionsverständnis der Fall ist, sondern inzwischen zum Gemeingut der sog. Kerygma-Theologie geworden ist, wenn etwa Rudolf Bultmann in einem Brief an Heidegger vom 11. bzw. 14. Dezember 1932 vermerkt: »Als das zentrale Problem der Neutestamentlichen Theologie stellt sich mir immer deutlicher dies heraus zu sagen, was eigentlich das christliche Kerygma sei. Es liegt ja nie einfach als gegebenes vor, sondern ist stets formuliert aus einem bestimmten glaubenden Verständnis heraus, – und zudem enthält das Neue Testament ja fast durchweg nicht direktes Kerygma, sondern vielmehr solche Aussagen (wie z. B. die paulinische Rechtfertigungslehre), in denen das glaubende Verständnis des christlichen Seins [!] entfaltet wird, das seinerseits auf dem Kerygma beruht und auf es zurückverweist. Welches das Kerygma sei, ist, da es nur im Vollzuge der Verkündigung wirklich Kerygma ist, nie abschließend zu sagen, sondern muß stets neu wiedergefunden werden.« (*Rudolf Bultmann / Martin Heidegger: Briefwechsel 1925–1975*, 186) Ganz anders klingt es dagegen im Neuen Testament selbst, wenn etwa der Apostel Paulus im Römerbrief konstatiert: »So gründet der Glaube in der Botschaft, die Botschaft aber im Wort Christi.« (Röm 10,17a) Nichts Geringeres aber als das *Wort Christi* wird unterlaufen, wenn sich der Prediger oder Ausleger anmaßt, darüber zu befinden, »was eigentlich das christliche Kerygma sei«; als ob »das glaubende Verständnis des christlichen Seins« – was darunter auch immer zu verstehen ist – *über* dem überlieferten Wort Christi stünde! Mahnt doch der Apostel Paulus, »am Wortlaut« [wörtlich: am *Logos*] (vgl. 1 Kor 15,2) der Botschaft Christi festzuhalten. So auch seine feierliche Erklärung im Brief an die Galater: »Ich erkläre euch, Brüder: Das Evangelium, das ich verkündigt habe, stammt nicht von Menschen; ich habe es ja nicht von einem Menschen übernommen oder gelernt, sondern durch die Offenbarung Jesu Christi empfangen.« (Gal 1,11 f.) Daher auch sein Dank im ersten Brief an die Thessalonicher: »Darum danken wir Gott unablässig dafür, dass ihr das Wort Gottes, das ihr durch unsere Verkündigung empfangen habt, nicht als Menschenwort, sondern – was es in Wahrheit ist – als Gotteswort angenommen habt; und jetzt ist es in euch, den Gläubigen, wirksam.« (1 Thess 2,13) Ebenso auch der Dank des Apostels im zweiten Brief, »weil Gott euch als Erstlingsgabe dazu auserwählt hat, aufgrund der Heiligung durch den Geist und aufgrund eures Glaubens an die Wahrheit gerettet zu werden. Dazu hat er euch durch unser Evangelium berufen; ihr sollt nämlich die Herrlichkeit Jesu Christi, unseres Herrn, erlangen. Seid also standhaft, Brüder, und haltet an den Überlieferungen fest, in denen wir euch unterwiesen haben, sei es mündlich, sei es durch einen Brief.« (2 Thess 2,13b–15) – Nirgendwo ist hier von einem »christlichen Sein«, das es zu erschließen gälte, die Rede;

201

vielmehr handelt es sich um ganz konkrete Aussagen, was den Ursprung der apostolischen Botschaft wie auch ihr Ziel angeht. Und wenn überhaupt, dann ist es hier – um mit Bultmann zu reden – »im Vollzuge des Verkündens wirkliches Kerygma«. Denn müsste es »stets neu wiedergefunden werden«, dann müsste es verlorengegangen sein – das ist offensichtlich bei einigen neueren Theologen der Fall, die sich auf die Suche nach einem Evangelium begeben, das sich mit ihrem Selbst- und Seinsverständnis, mit ihrem Weltbild und ihrer ideologischen Ausrichtung deckt. Dagegen ehrt es Hegel, dass er immerhin noch so viel Selbstbewusstsein besessen hat, im Geiste des Aufklärungszeitalters die christliche Überlieferung zu deuten, während es sich hier um einen billigen Abklatsch von zeitgenössischen Philosophemen sowie einer bis zur Unkenntlichkeit entstellten apostolischen Überlieferung handelt. Von der Herrlichkeit, die auf dem Antlitz Christi aufstrahlt und zu der die Christen berufen sind, bleibt nicht einmal ein Schatten.

Um auf 2 Kor 4,1–6 zurückzukommen – kaum zufällig die abschließende Parallele, die Paulus zwischen dem Akt göttlicher Erleuchtung der Herzen und Gottes Schöpfungsakt zieht, weil die Neuschöpfung des Menschen vom Wirken Gottes ausgeht, ohne das wir weder die Gottebenbildlichkeit Christi zu erkennen vermögen noch dessen eigenes Bild im Antlitz der Leidenden, sondern nur mehr – leere Gesichter. Genau das ist die Sichtweise der modernen Statistik wie auch der Herrscher und Henker, in deren Augen die – zu opfernden – Menschen nicht mehr als Zahlen zählen; bekanntlich soll Stalin während des großen Mordens in den dreißiger Jahren für einzelne Regionen willkürlich Zahlenwerte als Soll festgesetzt haben, gleichgültig, ob die Hinzurichtenden im Sinne der Anklage schuldig waren oder nicht. In den Massenmorden dieses Zeitalters entspricht die Liquidation der Zahlen der Auslöschung der

Gesichter: Nichts soll mehr an deren Gottebenbildlichkeit erinnern, deren Glanz vom Antlitz Christi auf die Gesichter der Menschen fällt, die – wie Er – durch Menschenhand den Tod erlitten. Beides ist voneinander nicht zu trennen: der Weg des Kreuzes, den Christus gegangen ist, um das Los der Todgeweihten zu teilen, zu ihrer, ja zu unserer Erlösung; und der Weg des »Aufruhrs« und der »Verweigerung« zur Verherrlichung des Todes als das »höchste und äußerste Zeugnis des Seyns«, wie ihn der Jahrhundertphilosoph Heidegger beschritten hat. Denn Freiheit des Geistes im messianischen Sinne kann es nicht ohne Gehorsam geben. Daher Edith Steins Frage in ihrer letzten Meditation zur Gelübdeerneuerung am 6. Januar 1942, also am Fest Epiphanie des Herrn (Heilige Drei Könige), bevor sie mit ihrer Deportation nach Auschwitz dem Kreuzweg Jesu Folge leistete: »Sollte es möglich sein, auch von *Gottes Gehorsam* zu sprechen? Wir wissen ja, daß das göttliche Wort in seiner menschlichen Existenz den Gehorsam auf vollkommene Weise geübt hat. Denn Er ist ja in die Welt gekommen, um den Willen seines Vaters zu tun [vgl. Joh 4,34; 5,30; 6,38–40]. Darum ist er auch den Eltern untertan gewesen [vgl. Lk 2,51], denen er von Gott anvertraut war, und der Obrigkeit, der Gott Macht gegeben hatte [vgl. Joh 19,10 f.]. Aber Gott selbst, der Herr über alle Herren – wie ist er gehorsam?« (GT II, 159) Und hierauf folgt eine Erklärung, die zeigt, wie Freiheit und Gehorsam ineinandergreifen. Ihr Gegensatz ist letzthin ein Ausdrucks des Abfalls des Menschen von Gott, dessen höchste Stufe die Herrschaft des Menschen über den Menschen darstellt, und zwar des Menschen, der sich von Gott losgesagt hat bzw. keine Gottesfurcht kennt. Kennt auch das Alte Testament, zumal die Psalmen, jenen Menschentypus in Gestalt des Frevlers, so hat dieser in Gestalt des Machtmenschen des 20. Jahrhunderts eine besondere antichristliche Prägung angenommen. Nicht nur dass er gleich dem Frevler seinem Nächsten schadet. Vielmehr kann er sich nicht genug tun, so viele Menschen wie nur möglich zu morden, bevor er selbst vom Erdboden schwindet.

Erst von hier aus mag deutlich werden, was Erlösung und Vollendung bedeuten, ja wie *in* Gott Gehorsam und Freiheit ineinandergreifen, wie es Edith Stein im weiteren Verlauf ihrer Überlegung treffend umschrieben hat: »Gehorsam ist die freie Unterwerfung eines Willens unter einen anderen Willen, so daß die zwei Willen in Wahrheit ein Wille sind. Nur ein Wesen, das über seinen Willen Macht hat, d. h. eine Person, *kann* gehorchen. Wer nicht frei ist, der ist dazu nicht imstande. In der Allerheiligsten Dreieinigkeit sind drei Personen von der höchsten, uneingeschränkten Freiheit, die drei haben jedoch nur *einen* Willen. Kann also noch von Gehorsam die Rede sein? Wohl ist da ein Wille, jedoch sind es drei, die wollen; und jede göttliche Person will dieses Wollen so, wie es auch die anderen wollen. Das, was der Gehorsam der Geschöpfe meint – das Einssein verschiedener Personen in einem Willen –, das ist hier übertroffen und in einer unerreichbaren Weise erfüllt. Wie die Armut der göttlichen Personen ein Besitzen ist, als ob sie nichts besäßen – eine vollkommene Freiheit gegenüber allem, was da ist –, so ist der göttliche Gehorsam die vollkommene Freiheit von sich selbst und vom eigenen Willen in der Hingabe an den gegenseitigen Willen. Der Gott, der die Liebe lebt [vgl. Joh 4,8.16], lebt in dieser Hingabe.« (Ebd.)

Ohne Gottesgehorsam ist der Mensch solcher Liebe gar nicht fähig. Er bleibt an sich, an das eigene Selbst oder Ich, gebunden, ob in Gier oder Trägheit, oder in welcher der Facetten des Menschseins auch immer. Man mag noch so sehr die Intersubjektivität oder den gesellschaftlichen Konsens betonen; mit Buber der Ich-Du-Relation oder mit Lévinas einer Ethik des Anderen huldigen, oder mit Rousseau den *volonté de tous* beschwören – die Geschichte unseres Zeitalters ist eine Geschichte des Scheiterns all jener hehren Bestimmungen. Nicht umsonst spricht man im Hinblick auf die derzeitige Schuldenkrise von »Blasen« – Blasen, schillernd und platzend, eine nach der anderen. Nicht einmal auf einem ganz säkularen Gebiet wie dem monetären will dem säkularen Denken eine Lösung gelingen. Krankt doch das gesamte Freiheitspathos der Moderne an der Selbstgebundenheit des Menschen, die letzthin Ausdruck seiner Unerlöstheit ist. – Sucht man aber seine Selbstgebundenheit gewaltsam zu brechen, wie in den kollektivistischen Ideologien und Gewaltherrschaften des 20. Jahrhunderts, so wird er nicht allein seiner Freiheit beraubt. Kein Zufall ist es, dass sie allesamt, eine brutaler als die andere, vor jeder Freiheitsberaubung des Menschen seine *Gottesbeziehung* zu zerbrechen suchten. Und das mit nicht geringem Erfolg, insofern erst dadurch jene *Hörigkeit* des Menschen ermöglicht wird, die schlimmer als jede sexuelle oder sonstige Abhängigkeit an die eigene Macht oder Ideologie fesselt. [Es sei in diesem Zusammenhang nur an Nietzsches »Dämon der Macht« in Kap. III erinnert.] Kafka hat im achten Kapitel seines *Prozesses* solcher Hörigkeit ein literarisches Denkmal gesetzt in der Gestalt des Kaufmanns Blocks, der als Angeklagter zum Spielball seines Advokaten und einer undurchschaubaren Gerichtsbarkeit wird, die den Platz der göttlichen zu behaupten sucht. Und um noch einmal auf Heideggers Philosophie der Kehre zurückzukommen: »Hier geschieht keine Er-lösung, d. h. im Grunde Niederwerfung [!] des Menschen, sondern die *Einsetzung* des ursprünglichen Wesens (Da-seinsgründung) in das Seyn selbst« (413); oder wie es zuvor heißt: »Die *Verweigerung* als die Nähe des Unab-wendbaren macht das Da-*sein* zum Überwundenen, das will sagen: schlägt es nicht nieder, sondern reißt es hinauf in die Gründung seiner Freiheit.« (412) Damit ist nun endlich Raum geschaffen, nicht etwa für den Menschen, sondern für dessen Überhöhung – für den letzten Gott. »Wir stehen in diesem Kampf um den letzten Gott und d. h. um die Gründung der Wahrheit des Seyns als des Zeitraumes der Stille seines Vorbeigangs (nicht um den Gott selbst vermögen wir zu kämpfen) notwendig im Machtbereich des Seyns als Ereignung und damit in der äußersten Weite des schärfsten Wirbels der Kehre.« (412 f.) Und was es mit dessen Epiphanie auf sich hat – verständlicherweise ganz anders als Edith Steins letzte Meditation zum Gottesgehorsam anlässlich der Epiphanie des menschgewordenen Wortes Gottes –, wird aus Heideggers Überlegungen zuvor deutlich: »Der letzte Gott ist nicht das Ende, sondern der andere Anfang unermesslicher Möglichkeiten unserer Geschichte. Um seinetwillen darf die bisherige Geschichte nicht verenden, sondern muß zu ihrem Ende gebracht werden. Wir müssen die Verklärung ihrer wesentlichen Grundstellungen in den Übergang und die Bereitschaft hineinschaffen.« Keine geringe Aufgabe, wie Heidegger anschließend zu verstehen gibt: »Die Vorbereitung des Erscheinens des letzten Gottes ist das äußerste Wagnis der Wahrheit des Seyns, kraft deren allein die Wiederbringung des Seienden des Menschen glückt.« (411)

Hat unser Zeitalter schon unglaubliche Utopien gesehen, um dem Menschen, der seinen Gott hinter sich gelassen hat, endlich eine ihm angemessene Zukunft zu verschaffen, so reicht der Ausdruck »Utopie« gar nicht aus, um jene Zukunft des Menschenwesens zu ermessen, die sich hier auftut. Ein Karl Kraus hätte seine »Fackel« einpacken können, hätte er folgende Zeilen gelesen: »Mit der Seynsfrage, die die Frage nach dem Seienden und somit alle ›Metaphysik‹ überwunden hat, ist die Fackel entzündet und der erste Anlauf zum weiten Lauf gewagt. Wo ist der Läufer, der die Fackel aufnimmt und seinem Vor-gänger zuträgt? Die Läufer müssen alle, und je spätere sie sind, um so stärkere

Vor-läufer sein, keine Nachläufer, die das Erstversuchte, wenn es hochkommt, nur ›verbessern‹ und widerlegen. Die Vor-läufer müssen je und je ursprünglicher als die ›Vor‹-(d. h. hinter ihnen)-laufenden *anfängliche* sein, das Eine und Selbe des Fragenden noch einfacher, reicher und unbedingt einzig denken. Was sie übernehmen, indem sie die Fackel ergreifen, kann nicht das Gesagte als ›Lehre‹ und ›System‹ und dgl. sein, sondern das Gemußte, das sich nur jenen eröffnet, die selbst, abgründiger Herkunft, zu den Gezwungenen gehören.« (416) Klagt schon der Apostel Paulus, wenn er das Evangelium verkünde, könne er sich deswegen nicht rühmen: »denn ein Zwang liegt auf mir. Weh mir, wenn ich das Evangelium nicht verkünde!« (1 Kor 9,16), – so besteht bei der Verkündigung des Evangeliums des letzten Gottes dazu keinerlei Anlass, sondern es herrscht höchste Euphorie, die Euphorie des Hochmuts, die in einer Seligpreisung der Unseligen gipfelt: »Das Zwingende aber ist allein das Unberechen- und Unmachbare des Ereignisses, die Wahrheit des Seyns. Selig, wer der Unseligkeit seiner Zerklüftung zugehören darf, um ein Höriger zu sein in der immer anfänglichen Zwiesprache der Einsamen, in die der letzte Gott hereinwinkt, weil er durch sie in seinem Vorbeigang erwunken wird.« (416) Besser lässt es sich kaum zum Ausdruck bringen, wie *die Absenz des Gottesgehorsams* in *Hörigkeit* umschlägt; in die Hörigkeit eines Menschenwesens, dessen Zugehörigkeit (vgl. 407: »das Hörige und Zugehörige«) zum Abgründigen ihm zum Verhängnis wird: Das Bild, das Heidegger vom Hörigen »in der immer anfänglichen Zwiesprache der Einsamen, in die der letzte Gott hineinwinkt«, zeichnet, ist das Bild der Hölle. So hat einer endlich mal die Zeit – endlose Zeit – gefunden, die ganze Ausweglosigkeit seines Daseins Revue passieren zu lassen.

Spätestens von hier aus dürfte auch für nicht allzu fromme Ohren verständlich sein, inwiefern Gottesgehorsam und

Freiheit zusammengehören: »Der Herr aber ist der Geist, und wo der Geist des Herrn wirkt, da ist Freiheit.« (2 Kor 3,17).

Das Messianische – »die Welt allseitiger und integraler Aktualität«

Die Freiheit, die sich in der Selbsthingabe – dem Gegenteil der Selbstverweigerung des Aufrührers – vollendet, ist die Freiheit, die der Geist Christi schenkt. »Dazu seid ihr berufen worden; denn auch Christus hat für euch gelitten und euch ein Beispiel gegeben, damit ihr seinen Spuren folgt.« (1 Petr 2,21) Seinen Spuren ist Edith Stein bis zuletzt gefolgt. Ihre Briefe, die um ihre Ausreise in die Schweiz kreisen, lesen sich wie ein Kriminalroman mit tödlichem Ausgang; der Weg nach Auschwitz erscheint vorgezeichnet. Apropos Kriminalroman als »ein unterirdisches Zeitsymptom«, über das Willy Haas, wie oben gesehen, befindet: »Das Theologische in unserer Welt äußert sich nicht offen, kann sich nicht offen äußern.« (Haas, 113) Nicht nur dass das Böse, wie oben dargetan, in unserer – säkularisierten – Welt »unfassbar« erscheint. Sondern dass in ihr in Gestalt des Kriminalromans gleichsam Wege, Möglichkeiten zur Lösung seines Rätsels suggeriert werden, die einer theologischen Deutung nicht bedürfen. »In einem gewissen Sinn ist also der Kriminalroman ein Ersatz für den fehlenden religiösen Glauben: er gibt die Zuversicht zum göttlichen Logos, zur göttlichen Gerechtigkeit. Kann man ganz ohne Religion leben? Das und nichts anderes ist der springende Punkt. Es sind durchaus diese architektonischen und funktionellen Parallelen, was einen gläubigen Katholiken wie Chesterton so unwiderstehlich zur Kriminalgeschichte zieht und in ihrem Bereich so produktiv macht.« (Ebd. 112) Gleichwohl handelt es sich um ein Zeitsymptom über das Genre des Romans hinaus, wie Haas fortfährt: »Kriminalromane sind populär in Zeiten des sinkenden Glaubens, der sinkenden Ordnung, des drohenden Chaos, einer unsicheren, neu entstehenden Ordnung. Das Mittelalter hatte keine.« (Ebd. 113) Waren doch Gut und Böse klar geschieden; das Böse, ja das Diabolische war sichtbar, benennbar wie in Dantes Inferno. Kaum zufällig schwindet es im Zeitalter der *Aufklärung* – allein das Wort bezeichnet ein Programm; die Möglichkeit, alles Dunkle aufzuklären, ohne theologische Begriffe zu bemühen, von einer göttlichen Gerechtigkeit gar nicht zu reden, wo doch das Böse ein menschliches Antlitz besitzt, allenfalls das Negativ des Humanen verkörpert.

Diese Sichtweise, mag sie heute noch so weit verbreitet sein, ist seit den Kriegsschauplätzen und Todeslagern der ersten Hälfte des 20. Jahrhunderts obsolet. Was hier *aufgedeckt* wird, sprengt – nicht nur bei Kafka – jedwede Romanform. Und man mag sich im Nachhinein über Ludendorffs Fixierung auf die »unterirdischen Mächte, die alles beherrschen« (vgl. ebd. 85), mokieren; über »seine metaphysische Lächerlichkeit«. Doch: »Wenn wir über ihn lachen, lachen wir ›über eine zugrundegerichtete Welt‹. Deshalb ist dieses Lachen so quälend.« (Ebd. 84) Wir wissen nicht, was Haas – seine *Gestalten der Zeit* erschienen 1930 – zu Hitler sagte, oder auch nur zu Chaplins Film »Der große Diktator«, der Hitler gewiss nicht war, sondern ein Massenmörder von diabolischem Zuschnitt. Nicht einmal eine »metaphysische Lächerlichkeit« mehr; bei aller Lächerlichkeit seiner physischen Erscheinung konnte vielen das Lachen vergehen, schon in Anbetracht der Hysterie seiner Verehrer, mochten sie auch nur – wie Heidegger – die Hände des »Führers« als die schönsten Hände der Welt bewundern.

Nicht erst in solchen Anwandlungen manifestiert sich die Verblendung durch den Gott dieser Weltzeit, dieses Äons (vgl. 2 Kor 4,4); mehr noch: in der menschlichen Vermessenheit, das »Spiel des Abgründigen« zu durchschauen, als handelte es sich hierbei um berechenbare Schachzüge im Rahmen der Aufklärung einer Detektivgeschichte. Und wenn sich »das Theologische in unserer Welt« nicht offen äußert, ja sich nicht offen äußern kann, dann deshalb, weil hiermit das ganze Ausmaß jener Vermessenheit und Verblendung offenbar werden könnte, was um keinen Preis geschehen darf – einmal nicht, um nicht die erschlichene Souveränität des seiner selbst bewussten menschlichen Geistes in Frage zu stellen; zum andern nicht, um das Spiel des Abgründigen zu verderben, der – wie sollte es anders sein – sein Werk am ungestörtesten hinter menschlicher Maske zu vollbringen vermag.

Doch auch Gottes Gerechtigkeit erscheint nicht in jener Evidenz, die manche mit dem Wort *Offenbarung* verbinden, deren Bilder zu schauen dem heiligen Johannes vorbehalten blieb. »Er durfte schon als Lebender den Gottmenschen als Weltenrichter schauen«, bemerkt Edith Stein zur Gelübdeerneuerung am 6. Januar 1941, »um uns die gewaltigen Rätselbilder der Geheimen Offenbarung von der Endzeit zu zeichnen; in jenem Buch, das wie kein anderes geeignet ist, uns die Wirren dieser Zeit als einen Teil des großen Kampfes zwischen Christus und dem Antichrist verstehen zu lehren; ein Buch von unerbittlichem Ernst und von tröstlicher Verheißung.« (GT II, 145) Auch wenn zeitgenössische Exegeten im Seher Johannes nicht den Apostel und Evangelisten sehen wollen, so Edith Stein, wie auch seinerzeit Erik Peterson in seinen Vorlesungen über die Apokalypse des Johannes, der Offb 1,9 übersetzt: »Ich, Johannes, euer Bruder und Mitteilhaber im Leid und in dem Reich und in dem Harren auf Jesus, war auf der Insel, die da Patmos heißt, um des Wortes Gottes willen und um der Zeugnisablegung für Jesus.« Der Beginn mit einem »Ich« sei – so Peterson in seinem Kommentar – wie in den Schilderungen der Propheten allgemein, wenngleich Johannes »nun nicht zum Propheten berufen [ist], sondern nur zur Abfassung der Schrift. Johannes bleibt Bruder und Gefährte. Er ist Bruder und Mitteilhaber in der θλῖψις. Gemeint ist die eschatologische θλῖψις, die Bedrängnis in der letzten Zeit. Er ist ferner Bruder und Gefährte im Reich. Das ist beachtenswert. Wieder klingt die politische Symbolik an. Es ist das Reich, das auf die Zeiten der Trübsal folgt, das Reich Christi. Und er ist endlich Bruder und Gefährte im Harren auf die Parusie. Auf der Insel Patmos ward dem Johannes eine Offenbarung zuteil. Dass damit auf eine Deportation des Johannes nach Patmos angespielt wird, scheint mir sicher zu sein.« (Offenbarung des Johannes, 28) Peterson wendet sich gegen Wilhelm Boussets Auslegung, der »an eine Art *weekend* des Johannes in Patmos zu denken« scheine (vgl. ebd., Anm. 42). Denn als »ein Buch von einem unerbittlichen Ernst« bezeichnet es eine Ausnahmesituation, nein, nicht eine als vielmehr *die* Ausnahmesituation der Kirche in der eschatologischen Zeit – folgen doch im zweiten Kapitel die Sendschreiben an die sieben Gemeinden Kleinasiens, exemplarisch für die ganze Kirche über die apostolische Zeit hinaus. Und wie nach Edith Steins Ansprache *Hochzeit des Lammes* vom 14. September 1940 das »verborgene Geheimnis der Kirche« als »die lebendige Gottesstadt« dem heiligen Johannes offenbart wurde, »als er mit der jungfräulichen Mutter unter dem Kreuz stand und ihr als ihr Sohn übergeben wurde« (vgl. GT II, 137 f.), so fügt sich nun Johannes, nachdem er »die Offenbarung Jesu Christi« (vgl. Offb 1,1) empfangen hat, als »Bruder und Gefährte« im Leiden, im Reich und im Harren auf die Parusie Christi der Kirche ein – »um der Zeugnisablegung für Jesus willen«. Anders als das Blutzeugnis seines Bruders Jakobus, anders als das der Märtyrer ist das Zeugnis des Johannes das des Augenzeugen, als der er sich bereits nach der Passion und Auferstehung Jesu zu erkennen gibt: »Dieser Jünger ist es, der all das bezeugt und aufgeschrieben hat; und wir wissen, dass sein Zeugnis wahr ist.« (Joh 21,24) Doch nicht das Wort des Augenzeugen, gewissermaßen der juridische Aspekt des Zeugnisses, gibt den Ausschlag über die Wahrheit dessen, der nach Joh 18,37 selbst von sich vor seinem irdischen Richter, vor Pilatus, bekennt: »Ich bin dazu geboren und dazu in die Welt gekommen, dass ich für die Wahrheit Zeugnis ablege.« Deshalb zählt letztlich nicht das Zeugnis eines Menschen, nicht einmal das Zeugnis eines Johannes des Täufers, ja nicht einmal sein eigenes Zeugnis (vgl. Joh 5,31–34; zum Täufer vgl. auch Joh 1,6–8). Vielmehr sind es »die Werke, die mein Vater mir übertragen hat, damit ich sie zu Ende führe, diese Werke, die ich vollbringe, legen Zeugnis dafür ab, dass mich der Vater gesandt hat.« (Joh 5,36) Daher habe auch selbst der Vater, wie Jesus anschließend betont, über ihn Zeugnis abgelegt, worauf auch Johannes in 1 Joh 5,9–12 verweist: »Wenn wir von einem Menschen Zeugnis annehmen, so ist das Zeugnis Gottes gewichtiger; denn das ist das Zeugnis Gottes: Er hat Zeugnis abgelegt für seinen Sohn. Wer an den Sohn glaubt, trägt das Zeugnis in sich. Wer Gott nicht glaubt, macht ihn zum Lügner, weil er nicht an das Zeugnis glaubt, das Gott für seinen Sohn abgelegt hat. Und das Zeugnis besteht darin, dass Gott uns das ewige Leben gegeben hat; und dieses Leben ist in seinem Sohn. Wer den Sohn hat, hat das Leben; wer den Sohn nicht hat, hat das Leben nicht.«

Die kategorische Scheidung zwischen dem, der den Sohn und das Leben hat, und demjenigen, der Sohn und Leben nicht hat, verdeutlicht bereits hier jenen »unerbittlichen Ernst«, den Edith Stein auf das Buch der Geheimen Offenbarung, also auf die eschatologische Zeit, bezieht. Denn hier geht es in der Tat, wie oben dargetan, um nichts Geringeres als um den fundamentalen Gegensatz: um *das*

Zeugnis des Lebens, das jeder in sich trägt, der an den Sohn glaubt, und das »genaue[n] Gegenteil: *der Tod das höchste und äußerste Zeugnis des Seyns*« (Heidegger, *Beiträge zur Philosophie*, 284; Hervorh. K. A.). Nicht um irgendwelche »Weltanschauung« geht es hier, sondern um das Zeugnis Gottes und das Zeugnis des Antichristen, des Gegentypus des Christus in der eschatologischen Zeit, oder um mit Johannes zu reden: in der »letzten Stunde«. Verweist er doch in 1 Joh 2,18 auf die »letzte Stunde«, ja im Anschluss daran (vgl. 2,18–3,24) darauf, dass bereits »jetzt viele Antichriste gekommen« seien; dass der Antichrist sei, »wer den Vater und den Sohn leugnet« (vgl. V. 22). Und es ist alles andere als ein Zufall, wenn *jene letzte Stunde*, die den Anbruch der eschatologischen Zeit anzeigt, *dieser letzten Stunde* korrespondiert, in der sich der Kreuzestod Christi vollzieht. »Jetzt ist meine Seele erschüttert. Was soll ich sagen: Vater, rette mich aus dieser Stunde? Aber deshalb bin ich in diese Stunde gekommen. Vater verherrliche deinen Namen! Da kam eine Stimme vom Himmel: Ich habe ihn verherrlicht und werde ihn wieder verherrlichen.« (Joh 12,27 f.) Denn die Sendung des Sohnes ist in keiner Weise von dem ewigen Leben zu trennen, das in Gott dem Vater ist und in Seinem Wort, im Logos, im Sohn: »In Ihm war das Leben, und das Leben war das Licht der Menschen.« (Joh 1,4) Und das gilt nicht allein im Hinblick auf die Menschwerdung des Logos, die sog. Logosoffenbarung, sondern mehr noch auf die »Offenbarung Jesu Christi« (vgl. Offb 1,1), also im Hinblick auf seine Apokalypsis, auf sein zweites Kommen. Wie eingangs unter Verweis auf Mt 26,64 (Mk 14,62) dargetan, bildet das Kreuz die Achse, die sein erstes und zweites Kommen miteinander verbindet. Treffender als jene Exegeten, die das Corpus Iohanneum auseinanderdividieren, ohne den entscheidenden Zusammenhang zu sehen, hat ihn die russische Komponistin Sofia Gubaidulina erkannt: »Als Gubaidulina

2000 von Helmut Rilling den Auftrag erhielt, zum 250. To-
desjahr Johann Sebastian Bachs eine Passion zu schreiben,
hat sie als tiefgläubiger Mensch eine enorme Aufgabe übernommen, denn die russisch-orthodoxe Kirche kennt kaum
die Tradition der Passionsmusik. ›Was mich an diesem
Auftrag am meisten faszinierte, war die Möglichkeit, ein
neues Kreuz zu schaffen – aus den Texten des Johannes-
Evangeliums und jenen der Offenbarung des Johannes.‹
So entstanden zwei Zeit- und Musik-Ebenen: das Chrono-
logische, in dem das Ganze in musikalisch neutralem und
bescheidenem, der russischen Tradition entsprechendem
Ton gehalten ist, und das ›Himmlische‹, eine kommentie-
rende und dabei ausgesprochen emotional agierende Musik. 2001 ergänzte die Komponistin die Passion um ein ›Jo-
hannes-Ostern‹, also um ein ›Auferstehungsoratorium‹.«
[Tatjana Rexroth, »*Das ist ein Kreuz*«. *Sofia Gubaidulina,
›composer in residence‹ dieses Sommers, und ihre Musik*, in:
NZZ (9. August 2012), Sonderbeilage zum Lucerne Festival, 5]
Auf das Christusgeschehen bezogen: Das »Chronologi-
sche« dieser Weltzeit, dieses Äons findet seinen Abschluss
in *dieser Stunde*, in der Passion und in der Kreuzigung
Christi, in der sich die *Sendung* des Sohnes erfüllt. Dage-
gen weist das »Himmlische« auf den Anbruch der »letzten
Stunde«, also der eschatologischen Zeit, die sich nicht allein in der musikalischen Darstellung von der anderen
Ebene durch eine »ausgesprochen emotional agierende
Musik« unterscheidet – ebenso ist in der Offenbarung, die
Johannes zuteil wird, der »Ton« ein ganz anderer: »Am
Tag des Herrn wurde ich vom Geist ergriffen und hörte
hinter mir eine Stimme, laut wie eine Posaune.« (Offb 1,10)
Dazu heißt es in Petersons Auslegung: »›Ich war im Pneu-
ma‹, das heißt aber nicht eigentlich ›ich wurde vom heili-
gen Geist erfüllt‹, sondern ›ich wurde in die Sphäre des
Geistes erhoben‹. Der Apokalyptiker tritt nicht nur aus

sich heraus (Ekstatik), sondern wird über sich hinausgehoben. Der Tag der Entrückung wird angegeben.« (Offenbarung des Johannes, 28) Mit seiner Entrückung am Tag des Herrn, also am »ersten Tag der Woche«, dem Tag seiner Auferstehung, öffnet sich dem Seher Johannes das »Himmlische«, also das gesamte Panorama der eschatologischen Zeit, oder mit den Worten Jesu: »Von jetzt an werdet ihr den Menschensohn zur Rechten der Macht sitzen und auf den Wolken des Himmels kommen sehen.« (Mt 26,64)

Doch handelt es sich keineswegs um rein persönliche Visionen des heiligen Johannes, wie er nach Joh 21,24 das von ihm Gesehene als Augenzeuge bezeugt. Sondern er wurde »vom Geist ergriffen«, wie es auch nach 1 Joh 5,6 der Geist ist, »der Zeugnis ablegt; denn der Geist ist die Wahrheit«. Heißt es doch in den Abschiedsreden Jesu: »Wenn aber jener kommt, der Geist der Wahrheit, wird er euch in die ganze Wahrheit führen. Denn er wird nicht aus sich selbst heraus reden, sondern er wird sagen, was er hört, und euch verkünden, was kommen wird. Er wird mich verherrlichen; denn er wird von dem, was mein ist, nehmen und es euch verkünden. Alles, was der Vater hat, ist mein; darum habe ich euch gesagt: Er nimmt von dem, was mein ist, und wird es euch verkünden.« (Joh 16,13–15) Denn Jesus hat ja auch am Kreuz, wie aus der Stunde der Entscheidung hervorgeht, nicht sich oder *seinen*, sondern »deinen Namen«, also den Namen seines Vaters verherrlicht; d. h., der Vater hat es durch Christus und durch sein Kreuz getan. Und auch die »Offenbarung Jesu Christi« (Offb 1,1) ist keine Selbstoffenbarung Jesu, sondern eine, »die Gott [!] ihm gegeben hat, damit er seinen Knechten zeigt, was bald geschehen muss; und er hat es durch seinen Engel, den er sandte, seinem Knecht Johannes gezeigt.« Dieser bildet also, wie wir bereits an anderer Stelle dargelegt haben [vgl. *Gott – der Vater Jesu Christi*], in der sog. Johannes-Offenbarung gewissermaßen das vierte Glied in der Kette des Offenbarungsgeschehens; Johannes ist also nicht etwa das Subjekt der Offenbarung, sondern ihr Empfänger: »Dieser hat das Wort Jesu Christi bezeugt: alles, was er geschaut hat.« (Offb 1,2) Nun ist wohl bei der Beauftragung des Johannes nicht explizit von einem Engel die Rede. Vielmehr ist es der Menschensohn, der ihn auffordert, seine Visionen aufzuschreiben und sie an die sieben Gemeinden zu schicken (vgl. Offb 1,12–20); später jedoch wird er aus der Hand eines Engel das kleine Buch endzeitlicher Weissagungen empfangen (vgl. Offb 10,9 f.). Die Erscheinung des »zur Rechten der Macht« Erhöhten ist nun eine andere als die des Auferstandenen; sagte doch bei dessen Erscheinung am See von Tiberias »der Jünger, den Jesus liebte [also Johannes], zu Petrus: Es ist der Herr!« (Joh 21,7) Hier aber, am Herrentag in Patmos, wirft die *himmlische* Erscheinung des Menschensohns den heiligen Johannes buchstäblich zu Boden, weil zwei Wirklichkeiten aufeinandertreffen, die schlichtweg inkommensurabel sind, insofern die kommende den Horizont unserer Vorstellung wie unserer Geschichte sprengt. Denn was Johannes schaut, entspringt nicht menschlicher Imagination, ist auch kein Traumgebilde, sondern erfolgt aus der Entrückung durch das Pneuma, durch den Geist Gottes; erweist sich insofern als »Offenbarung Jesu Christi«, die auf Gott den Vater zurückgeht. Daher die Aufforderung an Johannes: »Schreib auf, was du gesehen hast: was ist und was danach geschehen wird.« (Offb 1,19) Denn wie nach Joh 16,13 der Geist der Wahrheit nicht aus sich selbst heraus reden, sondern sagen wird, »was er hört, und euch verkünden, was kommen wird«, so geht das jetzt Erschaute nicht auf eine Erinnerung zurück wie noch bei der Erscheinung des Auferstandenen am See von Tiberias. Hier offenbart sich – angefangen bei den Sendschreiben an die sieben Gemeinden – ein neuer Äon, eine neue »Weltzeit«; die deutsche Übersetzung des Äon-

216

Begriffs ist insofern irreführend, als sie an den Anbruch eines neuen Zeitalters, einer neuen Epoche denken lässt, während hier die Geschichte nicht einfach, wie bisher, weiterläuft, sondern auf ihre Vollendung hin, also Endzeit ist. Es liegt also ein *Zeitbruch* vor, der über das erste Kommen des Menschensohnes hinausgeht: Dieses geschieht in den alten Äon hinein, nach Gubaidulinas musikalischer Zeitkonzeption auf der *chronologischen* Ebene, so dass sich das Leben Jesu – wenigstens nach dem Matthäus- und Lukasevangelium – von der Kindheitsgeschichte an bis hin zu seiner Kreuzigung, ja bis zu den Auferstehungsberichten wie in einer Chronik schildern lässt. Deren Rahmen wird jedoch gesprengt in seinem zweiten Kommen, das mit dem Kommen Gottes, seines Vaters, einhergeht (vgl. Offb 1,4; 8), der keineswegs abseitssteht, auch wenn er das Gericht seinem Sohne übertragen hat (vgl. Joh 5,27). Gleichwohl fällt, wie bereits erwähnt und in früheren Arbeiten eingehend dargelegt, bei der Lektüre der Geheimen Offenbarung auf, dass Christus erst vergleichsweise spät *offenbar* wird. Im Zusammenhang mit dem Sturz Babylons ist vom Sieg des Lammes die Rede (vgl. Offb 17,14). Allerdings erst bei dem Sieg über das Tier und seinen Propheten (vgl. Offb 19,11–21) tritt Er in aller Macht und Herrlichkeit in Erscheinung, »und sein Name heißt ›Das Wort Gottes‹« (vgl. Offb 19,13). »Denn er muss herrschen«, schreibt der Apostel Paulus in Anlehnung an Ps 110,1, »bis Gott ihm alle Feinde unter die Füße gelegt hat.« (1 Kor 15,25) Gott der Vater ist es also, der mit seinen Engeln und Gewalten bis zum »Tag Christi« den Lauf der Geschichte lenkt. Doch Christi Geist ist es, der in seinen Zeugen wirkt; also keineswegs abseits oder jenseits der Zeit seinen Thron einnimmt. Oder wie es Edith Stein in dem bereits zitierten Wort aus *Kreuzesliebe* ausdrückt: »Die Kreuzesliebhaber, die Er erweckt hat und immer aufs neue erwecken wird in der wechselvollen Geschichte der streitenden Kirche, das sind *Seine Bundesgenossen in der Endzeit.* Dazu sind auch wir berufen.« (GT II, 112)

Ebendiesem Prozess – dem Prozess unserer Vollendung – vermag sich kein Christ zu entziehen, der aus Christi Geist handelt. Zwei, ja drei Versuchungen sind es, die den Christen dazu verleiten vermögen, von dem Weg der Kreuzesnachfolge abzuweichen. Einmal gleich den Kreuzrittern, mit dem Kreuz auf der Brust, es den Mächten dieser Weltzeit gleichzutun und die Feinde des Kreuzes mit Waffengewalt niederzuringen: Bekanntlich ist dieser Versuch, rein militärisch gesehen, kläglich gescheitert und hat das genaue Gegenteil bewirkt, nämlich jenen die Tore nach dem Südosten Europas geöffnet. Neutestamentlicher Prototyp sind die »Donnersöhne« Johannes und Jakobus, die auf dem Weg nach Jerusalem das Dorf der ungastlichen Samariter dem Untergang zu weihen trachteten: »Herr, sollen wir bewirken, dass Feuer vom Himmel fällt und sie vernichtet? Da wandte Er sich um und wies sie zurecht. Und sie gingen in ein anderes Dorf.« (Lk 9,54 f.) Es folgt bezeichnenderweise das wohl radikalste Wort von der Nachfolge (vgl. Lk 9,57–62), von dem noch die Rede sein wird. Wer also Christus wahrhaft nachfolgen, »sein Bundesgenosse in der Endzeit« sein will, dem ist es verwehrt, dem Endgericht vorzugreifen, gleichsam Endgericht zu spielen.

Die zweite Versuchung besteht in der Tendenz, die Benjamin bereits am Barockzeitalter registrierte, obgleich sie sich zunächst im Protestantismus seit dem Zeitalter der Aufklärung, seit dem 20. Jahrhundert umso stärker in der katholischen Theologie und Kirche durchsetzte: die völlige Abstraktion von Endzeit und Endgericht, von der eschatologischen Dimension des christlichen Glaubens, die aus den neutestamentlichen Texten gar nicht fortzudenken ist. Der Tag der Auferstehung Christi erscheint dann, wie es in einem Hymnus des offiziellen italienischen Breviers aus dem Jahre 1984 zu den Laudes am Sonntag heißt, als »erster und letzter Tag«, und der auferstandene Herr promulgiert dann für die Zeiten das Edikt des Friedens: »Pace fra cielo e terra, / pace fra tutti i popoli, / pace nei nostri cuori.« [Friede zwischen Himmel und Erde, / Frieden zwischen allen Völkern, / Frieden in unseren Herzen.] Zu schön, um wahr zu sein! Offensichtlich hat der Verfasser eine ganz andere Frohbotschaft als die überlieferte, in der Christus seinen Jüngern Verfolgung und Bedrängnis ankündigt. Nun kennt man dennoch eine Wiederkunft Christi, wie aus einem anderen Hymnus hervorgeht, demnach sich ein Regenbogen des Friedens über das Chaos erhebt: So erhebe am Letzten Tag die Menschheit in Erwartung das Haupt und betrachte die Ankunft des Herrn. – Keine Spur davon, dass jener Tag wie ein Dieb in der Nacht komme; keine Spur von den Bedrängnissen der Endzeit, wie sie Christus in seinen Endzeitreden ankündigt. Ganz anders, ja höchst aktuell klingt, was der Apostel Paulus in seinem zweiten Brief an Timotheus über die Situation der Menschen in der Endzeit schreibt: »Das sollst du wissen: In den letzten Tagen werden schwere Zeiten anbrechen. Die Menschen werden selbstsüchtig sein, habgierig, prahlerisch, überheblich, bösartig, ungehorsam gegen die Eltern, undankbar, ohne Ehrfurcht, lieblos, unversöhnlich, verleumderisch, unbeherrscht, rücksichtslos, roh, heimtückisch, verwegen, hochmütig, mehr dem Vergnügen als Gott zugewandt. Den Schein der Frömmigkeit werden sie wahren, doch die Kraft der Frömmigkeit werden sie verleugnen. Wende dich von diesen Menschen ab.« (2 Tim 3,1–5) Fragt sich nur, wohin sich ein Timotheus in unserer Zeit wenden könnte, in der sich die Menschen nicht einmal mehr bemühen, auch nur den Schein der Frömmigkeit zu wahren.

Es versteht sich, dass bei so viel Frieden in der Welt allein der Gedanke an die Apokalypse zum Ärgernis wird. Kein Wunder, dass ein jeder, der daran Zeit verschwendet, Gefahr läuft, in Kirche und Gesellschaft totgeschwiegen, wie Feuerer vergessen oder wie seinerzeit Peterson an den Rand gedrängt, buchstäblich marginalisiert zu werden. Der Ausblendung des Eschatologischen wie der Reduktion der messianischen Verkündigung auf eine platte Weltfriedensbotschaft entspricht die Blindheit gegenüber dem aktuellen Zeitgeschehen, das sich herzlich wenig schert um eine Form von Kirche, die es, um es einmal maliziös zu sagen, darauf anzulegen scheint, eines Tages zum Unesco-Weltkultur-Erbe erhoben zu werden. Hat es in der Kirchengeschichte auch schon so mancherlei Verirrungen gegeben; hat eine Hildegard von Bingen couragiert gegen eine Assimilation des zeitgenössischen Klerus an die Feudalwelt gekämpft (so in einem Brief an Domdekan Philipp und den Klerus von Köln: »Ihr seid Nacht, die Finsternis aushaucht, und wie ein Volk, das nicht arbeitet und aus Trägheit nicht im Lichte wandelt« [vgl. PL 197,245]) – nichts ist deprimierender, als wenn die Kirche die ihr von Christus abverlangte apokalyptische Wachsamkeit um des Traums eines Weltfriedens willen preisgibt, den die Welt nicht kennt, ja nicht kennen kann, je weiter sie sich von dem Gott lossagt, der allein ihr Frieden zu schenken vermag.

Damit ist der dritte Typus angesprochen, dessen Typographie der eingangs zitierte Kulturhistoriker Niall Ferguson in *The West and the Rest* umschrieben hat unter dem Titel »Die Länder des Unglaubens«; es handelt sich um einen kurzen Abschnitt, der dem vorletzten vorausgeht, der die unbequeme Frage aufwirft: »Naht das Ende aller Tage?« – Mit jenen Ländern sind nun nicht China oder Vietnam gemeint, wo der christliche Glaube wächst; ebenso wenig solche, die man vor noch nicht allzu langer Zeit als »Missionsländer« bezeichnete; vielmehr das heimische Inselreich, von dem aus einst die Missionierung weiter Teile West- und Mitteleuropas erfolgte. Doch anders als im Zeitalter Humes und Voltaires, als man den Offenbarungsglauben negierte, um dem Glauben an den Menschen Raum zu verschaffen, zitiert Ferguson ein Chesterton zugesprochenes Wort [das sich bei ihm so nicht findet, allenfalls in abgewandelter Form]: »Das Problem mit dem Atheismus ist, dass die Menschen nicht an nichts glauben, wenn sie nicht mehr an Gott glauben. Sie glauben an alles.« (Der Westen …, 425) So paradox die Formulierung klingt, sie ist durchaus stimmig, insofern die Menschen mit dem Glauben an Gott zugleich den Geist Gottes verlieren: »Und der Geist ist es, der Zeugnis ablegt; denn der Geist ist die Wahrheit.« (1 Joh 5,6b) Mit dem Geist Gottes aber verlieren die Menschen das Zeugnis der Wahrheit, die Voraussetzung zur *Unterscheidung der Geister*. Der sog. Relativismus, der keine Wahrheit kennt, ja kennen will, bildet nichts anderes als eine Konsequenz aus dem Verlust des Geistes, der nicht umsonst in den Abschiedsreden Jesu seinen Jüngern als »Beistand«, als *Paraklet*, verheißen ist. »Und wenn er kommt, wird er die Welt überführen [und aufdecken], was Sünde, Gerechtigkeit und Gericht ist; Sünde: dass sie nicht an mich glauben; Gerechtigkeit: dass ich zum Vater gehe und ihr mich nicht mehr seht; Gericht: dass der Herrscher dieser Welt gerichtet ist.« (Joh 16,8–11) Der Unglaube der Menschen hat indessen zu ihrer eigenen Gerechtigkeit: Selbstgerechtigkeit, wie zur eigenen Gerichtsbarkeit geführt, die – wie in Kafkas Prozess – den Verleumdeten zum Verhängnis wird. Basierte noch der Autonomiegedanke der Neuzeit auf einem festen Ethos, um im Rahmen eines säkularen Staatswesens die Freiheit des Menschen und seiner Grundrechte gegenüber jeder Form von religiöser Bevormundung zu sichern, nicht zuletzt auf der Basis des allgemeinen Naturrechts, so kennt die moderne Gesellschaft ein derartiges Ethos nicht mehr: in den totalitären Staatswesen nicht, weil es die Allmacht des Herrschers bzw. der herrschenden Partei einschränken könnte, so dass letzthin einzig die »Gesinnung« entscheidet; in den modernen Demokratien nicht, weil es der Freiheit und der Selbstbestimmung des Einzelnen zuwiderlaufen könnte, dessen »Rechte« im Zeitalter des Individualismus so großgeschrieben werden, dass das Allgemeine längst seinen Vorrang eingebüßt hat. Was Gesetz heißt, entspricht nicht mehr als einer bloßen Gepflogenheit, einer Spielregel, deren Verbindlichkeit nicht über die von Verkehrsregeln hinausgeht, um buchstäblich »Zusammenstöße« zu vermeiden. So kann – wie jüngst in Norwegen – ein Massenmörder zu einem Strafmaß verurteilt werden, mit dem andernorts ein Regimekritiker bedacht worden wäre. Spätestens daran mag deutlich werden, dass hier von »Recht« zu sprechen nicht weniger kühn scheint als die Beantwortung der Frage, ob jemals den Opfern Gerechtigkeit zuteil werde; letzthin dürfte ihnen, soweit sie überlebten, nichts anderes übrig bleiben, als sich mit ihrem Schicksal abzufinden. Spätestens auch hier lässt sich ahnen, was »Beistand«, *Paraklese*, in einem theologischen Sinne bedeutet: dass kein Mensch dem »Herrscher dieser Welt« überlassen ist, der durch Christi Kreuz gerichtet ist. Und dass auch das Gericht nicht, wie gewisse christliche Zeitgenossen vermeinen, auf eine Art Generalamnestie hinausläuft: »Denn das Gericht ist erbarmungslos gegen den, der kein Erbarmen gezeigt hat. Barmherzigkeit aber triumphiert über das Gericht.« (Jak 2,13)

Wo es aber keine Sünde geben darf, da kann es auch keine Gerechtigkeit geben; wo aber keine Gerechtigkeit herrscht, da erübrigt sich der Gedanke an Gericht und Gesetz – ein Zustand, der jener Verfassung des Menschen entspricht, die der Apostel Paulus im »Mensch(en) der Gesetzwidrigkeit«, der *Anomía* (vgl. 2 Thess 2,3) erreicht sieht. Entgegen der Befürchtung der Thessalonicher, der Tag des Herrn sei schon da – eine Befürchtung, die möglicherweise er selbst durch eine missverständliche Formulierung in seinem ersten Brief (vgl. 1 Thess 4,13–18) provozierte, da er im Hinblick auf die Verstorbenen von einer Entrückung der Lebenden beim Kommen Christi so eindringlich sprach, als stünde sie unmittelbar bevor –, spannt er gewissermaßen den eschatologischen Bogen über die jeweilige Gegenwart hinaus auf das Vorletzte hin. Wie Paulus in 2 Thess 2,1–17 ausführt, sei der Tag des Herrn noch nicht da; erst müsse der Abfall von Gott kommen und jener Typus erscheinen, »der Sohn des Verderbens, der Widersacher, der sich über alles, was Gott und Heiligtum heißt, so sehr erhebt, dass er sich sogar in den Tempel Gottes setzt und sich als Gott ausgibt.« (2 Thess 2,4) Wesentlich ist der Kult um die eigene Person, ihre Selbstübersteigerung, ja Vermessenheit, die alles Sündige, Schuldhafte im landläufigen Sinne in den Schatten stellt. Jene geheime Macht der Gesetzwidrigkeit sei jetzt schon am Werk; nur müsse der bzw. das sie »Aufhaltende« [griech.: *katechon*] beseitigt werden. Dann werde er sichtbar werden, doch werde Jesus ihn töten durch den Hauch seines Mundes und durch seine Ankunft und Erscheinung vernichten. – Unter jener mysteriösen Figur des *Katechon* hat man eine eher positive Erscheinung sehen wollen (so Carl Schmitt), wie etwa das Imperium Romanum (so der sel. Kardinal Newman); Erik Peterson gar hat sie in seiner Auslegung von Röm 9–11 auf den Unglauben der Juden bezogen, der das Kommen des Menschensohnes aufhalte. Naheliegender erscheint dagegen aufgrund des zweiten Makkabäerbuches eine andere Deutung, die sich vielmehr auf die Heidenvölker bzw. die Völker aus den Heiden bezieht (vgl. vom Verf. *Macht und Offenbarung. Das Geheimnis der Gesetzwidrigkeit*, 146): »An jener Stelle möchte ich die Leser des Buches ermahnen«, vermerkt der Verfasser jener Geschichtsbetrachtung, »sich durch die schlimmen Ereignisse nicht entmutigen zu lassen. Sie mögen bedenken, dass die Strafen unser Volk nicht vernichten, sondern erziehen sollen. Denn wenn die Sünder nicht lange geschont, sondern sofort bestraft werden, ist das ein Zeichen großer Güte. Bei den andern Völkern wartet der Herr geduldig, bis das Maß ihrer Sünden voll ist; dann erst schlägt er zu. Mit uns aber beschloss er, anders zu verfahren, damit er uns nicht am Ende verurteilen müsse, wenn wir es mit unseren Sünden bis zum Äußersten getrieben hätten. Daher entzieht er uns nie sein Erbarmen, sondern er erzieht sein Volk durch Unglück und lässt es nicht im Stich. Das soll zu unserer Beherzigung gesagt sein.« (2 Makk 6,12–17a)

Zwar übt Gott auch gegenüber den Heidenvölkern Langmut, ja Ihn reut mithin das Unheil, das Er ihnen androhte, wie der bußfertigen Stadt Ninive nach dem Buch Jona (vgl. Jona 3,10). Doch geht es bei dem Wirken des Menschen der Gesetzwidrigkeit, der *Anomía*, ja nicht allein um ein sündhaftes Verhalten, sondern um den Akt der Selbstübersteigerung bis hin zur Selbstvergottung, als ob es über sich hinaus keinen Gott, keinerlei göttliches Recht, kein Gesetz gäbe. Fällt erst der Schein solcher Rechtsordnung, wie sie etwa das Naturrecht verkörpert, dann steht der Epiphanie jenes Typus der Gesetzwidrigkeit nichts mehr im Wege – und genau da stehen wir, insofern für jenen Typus Gott oder Gesetz belanglose Größen darstellen, über die er sich mit einem kalten Lächeln hinwegsetzt.

Daher beschränkt sich *Der große Abfall*, wie das eingangs zitierte Werk Walter Künneths überschrieben ist, keineswegs auf die Zeit des Nationalsozialismus, mochte hier auch »der Mensch der Gesetzwidrigkeit« offenbar geworden sein. Alles andere als rhetorisch erscheint die Frage, die Christus im Anschluss an das Gleichnis vom gottlosen Richter stellt, der einer Witwe nur deshalb zu ihrem Recht verhilft, weil sie keine Ruhe gibt. Und so schließt das Gleichnis mit einer Frage und einer Feststellung Jesu: »Sollte Gott seinen Auserwählten, die Tag und Nacht zu ihm schreien, nicht zu ihrem Recht verhelfen, sondern zögern? Ich sage euch: Er wird ihnen unverzüglich ihr Recht verschaffen.« (Lk 18,7–8a) Damit scheint die Frage beantwortet, immerhin nach einem Gleichnis, in dem Christus nicht einmal den Vergleich von Gottes Wirken mit dem eines ungerechten Richters [wörtlich: des Richters der Ungerechtigkeit] scheut. Doch so drastisch der Vergleich: Offensichtlich scheinen die Menschen gar nicht mehr daran interessiert, Recht zu erlangen; oder besser: Offenkundig haben sie den *Glauben* verloren, dass ihnen Gott zu ihrem Recht verhelfen könnte. Daher Jesu Frage im Anschluss an das Gleichnis: »Wird jedoch der Menschensohn, wenn er kommt, auf der Erde (noch; wörtlich: den) Glauben finden?« (Lk 18,8b)

Denn wo es möglich ist, *an alles* zu glauben, da gibt es keinen Glauben an den Menschensohn mehr, der nun nicht irgendein Glaube, sondern eschatologischer Glaube, d. h. Glaube an die erste und zweite Ankunft Christi ist. Nicht umsonst gehen im Lukasevangelium dem Gleichnis vom gottlosen Richter und der Witwe die Reden vom Kommen des Gottesreiches (vgl. Lk 17,20–21) und vom Kommen des Menschensohnes (vgl. Lk 17,22–37) voraus. Während letzteres sich auf sein Erscheinen »an seinem Tag«, also auf das Ende, bezieht, heißt es vom Reich Gottes, es sei schon »mitten unter euch« (vgl. Lk 17,21), mag es auch noch nicht – wie im Zuge der zweiten Ankunft des Menschensohnes – »mit großer Macht und Herrlichkeit« (vgl. Lk 21,27) gekommen sein.

Daher wird in der Endzeitrede (Lk 21,5–19) darauf verwiesen, dass das Reich Gottes *nahe* ist (vgl. Lk 21,31). Dabei ist gewissermaßen die Dramaturgie der Ereignisse zu beachten. Zunächst die Ankündigung der Zerstörung des Jerusalemer Tempels – nach einem Wort Gershom Scholems eine metaphysische Katastrophe. Dann der Anfang der Not (Lk 21,7–19), die in die apostolische Zeit fällt und mit dem Gericht über Jerusalem (Lk 21,20–24) ihren vorläufigen Höhepunkt erreicht; mit der Zerstreuung seiner Bewohner in alle Länder; »und Jerusalem wird von den Heidenvölkern zertreten werden, bis die Zeiten der Heiden sich erfüllen.« (Lk 21,24) Erst nach den Zeiten der Heidenvölker erfolgt das Kommen des Menschensohnes, sichtbar an Zeichen kosmischer Erschütterung: »Denn die Kräfte des Himmels werden erschüttert werden. Dann wird man den Menschensohn mit großer Macht und Herrlichkeit auf einer Wolke kommen sehen. Wenn (all) das beginnt, dann richtet euch auf und erhebt eure Häupter; deswegen, weil sich naht eure Erlösung.« (Lk 21,26b–28) Durchaus treffend wird an dieser Stelle in der Einheitsübersetzung auf Mt 26,64 (Mk 14,62) verwiesen; nicht bloß auf die Parallelstelle Mt 24,30. Denn das Kommen des Menschensohnes nimmt, wie oben dargelegt, seinen Ausgang vom Kreuz. Deshalb lässt Christus Ort und Zeitpunkt seines Kommens offen. Schon in seiner ersten Rede vom Kommen des Menschensohnes antwortet er auf die Frage der Jünger, wo das geschehen werde: »Wo ein Aas ist, da sammeln sich die Geier.« (Lk 17,37) Noch deutlicher tritt dieser Sachverhalt im Matthäusevangelium hervor, und zwar im Zusammenhang der Endzeitrede, wo Christus zunächst warnt: »Wenn dann jemand zu euch sagt: Seht, hier ist der Messias!, oder: Da ist er!, so glaubt es nicht! Denn es wird mancher falsche Messias und mancher falsche Prophet auftreten, und sie werden große Zeichen und Wunder tun, um, wenn möglich, auch die Auserwählten irrezuführen.« (Mt 24,23 f.) Bildet doch die Irreführung der Menschen durch falsche Propheten und Erlösergestalten ein wesentliches Symptom der eschatologischen Zeit, und zwar über die apostolische Zeit hinaus, bis auf den heutigen Tag, auch wenn sich die Mahnung Jesu zunächst an seine Jünger richtet, da sie ihn fragen: »Als er auf dem Ölberg saß, wandten sich seine Jünger, die mit ihm allein waren, an ihn und fragten: Sag uns, wann wird das ge-

schehen, und was ist das Zeichen für deine Ankunft und das Ende der Welt?« (Mt 24,3) Bezeichnenderweise auf dem Ölberg, auf dem ihn seine Jünger zwei Tage später, in der Nacht nach dem Paschamahl, allein lassen werden, worauf er abschließend hinweist: »Als Jesus seine Reden beendet hatte, sagte er zu seinen Jüngern: Ihr wisst, dass in zwei Tagen das Paschafest beginnt; da wird der Menschensohn ausgeliefert und gekreuzigt werden [wörtlich: wird übergeben zum Gekreuzigtwerden].« (Mt 26,1)
Bezeichnend auch, dass Jesu Endzeitreden seiner Passion vorausgehen: Sein zweites Kommen, also seine Wiederkunft, ist nicht ablösbar von seinem ersten Kommen, mit dem ja das Reich Gottes seinen Anfang nimmt, um bei seinem zweiten seine Vollendung zu finden. Man könnte in den Endzeitreden eine Art Vermächtnis Jesu an seine Jünger sehen, wenngleich damit nicht gesagt sein soll, dass sich seine Rede ausschließlich auf sie und ihre Zeit beschränkte. Wie bereits betont, meidet Jesus offensichtlich eine Lokalisierung des Endzeitgeschehens, ja er warnt davor: »Denkt daran: Ich habe es euch vorausgesagt. Wenn sie also zu euch sagen: Seht, er ist draußen in der Wüste!, so geht nicht hinaus; und wenn sie sagen: Seht, er ist im Haus!, so glaubt es nicht. Denn wie der Blitz bis zum Westen hin leuchtet, wenn er im Osten aufflammt, so wird es mit der Ankunft des Menschensohnes sein. Überall wo ein Aas ist, da sammeln sich die Geier.« (Mt 24,25–28) Mehr noch als nach Lk 17,37, wo sich lediglich der Vergleich von Aas und Geier findet, verdeutlicht der Hinweis auf den Kugelblitz, der den gesamten Himmel von einem Ende bis zum anderen überstrahlt, auf den kosmischen, ja universalen Charakter seiner Ankunft. Anders als bei der Geburt im Stall von Bethlehem handelt es sich hier nicht um ein punktuelles Ereignis inmitten der Geschichte, unter ganz spezifischen historischen Auspizien (vgl. Lk 2,1: unter Kaiser Augustus), die den Einbruch des Wortes Gottes

in die Weltzeit markieren. Seine zweite Ankunft indessen führt *aus* der Geschichte heraus, sprengt den Horizont der Geschichte, weshalb der Evangelist Matthäus – konsequenter als Lukas – die Rede vom Kommen des Menschensohnes auf jenen Vergleich folgen lässt (vgl. Mt 24,29–31). Und wie bei Lukas folgt darauf der Vergleich der apokalyptischen Vorzeichen mit dem Feigenbaum: »Lernt etwas aus dem Vergleich mit dem Feigenbaum! Sobald seine Zweige saftig werden und Blätter treiben, wisst ihr, dass der Sommer nahe ist. Genauso sollt ihr erkennen, wenn ihr das alles seht, dass das Ende vor der Tür steht. Amen, ich sage euch: Dieses Geschlecht [diese Generation – so die Einheitsübersetzung] wird nicht vergehen, bis das alles eintrifft. Himmel und Erde werden vergehen, aber meine Worte werden nicht vergehen.« (Mt 24,32–34 par.)

Wie widersinnig es ist, das griechische *genea* mit Generation zu übersetzen, bezeugt das unmittelbar darauf folgende Wort Jesu: »Doch jenen Tag und jene Stunde kennt niemand, auch nicht die Engel im Himmel, nicht einmal der Sohn, sondern nur der Vater.« (Mt 24,36) Allein daraus wird ersichtlich, dass es dem Vater, also dem Schöpfer der Welt, vorbehalten ist, über das Ende der Welt zu bestimmen. [Es sei nur angemerkt, dass auch Luther wie Ernst Dietzfelbinger in seiner Griechisch-deutschen Interlinearübersetzung *genea* mit »Geschlecht« übersetzen.] Und auch aus der lukanischen Fassung des Gleichnisses vom guten und schlechten Knecht, das bei Matthäus in Kurzform dem Gleichnis vom wachsamen Hausherrn folgt, während Lukas beide miteinander verknüpft, heißt es nach der Mahnung, den Gürtel nicht abzulegen und die Lampen brennen zu lassen in nächtlicher Erwartung des Herrn, der auf einer Hochzeit ist: »Selig die Knechte, die der Herr wach findet, wenn er kommt. (…) Und kommt er erst in der zweiten und dritten Nachtwache und findet sie wach –

selig sind sie. Bedenkt: Wenn der Herr des Hauses wüsste, in welcher Stunde der Dieb kommt, so würde er verhindern, dass man in sein Haus einbricht. Haltet auch ihr euch bereit! Denn der Menschensohn kommt zu einer Stunde, in der ihr es nicht erwartet.« (Lk 12,37–40) Nun könnte man meinen, dass diese Mahnung zur Wachsamkeit ausschließlich für die Jünger gilt. Daher auch prompt die Rückfrage des Petrus: »Herr, meinst du mit diesem Gleichnis nur uns oder auch all die anderen?« (Lk 12,41) [wörtlich: »... im Blick auf uns ... oder im Blick auf alle?«] – Wenn man bedenkt, dass nach Mk 9,10 sich die Jünger nach der Verklärung Jesu fragten, »was das sei: von den Toten auferstehen«; und wenn man zudem bedenkt, dass es nach Jesu zweiter Leidensankündigung heißt: »Aber sie verstanden den Sinn seiner Worte nicht, scheuten sich jedoch, ihn zu fragen« (Mk 9,32), – dann wird verständlich, dass Jesus seine Rede von seiner zweiten Ankunft und von der Vollendung der Zeiten lediglich in Form von Gleichnissen und Bildern zum Ausdruck bringt. Wie bereits erwähnt, wird ihnen selbst vom Auferstandenen beim gemeinsamen Mahl vor seiner Himmelfahrt bedeutet: »Euch steht es nicht zu, Zeiten und Fristen zu erfahren, die der Vater in seiner Macht festgesetzt hat.« (Apg 1,7) Auch rein historisch gesehen, erweist sich die sog. Naherwartungsthese als absurd, mag die Naherwartung der Wiederkunft Christi im Hinblick auf die frühe Christenheit nachvollziehbar sein, da sich ihnen der weitere Verlauf der Geschichte nach Christus völlig ihrer Vorstellung entzog. Hat doch allein »die Zeit der Heidenvölker« in Jerusalem nicht etwa wenige Jahrzehnte, sondern nahezu 1900 Jahre gewährt; ausdrücklich heißt es im Markusevangelium: »Vor dem Ende aber muss allen [!] Völkern das Evangelium verkündet werden.« (Mk 13,10) Gleichwohl wird den Jüngern vom auferstandenen Christus nicht einfach eine »Abfuhr« erteilt. Nachdem es bereits zuvor heißt, er sei vierzig Tage hindurch »ihnen erschienen und hat vom Reich Gottes [!] gesprochen« (vgl. Apg 1,3), lässt er sie anschließend wissen: »Aber ihr werdet die Kraft des Heiligen Geistes empfangen, der auf euch herabkommen wird; und ihr werdet meine Zeugen sein in Jerusalem und in ganz Judäa und Samarien und bis an die Grenzen der Erde.« (Apg 1,8) Allein aus diesem Grunde sind seine Jünger, ja in erster Linie sie, die unmittelbar von Christus Erwählten, zur Wachsamkeit und Erwartung seiner Wiederkunft aufgerufen. Sind doch nach dem eingangs zitierten Wort Georg Feuerers die Apostel der Kirche »nicht bloß Ausgesandte zur Missionierung der Welt, sie sind in erster Linie Vorboten, Herolde seines Kommens.« (*Unsere Kirche im Kommen*, 221) Deshalb beziehen sich die Worte Jesu nicht bloß auf ein fernes Geschehen, das weit in die Zukunft weist. Vielmehr steht deren Anbruch mit seiner Kreuzigung sowie Auferstehung und Himmelfahrt unmittelbar bevor; ist das Reich Gottes nahe (vgl. Lk 21,31).

Denn anders als in der historischen Zeit, in der mithin der Zeitpunkt eines bestimmten Ereignisses vorhersehbar ist – ob einer Sonnenfinsternis oder der Termin des nächsten Osterfestes –, ist es das zweite Kommen des Menschensohnes nicht. Denn insofern es nicht *ein* Ereignis im Verlauf der Geschichte bezeichnet, sondern deren Ende, ist jeder Punkt der Geschichte, der darauf hinweist, im Lichte *dieses Endes* zu sehen, ob er nun in die Anfänge der messianischen bzw. eschatologische Zeit, also in die apostolische Zeit, ja in »die Tage des Messias«, also in die Zeit des Menschensohnes auf Erden, fällt, oder aber in unsere Zeit, die wohl nahezu zwei Jahrtausende nach Christus zählt, aber für die das Reich Gottes nicht weniger nah ist als für seine Jünger. Ist doch die messianische Welt, wie sie der Philosoph Walter Benjamin in seinen *Neuen Thesen K* im Zusammenhang mit seinen Aufzeichnungen *Über den Begriff der Geschichte* definiert hat, »die Welt allseitiger und

integraler Aktualität« (vgl. GS I.3, 1235; GS II.1, 309).
Oder um es neutestamentlich zu formulieren, mit den
Worten Jesu über das Reich Gottes, man könne nicht sagen: »Seht, hier ist es!, oder: Dort ist es!« (vgl. Lk 17,21)
Denn mit seinem ersten Kommen ist es ein für alle Mal
nahe gekommen. Salopp gesagt, wir können nicht so tun,
als ob es mit seiner Himmelfahrt entschwunden wäre, um
irgendwann, ganz am Ende der Zeiten, wiederzukommen.
Vielmehr weisen ja die Gleichnisse vom wachsamen Hausherrn wie vom treuen und schlechten Knecht (vgl.
Mt 24,42–46) sowie das Gleichnis vom anvertrauten Geld
(vgl. Mt 25,14–30; Lk 19,11–27) darauf hin, dass *jeder Zeitpunkt nach seiner leiblichen Abwesenheit* auf seine Rückkehr, also *auf seine Wiederkunft* bezogen ist. Oder anders
formuliert: Dass *im Lichte seiner Wiederkunft jeder Augenblick der Geschichte* von Bedeutung ist, ein *integraler*
Bestandteil der messianischen bzw. eschatologischen Zeit,
von dem die künftige Seligkeit des Menschen abhängt, worauf ja die Seligpreisung des klugen Knechtes im Gleichnis
verweist (vgl. Mt 24,46 f.).
Denn alle Geschichte im rein historischen Sinne besitzt
eine unverrückbare Grenze: im Tod eines Menschen oder
im Ende einer Epoche. Geschichte in einem säkularen Sinne, »Weltgeschichte«, wird immer aus der Perspektive der
Nachwelt geschrieben. Oder wie es Nietzsche in seiner
»*Zwischenrede*« [§ 286] zur *Fröhlichen Wissenschaft* auf
den Punkt bringt: »Ich kann nur erinnern – mehr kann ich
nicht!« (KGW V.2, 208) Was darüber hinausgeht, ist Spekulation, so bei Hegel, »und die Kritik der Eschatologie
wird zum Movens für den Überschritt zur Spekulation«
(vgl. W. Jaeschke, *Die Vernunft in der Religion*, 190). Nun
hat gewiss innerhalb der Theologie Geschichte als Kir-
chen- oder Dogmengeschichte ihren festen Platz, insofern
es um die Rekonstruktion bestimmter Entwicklungen innerhalb der Kirche in der Vergangenheit geht. Doch die

messianische Zeitauffassung deutet auch Vergangenes vom
Ende her – so die Apostel oder Evangelisten die *Schrift*,
also die alttestamentliche Überlieferung, mit Blick auf
Christus. Erst recht aber das Zeitgeschehen *nach* Christus,
das mit dem Wirken der Apostel einsetzt und mit der Wiederkunft Christi seine Vollendung findet. [Kaum zufällig
gibt es, einmal abgesehen von eher zweckbetonten Schreiben wie etwa dem Philemonbrief, so gut wie keine neutes-
tamentliche Schrift, die der eschatologischen Perspektive
entbehrte. Selbst das Johannesevangelium mit seiner ver-
meintlich präsentischen Eschatologie kennt sie, insofern
nach Joh 5,6 der Vater dem Sohn die Vollmacht gegeben
hat, Gericht zu halten, das ja *in der Zukunft* liegt (siehe Joh
5,29!), wie sich ja nach Joh 5,28 auch die Auferstehung der
Toten in der Zukunft vollzieht.] Daher lenkt Christus in
den Endzeitreden schon vor seiner Passion den Blick auf
sein Kommen in Herrlichkeit, obschon für sie verständlicherweise sein Tod Abschluss und Ende bedeuten wird,
wie es ja in ergreifender Weise die Emmausgeschichte zum
Ausdruck bringt (vgl. Lk 24,13–35; bes. V. 21). Und wie
der Vergleich mit dem Feigenbaum zeigt (vgl. Mt 24,32
par), mit dem Christus auf das Ende bzw. auf die Nähe des
Reiches Gottes deutet, so sei mit Nachdruck betont: Anders als für einen liberalen christlichen Bibelhistoriker um
1900 in Berlin oder Basel bedeutet für einen frommen Ju-
den(christen) des ersten Jahrhunderts die Zerstörung des
Jerusalemer Tempels den Anbeginn der Apokalypse.
Dementsprechend besteht wenig Grund, dem Kommen
des Menschensohnes voller Schrecken entgegenzusehen.
Im Gegenteil: »Wenn all das beginnt, dann richtet euch auf,
und erhebt eure Häupter; denn eure Erlösung ist nahe.«
(Lk 21,28)
Aus der Perspektive der Erlösung aber gewinnt jede Episode der Heilsgeschichte, selbst die schmerzlichste, eine
herausragende Bedeutung, wie ja in der Liturgie des Kir-

chenjahres nicht nur Freudenfeste gefeiert werden, sondern auch der Schmerzen Mariens oder der Enthauptung Johannes' des Täufers gedacht wird. Erst von hier aus wird ersichtlich, wie die messianische Welt – christlich gesprochen: die eschatologische Zeit – wahrhaft »die Welt allseitiger und integraler Aktualität« verkörpert, weil nichts, aber auch gar nichts, was ein Mensch jemals für Christus getan oder erlitten hat, dem Vergessen preisgegeben ist. Nichts anderes besagt ja das Gleichnis vom Weltgericht (Mt 25,31–46): »Was ihr für einen meiner geringsten Brüder getan habt, das habt ihr mir getan.« (Mt 25,40) Daher auch die eingangs erwähnte Übergabe des Reiches: »Kommt her, die ihr von meinem Vater gesegnet seid, nehmt das Reich in Besitz, das seit der Erschaffung der Welt für euch bestimmt ist.« (Mt 25,34) Doch auch rückschauend, mit Blick auf die Geschichte lässt sich angesichts jener »Welt allseitiger und integraler Aktualität« sagen: »Erst in ihr gibt es eine Universalgeschichte.« (GS I.3, 1235) Denn alle historischen Entwürfe einer Universalgeschichte müssen notgedrungen fragmentarisch bleiben, da niemand die Zukunft kennen kann; sie stellt auf der Landkarte der Geschichte einen weißen Fleck dar. Erst ihre Deutung vom Ende her wirft ein Licht darauf, was im Dunkel der Vergangenheit zu verschwinden droht, insofern die Geschichte nicht über die Vergangenheit hinausführt: »Alles wird zur Vergangenheit; wie eine Sandwüste erscheint das endliche Leben; sie ist das Bewußtsein der Freiheit und Wahrheit.« (Hegel, V.3, 61 f.) Es versteht sich von selbst, dass das messianische Verständnis der Wahrheit der Erlösung ganz anderer Natur ist, wie auch das der Freiheit des Geistes, von der, wie oben dargetan, der Apostel Paulus spricht (vgl. 2 Kor 3,17 f.).

Wenn die messianische Welt als »die Welt allseitiger und integraler Aktualität« gilt, so nicht allein in einem eher allgemeinen, geschichtstheologischen Sinne; nicht weniger ist darunter in einem ganz konkreten Sinne *die Aktualität* messianischer Erwartung bzw. Nachfolge zu verstehen. Nirgendwo so anschaulich wie in dem Gleichnis von den zehn Jungfrauen (Mt 25,1–13), Benjamin zufolge das messianische Gleichnis *par excellence*. Denn mit dem Himmelreich werde es sein, so Jesus, »wie mit zehn Jungfrauen, die ihre Lampen nahmen und dem Bräutigam entgegen gingen. Fünf von ihnen waren töricht, und fünf waren klug. Die törichten nahmen ihre Lampen mit, aber kein Öl, die klugen aber nahmen außer ihren Lampen noch Öl in Krügen mit. Als nun der Bräutigam lange nicht kam, wurden sie alle müde und schliefen ein.« (Mt 25,1–5) Bezeichnend, dass alle einschliefen; keine vermag gewissermaßen gegen die Schwerkraft ihrer Natur eine so lange Zeitspanne der Nacht zu überdauern. Und doch ein grundlegender Unterschied zwischen den klugen und törichten Jungfrauen, insofern die Ankündigung der unvermittelten Ankunft des Bräutigams mitten in der Nacht erfolgt, der Aufruf, ihm entgegenzugehen. Unglaublich die Kompromisslosigkeit der klugen Jungfrauen, ihre Weigerung auf die Bitte der törichten, ihnen etwas von ihrem Öl abzugeben, damit ihre Lampen nicht ausgingen: »Dann reicht es weder für uns noch für euch; geht doch zu den Händlern und kauft, was ihr braucht. Während sie noch unterwegs waren, um das Öl zu kaufen, kam der Bräutigam; die Jungfrauen, die bereit waren, gingen mit in den Hochzeitssaal, und die Tür wurde zugeschlossen. Später kamen auch die anderen Jungfrauen und riefen: Herr, Herr mach uns auf! Er aber antwortete ihnen: Amen, ich sage euch: Ich kenne euch nicht.« Allein aus ihrer rigiden Abweisung wird ersichtlich, dass es hier nicht um ein Geschehen im moralischen Bereich geht, in dem Menschen auch nach persönlichen Verfehlungen Nachsicht erwarten dürfen. Denn bei genauerer Betrachtung haben sich die törichten Jungfrauen selbst ausgeschlossen. Ist doch ihre Abweisung durch den

Bräutigam nicht das letzte Wort, sondern Jesu Feststellung: »Seid also wachsam! Denn ihr wisst weder den Tag noch die Stunde.«

Hier geht es ja nicht um bloße Nachlässigkeit im Alltäglichen, sondern um Fahrlässigkeit dem Letzten gegenüber; wie jemand, der es leichtfertig in Kauf nimmt, den letzten Zug zu verpassen, auf den kein weiterer folgen wird. Denn das Öl entspricht der *riserva escatologica* – so lautet die italienische Umschreibung für die Denkfigur des »eschatologischen Vorbehalts«; wörtlich: die »eschatologische Reserve«. Ohne diese »Reserve«, ohne die brennende Erwartung des Menschensohnes ist der christliche Glaube eine halbe Sache; gleich den törichten Jungfrauen schleppt man gleichsam die leeren Gefäße der Überlieferung mit sich herum, um am Ende eine böse Überraschung zu erleben.

Ist nun auch der Christ durch tausend Bande an diese Welt gebunden – niemals darf sich sein Leben, zumal das Leben dessen, der über die Taufe hinaus es Christus geweiht hat, wie nicht zuletzt die Ansprachen Edith Steins zur Gelübdeerneuerung beweisen, in jener Bindung erschöpfen. Nicht persönlicher Rigorismus ist es, sondern Christus selbst hat den Weg der Nachfolge gewiesen; den Vorrang des Reiches Gottes vor jeder menschlichen Bindung proklamiert, die *Aktualität* seiner Verkündigung buchstäblich vor jeder »Rücksicht«, im doppelten Sinne des Wortes. Und zwar nicht in Form eines Gleichnisses, sondern in direkter Weisung, die keinerlei menschliche Auslegung im je eigenen Interesse zulässt, auf dem Weg nach Jerusalem, auf dem ihn ein Mann mit den Worten anredet: »Ich will dir folgen, wohin du auch gehst. Jesus antwortete ihm: Die Füchse haben ihre Höhlen und die Vögel ihre Nester; der Menschensohn aber hat keinen Ort, wo er sein Haupt hinlegen kann. Zu einem anderen sagte er: Folge mir nach! Der erwiderte: Lass mich zuerst heimgehen und meinen Vater begraben. Jesus sagte zu ihm: Lass die Toten ihre To-

ten begraben; du aber geh und verkünde das Reich Gottes!
Wieder ein anderer sagte: Ich will dir nachfolgen, Herr.
Zuvor aber lass mich von meiner Familie Abschied neh-
men: Jesus erwiderte: Keiner, der die Hand an den Pflug
gelegt hat und zurückblickt, taugt für das Reich Gottes.«
(Lk 9,57–62)

Nun ist die Bitte jenes nicht näher bezeichneten Mannes
alles andere als anstößig; gestattet doch ein so gestrenger
Mann wie der Prophet Elija seinem Nachfolger Elischa bei
seiner Berufung, Vater und Mutter den Abschiedskuss zu
geben (vgl. 1 Kön 19,20). Hier indessen geht es um mehr
als um die Nachfolge eines Propheten, die einen kurzen
Aufschub erlaubt. Wer dem Menschensohn nachfolgen
will, der hat Anteil an seinem Kreuz. Das Kreuz ist die
»schmale Pforte« (vgl. Mt 7,13 f.): »Bemüht euch mit allen
Kräften, durch die enge Tür zu gelangen; denn viele, sage
ich euch, werden versuchen, hineinzukommen, aber es
wird ihnen nicht gelingen.« (Lk 13,24) Wenn es aber schon
denen nicht gelingen wird, die immerhin den Versuch un-
ternehmen, so steht dahin, was mit denjenigen geschieht,
die es vorziehen, außen vor zu bleiben, die das Reich Gottes mit der Welt des Konsums verwechseln oder dem
»Reich des Fragwürdigsten« den Vorzug geben. Anders als
der Hochmut der Hegel und Heidegger klingt die Weisheit
des Menschensohnes, die keinerlei Kompromisse mit der
Welt des Unrechts und des Todes kennt. Keineswegs allein
an seine Zeitgenossen dürfte sich daher das anschließende,
»klärende« Gleichnis richten: »Wenn der Herr des Hauses
aufsteht und die Tür verschließt, dann steht ihr draußen,
klopft an die Tür und ruft: Herr, mach uns auf! Er aber
wird euch antworten: Ich weiß nicht, woher ihr seid. Dann
werdet ihr sagen: Wir haben doch mit dir gegessen und ge-
trunken, und du hast auf unseren Straßen gelehrt. Er aber
wird erwidern: Ich sage euch, ich weiß nicht, woher ihr
seid. Weg von mir, ihr habt alle Unrecht getan. Da werdet

ihr heulen und mit den Zähnen knirschen, wenn ihr seht, dass Abraham, Isaak und Jakob und alle Propheten im Reich Gottes sind, ihr aber ausgeschlossen seid. Und man wird von Osten und Westen und von Norden und Süden kommen und im Reich Gottes zu Tisch sitzen. Dann werden manche von den Letzten die Ersten sein und manche von den Ersten die Letzten.« (Lk 13,25–30)

Auf dieser Umkehrung unserer Weltordnung beruht die endzeitliche, messianische Welt des Reiches Gottes, die buchstäblich »allseitig«, »integral«, und insofern universal ist, da sie Menschen aus allen Himmelsrichtungen einschließt, an der Mahlgemeinschaft mit den Patriarchen und Propheten teilzuhaben. Was u. a. die großen deutschen Weltweisen nicht erkannt haben, das hat immerhin ein Sohn Israels erkannt, der an dieser Welt verzweifeln sollte, nachdem er sich ihr bis zur theologischen Selbstverleugnung ganz hingegeben hatte: »Die messianische Welt ist die Welt allseitiger und integraler Aktualität.«

Und wie sehr die Gedanken der Menschen einander gerade inmitten der Katastrophe korrespondieren, mag eine kleine Entdeckung beim Abschluss dieses Buches bezeugen, die dem Leser nicht vorenthalten sei. So findet sich bei Walter Benjamin im Zusammenhang seiner Aufzeichnungen *Über den Begriff der Geschichte* vom Kriegswinter 1939/40 folgende Notiz: »*Die kleinste Garantie, der Strohhalm, nach dem der Ertrinkende greift*« (vgl. GS 1.2, 1243; Druckvorlage: Benjamin-Archiv, Ms 477). – Fünf Jahre später, in seinem vorletzten Eintrag in seine *Tag- und Nachtbücher* unter dem Datum *8. Februar [1945]* vermerkt Theodor Haecker: »Vielfach ist der Glaube an Gott nur noch wie der Glaube an einen rettenden Strohhalm. Aber was tut's, wenn der Strohhalm der wirkliche Gott ist, denn Gott ist ja die Allmacht.«

Es versteht sich, dass Haecker, in sein »inneres Exil« verbannt, Benjamins Notiz nicht kennen konnte. Doch in jenen Jahren, als nicht nur schwere Schiffe, sondern ganze Reiche versanken, mochte auf dem Meer der Geschichte *der Strohhalm, nach dem der Ertrinkende greift* aus der Sicht des Verzweifelten so etwas wie *die kleinste Garantie* der Rettung vor dem Untergang darstellen. Denn was in der Geschichte Gewicht hat; was in den Augen der Menschen groß scheint, das geht über kurz oder lang unter oder wird – auf dem Festland – ein Raub der Flammen. Das geschichtlich Unscheinbare hingegen, nach dem der Ertrinkende greift, ist der Glaube an Gott, der auch dann noch trägt, wenn alle Reiche dieser Welt wanken, weil Gottes Allmacht ihre Macht übersteigt, die bei aller Größe zeitlich bemessen ist. Nicht zuletzt der Vergleich des Reiches Gottes mit einem Senfkorn (vgl. Lk 13,18 f. par.) deutet auf eine Dynamik, die – gleich der Schöpfung aus einem winzigen Punkt, kleiner als ein Atomkern – alles geschichtlich Große sprengt sowie die entsprechenden Geschichtsdeutungen, mögen sie sich zum Seinsdenken aufblähen, der Vermessenheit: der *Fragwürdigkeit* überführt. Daher ist es höchste Zeit zu einer Korrektur unserer Maßstäbe, zu einem *Umdenken*, um im Kleinsten, Unscheinbarsten die Allmacht Dessen zu erkennen, den wir mit unseren Kategorien nicht zu ermessen vermögen. Oder wie ein Wort aus der Grabschrift des heiligen Ignatius von Loyola, das Hölderlin seinem *Hyperion* als Motto voranstellte, lautet: *Non coerceri maximo, contineri minimo, divinum est.* [*Nicht eingeschränkt werden vom Größten und doch umschlossen werden vom Kleinsten ist göttlich.*] Es handelt sich um nicht weniger als um das Geheimnis der Menschwerdung Gottes: den Anfang der Vollendung des Menschen.

Schlusswort

»Von jetzt an werdet ihr den Menschensohn zur Rechten der Macht sitzen und auf den Wolken des Himmels kommen sehen.« (Mt 26,64; par Mk 14,62) Angesichts seiner Verwerfung als Messias und des Todesurteils aufgrund seines Bekenntnisses, Sohn Gottes zu sein, richtet sich der Blick Jesu nicht etwa zurück, sondern voraus – auf seine Erhöhung und sein Kommen hin. Und so richtet sich auch der Blick des Apostels Paulus in seinem zweiten Brief an Timotheus von seiner Todeszelle aus weit in die Zukunft, obwohl er gegen Ende feststellt: »Bei meiner ersten Verteidigung ist niemand für mich eingetreten; alle haben mich im Stich gelassen. Möge es ihnen nicht angerechnet werden.« (2 Tim 4,16) Ebenso richtet sich der Blick des Apostels Petrus in seinem zweiten Brief nach vorn, obwohl auch er »weiß, dass mein Zelt bald abgebrochen wird, wie mir auch Jesus Christus, unser Herr, offenbart hat.« (2 Petr 1, 14) Wenn er zuvor seine Brüder zu bestärken sucht, dass ihre Berufung und Erwählung Bestand habe, so weist er auch ihnen den Weg in die Zukunft: »Dann wird euch in reichem Maß gewährt, in das ewige Reich unseres Herrn und Retters Jesus Christus einzutreten.« (2 Petr 1,11)

Das ist die messianische bzw. eschatologische Perspektive des christlichen Glaubens, aus der heraus die Apostel wirkten, wie sie die Kirchenväter und die meisten Theologen des Mittelalters bezeugen, die jedoch von der Neuzeit an mehr und mehr aus dem Bewusstsein der Christen geschwunden ist. Die Krise der Kirche und der Theologie in der westlichen Welt resultiert nicht zuletzt aus dem Schwinden jener Perspektive. Gewiss, es gibt Gegenbeispiele, wie wir sie ja hier zitiert haben: den seligen Kardinal Newman oder die heilige Edith Stein, Romano Guardini oder Theodor Haecker, den vergessenen Georg Feuerer oder den wiederentdeckten Erik Peterson. Aber es handelt sich um Ausnahmen. Die Bibelexegese hat sich weithin dem Historismus des 19. Jahrhunderts verschrieben, der so wenig über die Vergangenheit hinausweist wie der Zeitbegriff Hegels; vom Zeitbegriff Heideggers gar nicht zu reden. Bei Kierkegaard obsiegt die Schwermut; und Nietzsche sieht sich mit dem »*Seufzer des Erkennenden*«, wie § 249 der *Fröhlichen Wissenschaft* überschrieben ist, als »ein auch die ganze Vergangenheit noch zurückholendes Selbst« (vgl. KGW V.2, 193). Und auch »der Engel der Geschichte« Benjamins, der am ehesten noch einen Blick für dessen messianische Perspektive besitzt, weist zurück, so nach These IX *Über den Begriff der Geschichte*: »Wo eine Kette von Begebenheiten vor *uns* erscheint, da sieht *er* eine einzige Katastrophe, die unablässig Trümmer auf Trümmer häuft und sie ihm vor die Füße schleudert. Er möchte wohl verweilen, die Toten wecken und das Zerschlagene zusammenfügen. Aber ein Sturm weht vom Paradiese her, der sich in seinen Flügeln verfangen hat und so stark ist, daß der Engel sie nicht mehr schließen kann. Dieser Sturm treibt ihn unaufhaltsam in die Zukunft, der er den Rücken kehrt, während der Trümmerhaufen vor ihm zum Himmel wächst. Das, was wir den Fortschritt nennen, ist *dieser* Sturm.« (GS I.2, 697 f.) Und selbst wo sich der moderne Geist von jenem Sturm mitreißen lässt, wie Nietzsches Zarathustra, muss er bekennen: »Zu weit flog ich hinein in die Zukunft: ein Grauen überfiel mich.« Und zwar nicht wegen der Vision künftiger Katastrophen, die zu schauen bzw. zu erlauschen einem Kraus, Kafka, Klee oder auch Benjamin vorbehalten blieb, sondern vorab aus einem anderen Grund: »Und als ich um mich sah, siehe! Da war die Zeit mein einziger Zeitgenosse.« (KGW VI.1, 149) Darin liegt die Dialektik, der Selbstwiderspruch des modernen Geistes und seines

Zeitbegriffs, der Gott und seinen Gesalbten (vgl. Ps 2,2) hinter sich gelassen hat, um sich an seine Zeit zu binden und mit ihr zu enden.

Das ist der Grund, weshalb wir hier, ja nicht erst hier auf *eine radikale Rückbesinnung auf die messianische bzw. eschatologische Zeitauffassung* dringen, wie sie uns von den neutestamentlichen Schriften sowie den Schriften der alttestamentlichen Prophetie überliefert ist. Alle anderen Wege sind Irrwege oder Abwege, die über kurz oder lang zum Scheitern verurteilt sind, mögen sie auch denen, die sie gehen, Ruhm oder Nachruhm unter ihren Zeitgenossen einbringen. Für sie gibt es keine *Umkehr*, kein Zurück: »Und als ich um mich sah, siehe! Da war die Zeit mein einziger Zeitgenosse.« Ihre Transzendierung erfolgt allerdings nicht jenseits der Zeit, sondern durch die Zeit hindurch: im Kommen des Reiches Gottes sowie des Gottes, »der ist und der war und der kommt« (vgl. Offb 1,4). Und wie eine Replik auf das eingangs zitierte Wort Christi (Mt 26,64; par Mk 14,62) klingt die anschließende Bekundung seines Kommens: »Siehe, er kommt mit den Wolken, und jedes Auge wird Ihn sehen, auch alle, die Ihn durchbohrt haben; und alle Völker der Erde werden jammern und klagen. Ja, amen. Ich bin das Alpha und das Omega, spricht Gott, der Herr, der ist und der war und der kommt, der Herrscher über die ganze Schöpfung.« (Offb 1,7 f.) Hiermit schließt sich der Kreis von Schöpfung, Erlösung und Vollendung. Eine Theologie, die dem nicht Rechnung trägt, ist nicht wert, gedacht zu werden.

Literaturverzeichnis

Anglet, K., Messianität und Geschichte. Walter Benjamins Konstruktion der historischen Dialektik und deren Aufhebung ins Eschatologische durch Erik Peterson, Berlin 1995.

– , Kreuz und Kairos. Eine eucharistische Grundlegung des Christusdogmas, Würzburg 2005.

– , Macht und Offenbarung. Zum Geheimnis der Gesetzwidrigkeit, Würzburg 2009.

– , Kafka-Sequenzen zum *Schloss*: Die zweite Aufklärung, Würzburg 2006.

Baeck, L., Der Sinn der Geschichte, Berlin 1946.

Beckett, S., Der Namenlose, in: Werke, Bd. 3, hrsg. von E. Tophoven/K. Birkenhauer, Frankfurt am Main 1976.

Beevor, A., Ein Schriftsteller im Krieg. Wassili Grossman und die Rote Armee 1941–1945, Gütersloh 2007.

Benedikt XVI./Ratzinger, J., Eschatologie – Tod und ewiges Leben, Regensburg ²2012.

Benjamin, W., Gesammelte Schriften [= GS], hrsg. von R. Tiedemann/H. Schweppenhäuser, Frankfurt am Main 1974 ff.

Bernanos, G., Tagebuch eines Landpfarrers, Leipzig 1936.

Brague, R., Unsere neue Problemlage: Das Scheitern des Atheismus und die Notwendigkeit der Religion, in: Internationale Katholische Zeitschrift *Communio* 41 (2012), 279–288.

Brecht, B., Arbeitsjournal. Erster Band 1938 bis 1942, hrsg. von W. Hecht, Frankfurt am Main 1973.

Bultmann, R.: siehe unter *Heidegger.*

Busch, E., Meine Zeit mit Karl Barth. Tagebuch 1965–1968, Göttingen 2011.

Celan, P., Die Gedichte. Kommentierte Gesamtausgabe, hrsg. von Barbara Wiedemann, Frankfurt am Main 2003.

Chagall delle meraviglie, hrsg. von Claudia Beltramo/Ceppi Zevi/Meret Meyer, Roma/Milano 2007.

Die apostolischen Väter: griechisch-deutsche Parallelausgabe auf der Grundlage der Ausg. Von F. X. Funk u.a., neu übers. u. hrsg. von A. Lindemann/H. Paulsen, Tübingen 1992.

Ephräm der Syrer, Sermo [Oratio pro vita futura] 3,2.4–5: Hymni et sermones sancti Ephraem Syri, hrsg. Lamy, Bd. 3, Mecheln 1889. [Übers. von Joseph Pascher].

Feuerer, G., Unsere Kirche im Kommen. Begegnung von Jetztzeit und Endzeit, Freiburg i. Br. 2/1941.

Ferguson, N., Der Westen und der Rest der Welt. Die Geschichte vom Wettstreit der Kulturen, Berlin 2011.

Frevert, U., Machtpolitik und das Pathos von Ehre und Schande. Als der Erste Weltkrieg ausbrach, in: NZZ Nr. 176 (31.07./ 01.08.2004), 47.

Gadamer, H.-G., Wahrheit und Methode. Grundzüge einer philosophischen Hermeneutik, Tübingen ²1965.

Gregor der Große, Commentarium in librum I Regum, Cap. 1, Nr. 4,: PL 79. [Übers. von J. Pascher].

Grillmeier, A., Mit ihm und in ihm. Christologische Forschungen und Perspektiven, Freiburg i. Br. 1975.

– , Der Logos am Kreuz. Zur christologischen Symbolik der älteren Kreuzigungsdarstellung, München 1956.

Guardini, R., Das Ende der Neuzeit. Ein Versuch der Orientierung, Basel/Würzburg 1950.

Haas, W., Gestalten der Zeit, Berlin 1930.

Haecker, Th., Tag- und Nachtbücher (1939 bis 1945), [München 1959], Frankfurt am Main 1975.

Hegel, G. W. F., Vorlesungen [= V]. Ausgewählte Nachschriften und Manuskripte, Bd. 3-5: Vorlesungen über die Philosophie der Religion, hrsg. von W. Jaeschke, Hamburg 1983 f.

– , Briefe von und an Hegel, hrsg. von J. Hoffmeister/F. Nicolin, Hamburg 1969–1981.

Heidegger, M., Beiträge zur Philosophie (Vom Ereignis). Gesamtausgabe Bd. 65, hrsg. von F.-W. Herrmann, Frankfurt am Main 1989.

–, Der Begriff der Zeit. Vortrag vor der Marburger Theologenschaft – Juli 1924, hrsg. von H. Tietjen, Tübingen 1989.

Martin Heidegger/Rudolf Bultmann: Briefwechsel 1925–1975, hrsg. von A. Großmann/Ch. Landmesser, Frankfurt am Main/Tübingen 2009.

Hildegard von Bingen, Brief an Domdekan Philipp und den Klerus von Köln: PL 197, 245.

Hilberg, R., Geschichte reicht in die Gegenwart. Ein Gespräch mit Raul Hilberg, in: NZZ Nr. 287 (10.12.2002), 34.

Hölderlin, F., Sämtliche Werke. Kleine Stuttgarter Ausgabe, hrsg. von F. Beissner, Stuttgart 1966 [1944/46].

Irenäus von Lyon, Adversos haeresos, Lib. 4, Cap. 2,14.

Jaeschke, W., Die Vernunft in der Religion. Studien zur Grundlegung der Religionsphilosophie Hegels, Stuttgart-Bad Cannstatt 1986.

Johannes vom Kreuz, Die dunkle Nacht. Vollständige Neuübersetzung, Sämtliche Werke, Bd. 1, hrsg. u. übers. von U. Dobhan/Elisabeth Hense/Elisabeth Peeters, Freiburg i. Br. 1995.

Kafka, F., Der Prozess, hrsg. von M. Brod, Berlin 1925.

– , Das Schloss, hrsg. von M. Brod, München 1926.

Kafkas letzter Freund: Der Nachlaß Robert Klopstock (1899–1972), hrsg. von H. Wetscherek, Wien 2003.

Kierkegaard, S., Religiöse Reden, hrsg. u. übers. von Th. Haecker, München 1950.

Klee, P., Catalogue Raisonné, hrsg. von der Paul-Klee-Stiftung, Kunstmuseum Bern, Bern 1998 ff.

– , Tagebücher 1898–1918. Textkritische Neuedition, hrsg. von der Paul-Klee-Stiftung, Kunstmuseum Bern, Stuttgart 1988.

Kort, Pamela, Paul Klee 1933, München/Köln 2003.

Kraus, K., Untergang der Welt durch schwarze Magie = Werke, Bd. 8, hrsg. von H. Fischer, München 1960.

– , Die dritte Walpurgisnacht = Werke, Bd. 1, hrsg. von H. Fischer, München 1952.

Künneth, W., Der große Abfall. Eine geschichtstheologische Untersuchung der Begegnung zwischen Nationalsozialismus und Christentum, Hamburg 1947.

Laktanz, Abriss der göttlichen Unterweisungen: Epitome divinarum institutionum 52: Texte der Kirchenväter, hrsg. von Heilmann/Kraft, Bd. 4, München 1964, 104.

Landsberg, P., Das Mittelalter und wir. Ein geschichtsphilosophischer Versuch über den Sinn eines Zeitalters, Bonn 1922.

Newman, H., Das Mysterium der Dreieinigkeit und der Menschwerdung Gottes. Predigten, übers. von Th. Haecker, Leipzig 1940.

Nietzsche, F., Werke. Kritische Gesamtausgabe [= KGW], hrsg. von G. Colli/M. Montinari, Berlin/New York 1967 ff.

– , Briefe. Kritische Gesamtausgabe [= KGB], hrsg. von G. Colli/M. Montinari, Berlin/New York 1975 ff.

Peterson, E., Ausgewählte Schriften, hrsg. von Barbara Nichtweiß, Würzburg 1997 ff.

– , Frühkirche, Judentum, Gnosis. Studien und Untersuchungen [1959], Darmstadt 1982.

Reich-Ranicki, M., Ein Tag in meinem Leben, in: FAZ Nr. 24 (28.01.2012), 29.

Rexroth, Tatjana, »Das ist ein Kreuz«. Sofia Gubaidulina, ›composer in residence‹ dieses Sommers, und ihre Musik, in: NZZ (9. August 2012), Sonderbeilage zum Lucerne Festival, 5.

Rosa von Lima, Epistola ad medicum Castillo: La patrona de America, ed. Getino, Madrid 1928, 54.

Schneider, R., Philipp der Zweite. Oder Religion und Macht, Leipzig 1931.

Scholem, G., Tagebücher 1917–1923, hrsg. von K. Gründer/H. Kopp-Oberstebrink/F. Niewöhner/K. E. Grözinger, Frankfurt am Main 2000.

Städtler, Anja, Kunst und Ethik. Spiritualität als Grundlage des Schaffens bei Komponistinnen und Komponisten aus dem Osten Europas, in: Sonderbeilage der NZZ zum Lucerne Festival Sommer 2012 unter dem Thema »Glaube« [9. August 2012], 3).

Speckmann, Th., Moskau war der Köder, und Napoleon schluckte ihn, in: FAZ Nr. 138 [16.06.2012], Z 3.

Stein, Edith, Selbstbildnis in Briefen II (1933–1942) = ESGA 3, Freiburg i. Br. 2000.

– , Geistliche Texte II [= GT II], ESGA 20, Freiburg i. Br. 2007.

Steiner, G., Gedanken dichten, Berlin 2011.

Stifter, A., Sämtliche Erzählungen, Bd. II, hrsg. von W. Matz, München/Wien 2005.

Ustwolskaja, Galina, Musikverlag Hans Sikorski, Hamburg 2006.

Kurt Anglet

Entgrenzung des Raumes
Traktat über Auferstehung
88 Seiten · gebunden · ISBN 978-3-429-02883-1

Begrenzung der Zeit
Traktat über Vollendung
128 Seiten · gebunden ·ISBN 978-3-429-02964-7

Das Ende der Zeit – die Zeit des Endes
Eschatologie und Apokalypse
170 Seiten · gebunden · ISBN 978-3-429-02762-9

Kreuz und Kairos
Eine eucharistische Grundlegung des Christusdogmas
144 Seiten · Broschur · ISBN 978-3-429-02749-0

Kafka-Sequenzen zum Prozess
Die Aura vor dem Fall
224 Seiten · gebunden ·ISBN 978-3-429-02843-5

Kafka-Sequenzen zum Schloss
Die zweite Aufklärung
292 Seiten · gebunden · ISBN 978-3-429-02844-2

Detonation des Schweigens
Galina Ustwolskaja zum Gedächtnis
80 Seiten · gebunden · ISBN 978-3-429-03020-9

Macht und Offenbarung
Zum Geheimnis der Gesetzwidrigkeit
272 Seiten · gebunden · ISBN 978-3-429-03173-2

Die letzte Stunde
Eine Betrachtung
181 Seiten · gebunden · ISBN 978-3-429-03337-8

Vorausbilder
Zu Arnold Schönbergs Kriegswolkentagebuch
88 Seiten · gebunden · ISBN 978-3-429-03422-1

Gott – der Vater Jesu Christi: der Gott der Vollendung
Theologischer Traktat
79 Seiten · gebunden · ISBN 978-3-429-03468-9

echter verlag
www.echter-verlag.de